De MONET à PICASSO

I0866743

Du même auteur
dans la même collection

Questions d'art, 2008.

Max Raphael

De MONET à PICASSO

Fondements d'une esthétique
et mutation de la peinture moderne

Traduit de l'allemand et préfacé par
Françoise Delahaye

Klincksieck

L’esprit et les formes
collection fondée par Liliane Brion-Guerry
dirigée par Eryck de Rubercy
42

Titre original :

Von Monet zu Picasso
© Suhrkamp Verlag Frankfurt am Main 1989

Tous droits réservés et contrôlés par Suhrkamp Verlag, Berlin.

En couverture :
Claude Monet, *Agapanthes*, 1914-17, huile sur toile, Paris,
musée Marmottan / Bridgeman Images.
Claude Monet, *Nymphéas*, 1916-19, huile sur toile, Paris,
musée Marmottan / Bridgeman Images.
Juan Gris, *Portrait de Pablo Picasso*, janvier-février 1912, huile sur toile,
The Art Institute of Chicago, don de Leigh B. Block / Bridgeman Images.

© Klincksieck 2019
ISBN : 978-2-252-04253-3

Préface

Von Monet zu Picasso a paru en 1913 à Munich, aux éditions Delphin Verlag. Ce petit livre fort abstrait, sinon aride, en quelques passages philosophiques, marque une vraie rupture dans l'histoire de l'art académique au début du XXe siècle, et tout particulièrement en Allemagne. Mais c'est aussi un document de première main, spéculatif et inspiré, contemporain de l'avènement du cubisme. Sous ce simple rapport, *De Monet à Picasso* se démarque de bien des ouvrages de son époque. Sa grande qualité technique, sans nul bavardage inutile, sa profondeur métaphysique, exempte de toute « distinction » esthétisante, la vigueur de ses démonstrations éclairant les analyses sensibles de l'œuvre des peintres en autant de brèves et surprenantes notices monographiques, relèvent cet ouvrage savant de son anonymat relatif, et le rendent tout simplement incomparable[1].

1. Il est difficile de résumer la carrière de Raphael qui a investi de très nombreux domaines de la recherche en art. Par exemple, il invoque Robert Grosseteste pour expliquer la structure des églises romanes ; il travaille aussi à décrire la naissance du « paysage » pictural en parallèle au procès du libéralisme à travers les écrits de Labrouste ; il s'intéresse à l'architecture en béton armé pour discuter des travaux de Perret ; à la fin de sa vie, il s'engage dans un projet considérable pour faire découvrir la peinture rupestre de 1935 à 1945. De fait, *Prehistoric Cave Paintings*, Pantheon Books, New York, 1945, est paru d'abord en anglais, puis en français, sous le titre : *Trois Essais sur la signification de l'art pariétal paléolithique*, traduction de Patrick Brault, Chronos, 1986. Il n'est souvent cité des spécialistes que pour ce travail. Dans tous ces cas, la diversité de ses centres d'intérêt l'aura injustement desservi, car la richesse des sources secondaires qu'il produit aura fait obstacle à une bonne réception de ses intuitions originales. Raphael est à la fois en situation de décrire le *Kouros* de Sounion ou une tête de l'Île de Pâques (*cf.* « Max Raphael et les statues de l'île de Pâques », in *Revue francophone d'esthétique*, 2007, n° 4, p. 73-82). Ses œuvres (incomplètes, quoiqu'existe une édition de travail, *Werkausgabe*)

Une riche élaboration spéculative

Von Monet zu Picasso est le premier livre publié d'un jeune homme qui a déjà beaucoup appris, quand il le confie à son éditeur – nous verrons plus loin qu'il a sérieusement retravaillé le manuscrit primitif, d'abord refusé par Reinhard Piper Verlag en mai 1911. Son auteur, Max Raphael, né en 1889 en Prusse, dans la Pologne actuelle (Posnanie), de son vrai nom Schönlank, qui fit ses études à Munich et à Berlin, était alors venu à Paris très probablement deux fois. La première en 1911 (sur une recommandation de Georg Simmel pour rencontrer Rodin) : ce qui explique l'exemple ici retenu de la main du démiurge plasticien, en référence à la pièce sculptée : *La Main de Dieu*. La seconde visite eut lieu fin 1912 /début 1913, où il put rencontrer personnellement Matisse et Picasso dans leurs ateliers respectifs grâce à cet entremetteur exceptionnel qu'était Wilhelm Uhde (on a retrouvé récemment dans l'agenda de Picasso l'adresse de Raphael à Paris). Témoin privilégié, Raphael, qui a pu se rendre plusieurs fois à Chartres, commence à étudier très sérieusement l'œuvre du Poussin ; il suit quelques cours de Bergson, alors au sommet de sa réputation, mais également d'Émile Mâle, deux penseurs qui l'ont fortement influencé (il fit, en 1911, une courte recension de la traduction de *Matière et Mémoire*, qui venait de paraître en allemand). Dans un intervalle de temps assez court, il rédigea le texte que nous lisons aujourd'hui comme un embryon de thèse, qui n'a pas grand-chose d'un travail universitaire et documenté, malgré des formulations qui font penser à Fichte et à Hegel pour leur côté irréfragable. Il aurait dû s'agir (semble-t-il), au moins pour la première partie théorique écrite fin 1911-début 1912, d'un projet de recherche qui fut ensuite soumis à Heinrich Wölfflin, mais que ce dernier n'accepta pas de faire soutenir par une probation académique en bonne et due forme (Wölfflin lui aurait dit : « Comme vous êtes un esprit indépendant, vous n'avez rien à faire à l'université »). Ni dans l'esprit, ni dans la lettre, en effet, *Von Monet zu Picasso* ne pouvait prétendre ressembler à un travail de thèse : le livre reste donc un *essai*, en dépit de la hardiesse et de la complexité de ses positions théoriques. Mais cette *erreur de destination* fait justement toute sa valeur. Cet écrit témoigne d'une érudition et d'une maturité peu communes chez un auteur qui n'a que 24 ans à la parution du livre. Bien qu'il soit le fruit d'une perception étonnamment fertile, l'intégration de Raphael dans le monde officiel de la *Kunstgeschichte* n'en paraît que plus invraisemblable. Cette précocité de

ont paru en 11 volumes chez Suhrkamp Verlag, Francfort-sur-le-Main, STW, n° 831-841, 1985-1989. Cependant, elles ne contiennent toujours pas les écrits sur l'art rupestre.

sa part appelle une autre hypothèse. Que Raphael ait réussi à discerner si tôt, avec une telle acuité critique, la « mutation » de l'art moderne, entre Monet, les fauves, Matisse, Cézanne et Picasso, trahit chez lui, dès le départ, la volonté de prendre une distance radicale et définitive avec les méthodes de l'approche universitaire.

Après *De Monet à Picasso*, il assuma sa vie de chercheur indépendant, ne faisant plus obédience à personne : son isolement, sa détresse matérielle n'ont fait qu'aiguiser son sens dialectique, et il fait preuve d'ailleurs d'un éclectisme parfois déroutant. À la suite de sa belle monographie sur le temple de Poséidon à Paestum (*Der dorische Tempel*, 1930), il publie par exemple, dans la très confidentielle *Davoser Revue*, ses souvenirs sur Picasso devenu célèbre ; il actualise sa perception de l'œuvre de Le Corbusier, entame une étude sur saint Thomas, une autre sur le style de Valéry. Son engagement social et politique se renforce : on sait qu'il a dispensé des cours en 1932 aux auditeurs prolétaires de la *Volkshochschule* de Berlin. Deux articles paraissent pourtant dans la revue du *Minotaure*, dont ses « Notes sur le baroque », jusqu'à la publication soudaine en 1933 aux éditions Excelsior à Paris, et donc en français, de *Proudhon, Marx, Picasso*, présenté comme une étude « sociologique ». Il persiste et signe dans la même veine en proposant une autre édition en allemand, chez le même éditeur, de *Zur Erkenntnistheorie der konkreten Dialektik* (1934), laquelle fut par après traduite dans notre langue sous le titre : *La Théorie marxiste de la connaissance* – une traduction que Bernard Groethuysen imposa chez Gallimard dans la « Bibliothèque des Idées » en 1938. L'ampleur et la diversité de son talent d'essayiste, comme le montrent ses petits écrits en français (sur Flaubert, sur Racine notamment : ils dorment toujours aujourd'hui encore aux Archives de Nuremberg) –, n'effacent en rien la rectitude de son caractère : il suffit de penser à cette féroce anatomie du capitalisme allemand, sa *Geschichte des deutschen Industriekapitalismus* (elle aussi toujours inédite), qui le mettait définitivement à l'écart de son époque. Raphael était devenu, en dépit de son engagement, ce théoricien redoutable et prolifique, emmuré dans le statut du penseur solitaire.

Rétrospectivement, *Von Monet zu Picasso* apparaît sans conteste comme le moment inaugural d'une longue et tumultueuse investigation. En rédigeant ses *Concepts fondamentaux* bien plus tard, en 1941, Raphael aurait voulu poser les bases d'une *Empirische Kunstwissenschaft* (une science de l'art « empirique ») dont le programme eût été de grande envergure, selon Claude Schaefer, son biographe. D'autres projets l'ont assailli dans les dix dernières années, qu'il ne put finaliser. Il termina son existence de façon assez pathétique aux États-Unis, où il avait réussi à s'exiler depuis le Portugal – à la différence de Carl Einstein et de Walter Benjamin. C'est paradoxalement à New York qu'il put confirmer ses hypothèses de travail sur Picasso et Cézanne, y découvrant au MOMA l'original de *Guernica* ainsi que les grands formats de la *Montagne Sainte-Victoire*. Isolé, coupé de ses racines européennes, il mit fin à ses jours, dans cette même ville, le 14 juillet 1952[2].

Cet éclectisme ne doit pas faire oublier l'originalité indiscutable du livre que nous présentons ici : toute son évolution ultérieure paraît contenue, comme dans une monade, à l'intérieur de *Von Monet zu Picasso*. Certes, Raphael est demeuré sa vie durant un *outsider* et un théoricien *free lance*, pour user d'anglicismes un peu démodés, tour à tour enseignant sans statut, guide dans les musées – et notamment au Louvre, où il développa une pédagogie pour les travailleurs manuels –, polémiste dans le cercle des architectes socialistes, ou conférencier dans les sanatoriums où il était soigné, tout en continuant dans l'intervalle son exercice de théoricien rigoureux. Comme d'autres émigrés, il est resté *en marge et en exil* (même si son séjour de moins de dix années en France et à Paris, entre 1932 et 1940, fut pour lui très profitable) : mais il concevait positivement cette *Heimatlosigkeit* qui le caractérise telle une donnée de fait. En dépit d'une production abondante, il n'acquit jamais le prestige d'un Lukacs, bien que sa première philosophie fût d'une inspiration voisine de la sienne[3]. Raphael a fait preuve également d'un courage exemplaire dont peu de théoriciens peuvent se targuer, ce qui le mènera aux camps des Milles puis de Gurs, d'où il réchappa par miracle. On ne publie pas sans risque de discrédit une *Théorie marxiste de la connaissance* aussi hétérodoxe que la sienne. Tourmenté par la défense d'une forme de liberté de pensée incoercible, s'intéressant de près aux églises de Saintonge, mais aussi au Greco, et même au Corot des paysages

2. Il venait justement d'écrire deux livres en anglais, parus chez Pantheon Books : en 1945, *Prehistoric Cave Paintings*, dans une traduction de Norbert Guterman, et, en 1947, *Prehistoric Pottery and Civilisation in Egypt*, Bollingen Series, n° VIII, du même traducteur. Un livre ultime sur Braque et Picasso, *Raumgestaltungen*, était prêt, ainsi que le projet de *Wie will ein Kunstwerk gesehen sein ?* qui ne parut que seize ans après sa mort.
3. On pense ici à la *Philosophie de l'art* (1912-1914), que Lukacs écrivit après *L'Âme et les formes (1911)*, développant l'idée du « malentendu » de l'artiste contraint d'abandonner toute subjectivité au profit d'une « forme pure » (Klincksieck, 1981, traduction et présentation R. Rochlitz). La grande différence est probablement que Raphael ne croit pas au caractère transcendantal de la forme.

romains, correspondant avec l'Abbé Breuil, toujours à la recherche d'une théorie globale, Raphael a semblé vouloir tourner le dos à la reconnaissance escomptée, vivant d'expédients et de soutiens aléatoires. Quelques grands noms dans le champ artistique au sens large – Herbert Read aux États-Unis, Henri Focillon, Meyer Schapiro ou André Leroi-Gourhan et, plus récemment, John Berger – ont discerné plus tard en lui une sorte de médiateur hors pair. Il fallut quand même attendre un demi-siècle pour qu'une réhabilitation se dessine dans notre pays. Max Raphael est heureusement moins ignoré désormais en France, depuis la traduction en 2008 par Denise Modigliani du recueil important *The Demands of Art*, initialement paru en 1968, dans les Bollingen Series des Presses de l'université de Princeton, sous le titre : *Questions d'art* – ouvrage qui contient certains de ses essais les plus remarquables commencés en 1928 (Cézanne, Degas, Giotto, Rembrandt et son étude majeure sur *Guernica*)[4].

Pour ce qui concerne *De Monet à Picasso*, bien que Raphael ait été formé dans un second temps par Simmel et Wölfflin, il ne faudrait pas oublier qu'il fut, dès 1907, l'un des polémistes les plus ardents dans le cercle de Munich qui réunissait les membres de *Die Brücke*, avec son ami Max Pechstein, rencontré en 1910, outre les partisans de la Neue Sezession – dont les protagonistes ensuite se retrouvent à Berlin –, et des théoriciens comme Wilhelm Worringer, juste avant la création du groupe du *Cavalier bleu*. Nous disposons maintenant d'un volume entier réunissant ses écrits de jeunesse et ses petites proses parmi les plus intempestives, paru en 1993 à Vienne (Autriche) : *Das schöpferische Auge, oder die Geburt des Expressionnismus, Die frühen Schriften (1910-1913)*, édité par la Gesellschaft für Kunst und Volksbildung (éd. Patrick Healy et Hans-Jürgen Heinrichs)[5]. Ce document révélateur de son évolution s'avère être un bon intercesseur pour comprendre

4. *Questions d'art* (Klincksieck, « L'esprit et les formes », 2008), avec une très substantielle présentation (p. 2-81). Le livre reprend l'édition Suhrkamp de *Wie will ein Kunstwerk gesehen sein ?*, STW, n° 836, 1989. Le titre allemand signifie littéralement : « Comment une œuvre d'art doit-elle être vue ? ». Une autre version du même livre, *Wie ein Kunstwerk gesehen sein will ?* (plus empirique, concernant la perception sociale des œuvres, qui regroupe plus exactement le contenu de *The Demands of art*), rassemble dans les *Mappen* de Nuremberg (Max Raphael-Archiv) d'autres classements de ses essais, comprenant aussi une partie du texte sur Corot. Un chapitre important de l'édition américaine, le chapitre VI, a été omis dans l'édition Suhrkamp de 1989.
5. Nous nous référons dans ce qui suit à ce recueil, qui contient un article important de Ron Mannheim en postface : « Max Raphael vor Max Raphael : 'M. R. Schönlank und die früheste Expressionismustheorie in deutscher Sprache' ».

la généalogie de l'ouvrage. Notons aussi, dans le contexte immédiatement postérieur au texte que nous traduisons ci-dessous, que Raphael vécut le premier conflit européen comme une crise contre l'Esprit (*Geist wider Macht*, ainsi que s'intitule son journal de guerre), et comme une « guerre civile européenne » qui aurait jeté deux prolétariats l'un contre l'autre. Il avait été marqué par la révolte des marins de Kronstadt en 1906, rappelle Claude Schaefer[6]. Son engagement marxiste se verra à peine démenti à la fin de sa vie, quand il s'en prend aux marxistes officiels accusés de confondre l'art et « l'opium du peuple »[7]. Incorporé en 1915, Raphael fut contraint de déserter au cours de l'année 1917, puis se réfugia en Suisse dans des circonstances où la mélancolie le disputait à une activité studieuse. *De Monet à Picasso* connut une seconde édition en 1919 dont la réception sera très discrète. Les raisons de cet insuccès sont bien circonstanciées. Max Raphael, de façon prémonitoire, mettait en relief les divergences « sur les sujets qui fâchent » entre critiques patentés, galeristes, collectionneurs et experts. Conscient de leur importance respective, il affronte ici et neutralise mutuellement deux positions antagonistes, lesquelles lui paraissent sans issue pour le moment « moderne » de l'art : le *spiritualisme formaliste* de Kandinsky (qui avait publié *Du spirituel dans l'art* en 1910, et qu'il compare ici ironiquement à un « nouveau d'Alembert »), et la tendance irrépressible à l'*expressionnisme subjectif et nationaliste* dont il n'a cessé de suivre la filiation naissante en Allemagne, dans les revues avant-gardistes où il a participé, comme *Die Aktion* ou *Nord und Süd*. À bien des égards, Raphael a été l'inventeur du pedigree sémantique de l'*expressionnisme*, mais il en est aussi le premier et le plus impitoyable critique.

Forme et mise en forme

Ce combat d'idées qui se trahit dès les premières lignes, n'est pas une dispute d'école : il fait l'objet d'une confrontation *spéculative* dans son principe. Raphael reste indifférent à l'égard des querelles terminologiques, comme il se tient farouchement au-dessus des aléas et des circonstances de la vie dont nous venons d'esquisser le parcours chaotique, mais il est batailleur et rigide sur le fond. Cette raideur a un motif. Rien d'anecdotique ne

6. « Max Raphael (1889-1952) : une biographie », in *Trois Essais sur la signification de l'art pariétal Paléolithique,* Paris, Kronos, 1986, p. 205-213.

7. *Cf.* « Der Kampf um das Kunstverständnis », p. 183-195. Raphael conteste l'idée que – à l'âge machinique – l'art ne soit plus qu'atavique, et rien d'autre que le produit d'une superstructure idéologique. Il défend au contraire l'idée d'une recréation psychique participant du devenir social des œuvres.

l'explique vraiment. Sa théorie vise à cerner le devenir même de l'art dans sa « raison d'être ». Question évidemment très ambitieuse : *comment aller de la pulsion créatrice – par nature chaotique – vers la nécessité interne de la forme qui préside à la réalisation d'une œuvre d'art ?* Raphael ne propose pas une esthétique pour y répondre et choisit la voie de l'argumentation. Au propre, il se sent questionné dans l'art de son temps par la crise de croissance qui le traverse. Sa première découverte se produit en fait à l'exposition du *Sonderbund* à Düsseldorf (1910) ; il y découvre la première confrontation directe de l'art français et des peintres allemands : *die deutsche Landschaft* [*ist*] *zu hart in den Lufttönen*[8], avoue-t-il ingénument (comme si la grisaille de l'air allemand était responsable de ce que Vuillard et Matisse aient paru si étrangers à l'approche nationale des peintres officiels). Aussitôt, il pressent l'importance de Matisse, l'opposant à Kandinsky pour la sobriété de la distribution des couleurs apposées sur le plan[9]. Mais il devine que la voie des « synthétistes » et des Idéalistes est égarante : certains ne pensaient-ils pas à une reviviscence picturale d'inspiration nordique et « gothique » ? Le malentendu est complet : Raphael estime que Kandinsky est dogmatique, parce qu'il abandonne tout rapport au monde objectif. Marc et Kandinsky, dans ce que nous savons de leur correspondance mutuelle, se moquent de sa « psychologie », mais cette psychologie de la création précisément n'en est pas une au sens où ils l'entendent.

À sa décharge, il faut remarquer que cette mutation de la peinture se fait pratiquement sous ses yeux : il n'est que de constater sa bonne connaissance de Picasso, ou le genre d'interview presque familière racontée dans *Das Erlebnis Matisse*, publiée par après dans *Das Kunstblatt* en 1917. Raphael est au contact de Purrmann à Paris, qui travaille avec le même Matisse. Face à l'urgence de trouver une fondation ontologico-formelle pour la peinture qui transcenderait le débat entre pictorialisme et plasticisme – une discussion typique de l'esprit de sa génération (qu'on trouve chez Hildebrand et Schmarsow)[10] – mais se tenant pour sa part à l'écart des modes et des tendances idiosyncrasiques (« rien de dilettante chez lui », insiste Claude Schaefer) ; et, ainsi qu'on le constate à la fin, défendant justement Poussin et Corot *à travers* Cézanne et Picasso, Raphael tranche avec une belle vigueur

8. « La tonalité des paysages allemands est trop dure ».
9. *Das schöpferische Auge*, *op. cit.*, p. 35.
10. La revue franco-allemande en ligne *Trivium* (2010, n° 6) a proposé une très utile présentation de la nature de ces débats, en proposant des traductions de Max Dessoir et August Schmarsow, entre autres pièces intéressantes.

sur les critiques de son temps. Qui d'autre que lui aurait pu comparer avec une telle audace l'*Apollon et Daphné* du Poussin aux *Grandes Baigneuses* de Cézanne ? Raphael infléchit donc le descriptivisme de Wölfflin, mais ne reprend pas pour autant les thèses métapsychologiques et panpsychistes. En clair, *De Monet à Picasso* est bien un manifeste où il défend *la norme contre l'historiographie du « moderne » qui fait à ce moment débat.* Il jette même les bases d'une appréhension géométrique des productions de l'art visuel, telle qu'il la présente dans ce livre, à propos de la vitrerie de Chartres, convoquant dans le même temps les psychologues et les philosophes avec un mélange d'irrespect et de pertinence. D'où ce ton de procureur tout au long de *Von Monet zu Picasso* qu'on dirait fait pour irriter ses adversaires. De ce livre, il dira ensuite « qu'il [lui] aura permis de faire le vide, mais non pas de [se] libérer vraiment (*das Buch war eine Entleerung, keine Selbstfreiung*) ». On y trouverait néanmoins « la première réalisation partielle de [son] idéal d'une présentation scientifique de l'art moderne ». Les deux expressions trahissent on ne peut mieux le sentiment que nous donne le bonheur paradoxal de l'écriture de cet essai.

Sur le plan du contenu explicite de *Von Monet zu Picasso*, cette *fondation* plastique qu'il pense positivement avoir découverte, et qu'il nomme *absolute Gestaltung*, apparaît dans tous ses écrits, et singulièrement ici, comme une lancinante et intrigante dénomination. Elle justifie à dire vrai l'ensemble de son projet qui voudrait sommairement retracer le parcours conceptuel allant de *la dissolution atmosphérique des formes chez Monet à la décomposition positive de Picasso*. Parfois, il suppose ce qu'il appelle *Gestaltungswille* (la volonté d'une « mise en forme ») s'appuyant sur le socle de la *Gestaltungsstoff* (le matériau de cette réalisation). Pourtant le spectre de ces changements s'ouvre au sein d'une même *Raumgestaltung*, puisque la revendication de cette forme échappe à toute définition morphologique : c'est une *opération transformatrice intégralement spatiale* (*Verräumlichung*). Dans l'association de ces termes, la rencontre sémantique surprend. Raphael s'inspire de l'acception que lui prête Goethe et de la norme classique de Félibien, bien avant que la *Gestalt* ne nous soit connue et popularisée par les psychologues à la suite de Köhler et Koffka. Le concept est difficile à caractériser : il a une valence dynamique et une portée tridimensionnelle, signifiant « provoquer la mise en forme », ou « identifier le travail producteur de l'artiste intervenant sur les *Gebilde* déjà codifiées (les stéréotypes) », et bien entendu il veut dire aussi : « apporter une physionomie *unitaire* à un ensemble de lignes et de couleurs ». Ces différentes attributions de la *Gestalt* sont complémentaires. Ce n'est pas de la mise en forme artificielle d'une *surface* enroulée sur soi qu'il s'agit (celle d'une toile créant une illusion de profondeur par sa seule nature stéréométrique) ; il ne s'agit pas non plus d'un formatage superficiel de la « peinture-peinture » (qui exposerait naïvement son aspect *malerisch* dans le tableau accroché au mur). Plus proche de l'*Einsicht* et d'une saisie « appréhensive », comme si un processus avait été incorporé en elle qu'on saisirait directement, l'expression « processuelle » de *Gestaltung* devient donc hautement signifiante sous sa plume : elle acquiert la valeur d'un terme de l'art réunissant *structuration* et *information de l'espace*. Certains traducteurs traduisent *Gestaltung* par *configuration* : un mot qui convient dans certains cas. Mais notre appréhension des œuvres ne consiste nullement à percevoir une « image » *dans* le tableau, comme si le tableau devait être inscrit dans son environnement par son encadrement. Sur le tableau lui-même, la *Gestalt* n'est pas toujours associée à des figures surlignées d'un trait bleu sombre, quoique depuis Braque et les fauves, cette tentation ait aussi existé. Plus généralement, Raphael ne procède pas à une discussion sur la notion de « forme plastique », comme celle qu'a pu explorer Adolf von Hildebrand dans son essai discuté : *Das Problem der Form in der bildenden Kunst* (1903-1908). Il parle même d'une *Formgestaltung*, afin de récuser la conception « architectonique » que défend Hildebrand, tant lui semble hérétique d'idéaliser, de planifier ou de vouloir modéliser le surgissement du vivant : « il n'y a pas de forme idéale *a priori* », pas même celle de la statuaire grecque, lui objecte Raphael. À croire que la notion intellectuelle et allégorique de la forme ne serait pas créatrice de formes[11].

Il faut donc écarter quelques confusions presque inévitables, si nous voulons entrer en matière. La *Gestaltung* en tant que telle, ne suppose pas chez lui une « conformation » haptique inspirée de Riegl : elle ne s'identifie pas non plus à une « articulation » hétérogène d'éléments divers (un assemblage). Elle ne serait en pareil cas qu'un artefact représentationnel ou une illusion volumétrique. Il dira à la fin de sa vie : « Il n'y a pas de formes en soi, parce qu'il n'y a pas de choses en soi[12] », comme si le reproche qu'il faisait déjà tout jeune à cette exacerbation du phénoménal présupposait toujours qu'il y eût, derrière elle, quelque noumène caché. C'est pourquoi, dans *Von*

11. Nous avons développé dans notre thèse (*Forme et Histoire*, à paraître chez l'Harmattan) l'ensemble des questions relatives à cette discussion qui commence en effet avec une remarque faite sur le *Michel-Ange* de Simmel : voir la note 18 de *De Monet à Picasso*, « donner à l'absolu une forme dans ce qui est fini » (*das Absolute in die Form des Endlichen zu gestalten*).

12. *The Demands of Art*, chapitre VII, p. 192.

Monet zu Picasso, il parle bien d'une sorte de purgation qui se produit chez Picasso, quand l'émotion se libère du spectacle de la nature, pour se contracter finalement dans un type de structuration de l'espace qui se trouve ramenée à une épure formelle – dite ici *kubisch* (« cubique » – *plutôt que cubiste*, d'après la leçon de Cézanne qu'a retenue Picasso)[13]. Ce qui intéresse Raphael est en effet l'*unité structurale*, telle qu'elle est appréhendée et réalisée ; ce n'est pas un voir natif ou « intuitif » (ou encore pseudo-primitif) : ce qu'on a pu appeler une « pensée du voir », trop phénoménologique à ses yeux. Raphael dit par contre dans sa lettre publique à R. Hamann, le grand défenseur des « visions du monde » : « je vois [plutôt] une production dans la perception ». Il ajoute que la vision n'est pas seulement une fonction de l'œil ; elle n'est pas faite pour que mes propres yeux « se » voient regarder ou admirer quelque chose (narcissisme aussi absurde qu'impraticable) : elle assume plutôt une fonction intellectuelle et polyvalente[14]. Nous sommes loin d'une illustration grandiloquente, ni même d'une évocation spectaculaire, comme chez Böcklin ou Hodler, ses têtes de turc. Il revendique plutôt, pour appréhender cette *Gestaltung*, un voir « factif », ainsi que disent les linguistes quand le verbe se transforme en nom. C'est donc un comportement agissant, débarrassé de toute naïveté idéologique, imprimant au réel une *modulation* – et non pas un modelé, dit-il explicitement ci-dessous –, et s'émancipant de ces figures toutes faites qui sont l'alphabet des académies. Pour lui, les formes doivent effectivement être « transformées » et « gestaltisées » : la « manière de voir » (*Sehart*), dont parlait Wölfflin, s'est ainsi métamorphosée en un *acte* créatif. De même, ce qu'il appelle *Kunstbetrachtung* – une observation venant analyser la vision de l'artiste – présuppose un acte préalable d'*extroversion*, celui que les impressionnistes ont pressenti, alors que les expressionnistes veulent mettre l'âme en avant, comme un miroir que le peintre offrirait à ses affabulations.

13. Ce n'est que dans la lettre « Lieber Herr Pechstein » (datée de 1911, publiée dans *Pan* en 1912) que Raphael est amené à répondre à son ami au sujet du « cubisme » de Picasso. Beaucoup plus tard, il fera une critique plus franche de Picasso, dont l'expression la plus nette est donnée dans le volume *Raumgestaltungen*, Qumran, Francfort, Campus Verlag, 1986, par une comparaison avec Braque. De même que, dans *Guernica*, Raphael a vu une allégorisation statique, il accuse Picasso d'un individualisme forcené dès 1933, en réponse à la production monopolistique. Néanmoins, dans la lettre à Pechstein adressée de Paris, sur le moment, il dit bien : « *die Gestaltung dieser Welt ist die Arbeit Picassos* » (Mettre en forme ce monde, voilà le travail de Picasso), *Das schöpferische Auge*, p. 112.

14. *Cf.* Dieter Hornig, « Théorie de la création et production visuelle », *Revue germanique internationale*, 2, 1994, qui n'est pas loin de penser que les yeux seraient enclins à colorer les couleurs.

En se montrant plus simple, tant ces distinctions trop abstraites peuvent sembler d'une subtilité déplacée, on peut se contenter de noter qu'il s'agit d'arracher la modernité à toute forme d'arbitraire, sinon de la guérir de ce vouloir d'art « improvisé » sous les habits flottants de l'arbitraire subjectif. L'art moderne n'est pas *contemporain*, en tant qu'il serait paradigmatique d'autres évolutions, par exemple celle des mœurs ou des comportements (explication sociologique) ; il n'instaure pas gratuitement, et *ex abrupto*, une revendication d'originalité du « point de vue » par référence aux œuvres du passé (explication stylistique). Simmel et Wölfflin sont bien renvoyés dos à dos. Raphael se passionne *pour la fonction cognitive et pour la réalité sociale de l'art*, qui seules lui confèrent une authentique raison d'être. Sa préoccupation centrale est de savoir : *quelle réalité est capturée dans l'œuvre d'art ? Quel type d'objectivité visuelle en dépend, qui s'affirme par son intermédiaire ?* « C'est une recherche systématique opposée à l'approche capricieuse du dilettante », résume encore Claude Schaefer[15]. Voilà pourquoi, *De Monet à Picasso*, sous ce titre un peu générique, est tout sauf une analyse classique de l'évolution de la pratique picturale entre 1880 et 1910. À sa façon, dégageant des lignes de pensée normatives qui s'imposent à la peinture et gouvernent ce qu'elle « devrait » devenir, cet essai représente pour le lecteur *une sorte d'écrit dialectico-déductif* dans sa rhétorique et sa force d'expression : à cause de sa tension interne, par le choix de formules en chiasme, peut-être par la sévérité de ses attendus déchirant les lieux communs, ou par le ton directif de certaines de ses formulations. La place centrale que joue la notion du *conflit autoposé* (une expression due à l'énigmatique et inquiétant Wilhelm Von Scholz) est hautement significative de sa conception des choses : elle demande explication, tant l'expression est datée et plutôt curieuse. Elle fait indirectement penser à la manière dont Cézanne et Picasso ont travaillé.

Pourquoi cette « mise en forme est-elle *dé-relativisée* » (absolue) ? En quoi devient-elle *nécessaire* ? Il est vrai que la forme ne doit pas faire l'objet d'une méprise sur le genre d'appréhension que nous en avons. L'artiste n'accepte pas la réalité comme une réalité inerte : il entre en conflit avec le monde chosifié ; il se pose en face de lui et s'émancipe alors de toute acception tautologique, parce que le produit de sa création ne saurait jamais représenter, ou imiter, la réalité telle qu'elle lui apparaît. C'est ici que Raphael affirme qu'un « conflit constitutif » existe entre l'œuvre d'art et la postulation personnelle de l'artiste (ce qu'il veut faire, parfois ce qu'il

15. *Op. cit.*, p. 206.

nous dit « vouloir faire », comme Matisse lui en fit l'aveu) – un conflit qui s'installe entre l'*articité essentielle* de l'œuvre d'un côté, et de l'autre la technique dont elle est le produit[16]. La seconde ne peut pas prendre le pas sur la première. De même, la nécessité qui est celle de l'art ne saurait être naturalisée dans une technique représentationnelle, comme c'est en effet le cas de l'impressionnisme scientifique, perfectionné par Seurat.

L'origine de cet essai

La deuxième partie du livre que Raphael dit « pratique » est une application de cette méthode d'analyse de l'œuvre d'art rapportée aux maîtres qui se sont distingués dans la période considérée, des impressionnistes aux descendants de Cézanne ; depuis Rodin, Van Gogh et Gauguin jusqu'à Matisse et Picasso. Plusieurs filiations sont croisées. Il est ainsi plus facile de lire la seconde partie, qui est intuitivement plus proche de ce qu'on attend d'un livre qui traite de la perception que nous nous formons des tableaux : elle demeure toutefois dénuée de signification sans l'apport spéculatif de la partie « théorique », et pour le moins austère, qui la précède.

Cette première partie philosophiquement ardue est nourrie de références très différentes : la plus importante étant celle d'Herman Cohen, le plus célèbre des néo-kantiens de l'école de Marbourg, qui avait publié son *Ästhetik des reinen Gefühls* et son ouvrage sur le fondement de la troisième *Critique* (*Kant's Begründung der Ästhetik*, 1889, plusieurs fois cité). Raphael n'a pas fait beaucoup de concessions : il emprunte à la fois les expressions de Fichte et de Hegel, les manipulant avec un soin jaloux, et celles des psychologues et des critiques comme Richard Hamann, qui l'a sans doute influencé. Il reprend aussi les conceptions d'Ernst Mach dans l'*Analyse des sensations* (1886) pour les invalider aussitôt, assumant philosophiquement ces contradictions qu'il sollicite entre les auteurs. C'est à ce titre que la genèse du livre répond réellement à une perception « problématique » du devenir de l'art. Pour éclaircir la difficulté, disons que le type de raisonnement qu'il propose se fait en trois temps (nous simplifions beaucoup le développement en spirale de l'auteur) :

1/ Raphael invoque d'abord le surgissement de la création à partir d'un influx vital irrépressible ; infinie, sans cesse renouvelée, mais ignorante de la personne qu'elle anime ou du thème choisi, *la pulsion* artistique « se finitise »

16. *Malerei und Persönlichkeit*, in *Das schöpferische Auge*, *op. cit.*, p. 89.

dans un produit déterminé qui conserve quelque chose de son empreinte vitale organique ;

2/ il soutient ensuite que la relation au monde ne peut jamais enfermer le sujet dans cette pulsion, et qu'il doit déposer hors de soi cet investissement personnel pour conférer à l'œuvre une *objectivité*. Mais ce n'est nullement l'objectivité de l'esthétique comme science qu'il s'agit d'envisager à ce niveau. Le sujet artiste lui-même « prend position » *à l'égard du monde envisagé comme un Tout dans chaque œuvre singulière*. Alors seulement les lois de l'objet pictural peuvent-elles rencontrer les lois de la nature ;

3 / enfin, il reconnaît que, dans l'art plastique du moins, c'est l'œil qui opère cette *extroversion* que nous avons évoquée ci-dessus. De même est-ce par le travail sur le matériau que s'effectue le transfert d'une vision personnelle dans l'œuvre, réalisant l'objectivation des moyens. Sa thèse ici ne consiste pas à dire que la forme est « signifiante » aux dépens de la matière. Tout au contraire, la matérialisation de « l'étoffe » de l'art, qui passe par l'abstraction géométrique, n'implique pas un contenu de signification défini (il n'est pas de contenu de ce genre qui ne soit « produit », avoue-t-il, à l'encontre de la fonction symbolique revendiquée par Panofsky). Une dématérialisation dans la création s'opère dès lors inévitablement, si la plate réalité prosaïque est transformée.

Dans ces trois étapes, la contrainte formelle – ou l'impérieux désir de donner forme (*Formgebung*) – se mue en une détermination obsédante : car la forme *gestaltique* invente ; elle engendre son produit, et ce dans la mesure même où *la recherche d'une unité dans l'œuvre se substitue à l'intimité du Moi*. Ernst Mach avait montré que le Moi « ne peut être sauvé » et n'est qu'une unité conceptuelle facilitant l'« économie de la pensée ». Pour Raphael, la conquête d'une *Gestaltung* est le contraire d'une « expression subjective », pour autant que *la vie pulsionnelle s'incorpore dans l'art et vise à une unité organique*. Ce point de départ vitaliste est l'héritage de Goethe, qui ne cesse pas d'être proclamé. Encore faut-il expliquer comment on peut décrire la mutation de la peinture en fonction de ce modèle théorique austère. Raphael revendique l'*unité* de l'œuvre singulière contre l'autonomie du vouloir de l'artiste et souligne bien qu'elle se gagne sur le compte de la pulsion (ce qui est très net pour Van Gogh et Gauguin, qui n'y parviennent jamais complètement). D'autre part, il affirme la *nécessité* interne de l'art contre la dissipation des justifications optiques relatives à un contexte donné, quel qu'il soit : c'est ici même le geste de Cézanne et de Picasso qui devient déterminant face au legs impalpable de Monet. *La beauté n'est pas optique* ; la visibilité qu'on suppose conquise sur l'opacité du monde n'est pas non plus une condition suffisante de la création. Ernst Gombrich démontrera après Raphael que cette « illusion » de vie des impressionnistes est éminemment *abstraite* et qu'elle n'a pas de justification rétinienne[17]. Par conséquent, il n'y a pas de vision « canonique » (comme jadis celle de la perspective) qui puisse s'imposer à la structure d'une forme.

Les références de Raphael à divers auteurs font la part de cette fluctuation, et sont souvent déconcertantes. En premier lieu, il s'installe dans une position caractéristique du moment où il écrit : c'est en effet Max Dessoir (qu'il cite en référence) qui avait revendiqué cette *théorie de l'art* contestant l'*esthétique du beau*, et le principe des usages reconnus par l'esthétique professionnelle (*Ästhetik und allgemeine Kunstwissenschaft*, 1906). De même, pour Hermann Cohen, qui avant lui, avait réclamé une *objectivité du sentiment* – et ici Raphael se fait très insistant, comme s'il fallait solder l'héritage idéaliste allemand et le dépasser. Ernst Mach enfin avait expliqué que la *Gestalt* était transposable d'un complexe émotif à l'autre : elle ne dérive pas toute seule (mécaniquement) des « éléments » ; les sensations sont en elles-mêmes *informes*, comme le sont ces *émotions* desquelles « on ne peut dire rien », selon le mot de Matisse. La *Gestalt* doit émerger d'un complexe de sensations en le structurant. Réunissant à sa réflexion ces divers impératifs, Raphael souligne de suite leur applicabilité aux nouveaux tournants qu'a pris l'art en France. Le long détour proposé en commençant à partir de l'impressionnisme est important et inhabituel : ainsi il assimile ce mouvement à une sorte de *naturalisme* mal compris, qu'il faut abandonner. Il n'adopte pas non plus les thèses d'Hermann Bahr[18], adepte d'une sorte de panpsychisme, et qui voit dans Manet et Renoir les prophètes du mouvement. Sa connaissance des essais de Théodore Duret, de Julius Meier-Graefe et Émile Bernard montre qu'il s'est défendu de procéder par analogie. Son étude reste informée, elle témoigne à ce niveau d'une grande modestie. Au plan de l'intuition seule, le peintre impressionniste procède à une sorte d'*Objektbildung* : il reforme le paysage ou le portrait, par exemple, selon les lois de l'observation. Au plan de la technique picturale, s'inspirant

17. E. Gombrich, *L'Art et l'Illusion*, Paris, Gallimard, 1987, p. 372 (seconde édition).
18. Hermann Bahr, le fondateur du mouvement *Jung Wien*, avait publié chez Fischer en 1904 *Dialog vom Tragischen*. Il contenait un chapitre « *Impressionismus* » considérant la philosophie de Mach comme « la philosophie de l'impressionnisme », qu'il faisait remonter à Manet, à cause sans doute de la décomposition analytique des sensations.

de Rodin, loin de s'en tenir à quelques banalités, Raphael suppose que la pulsion artistique est une « pulsion de connaissance » délivrant l'objet de sa facticité, en le mettant au service d'une *formale Neubildung* qui vient remplacer l'apparition provoquée par nos organes récepteurs. Polémiquant même avec la théorie des énergies spécifiques, Raphael peut dire : « Dans les tableaux de Monet on sent le vent, et dans d'autres on perçoit même l'odeur de la mer. » C'est qu'à ses yeux une telle « matérialisation de la conscience » percevante entraîne une « dématérialisation de l'objet » perçu. Telle serait la raison de ce processus de recréation qui lui est cher (*Erzeugungsprozess*) et dont le résultat dialectique ne serait jamais, dit-il, qu'un *Gestalt-Gewinnen*. Cette analyse de l'impressionnisme en tant que mouvement pictural se traduit pour finir – selon cette interprétation –, par un dépassement du dualisme entre l'intellect séparateur et l'instinct de vie.

Le retournement contre l'expressionnisme

Un des aspects marquants du livre se lit dans la table des matières. La seconde partie « pratique » est divisée en plusieurs sections : 1 / la conquête du nouveau *sentiment de la vie* (parallèle à sa justification du vitalisme) ; 2/ la maturation de la *Gestaltung* qui s'accomplit avec Cézanne, 3/ enfin la postérité de son héritage avec Matisse et Picasso. Mais, dans cette dernière section, apparaît aussi un développement surprenant sous le registre de l'« expressionnisme ». Il y a ici une innovation de vocabulaire, qui est l'inverse de sa compréhension de Monet. Même s'il a positivement décrit ce nouveau mouvement pictural comme étant à ses yeux « régressif », il n'est pas aisé de démêler l'écheveau des influences subies et surmontées à cette occasion. Si *De Monet à Picasso* est publié en 1913, c'est en 1914 que le mouvement sera reconnu par Paul Fechter en tant qu'un *deutsches Phänomen*. Quoique le terme d'« expressionnisme » soit utilisé dans la presse dès l'ouverture de l'exposition de la Sécession, les peintres exposés sont ici : George Braque, André Derain, Raoul Dufy, Othon Friesz, Albert Marquet et Pablo Picasso. Comme l'a écrit Ron Mannheim, quand on étudie de près cette exposition de la Berliner Secession, on s'aperçoit que ce sont les fauves qui apparaissent ayant les faveurs de la critique. Raphael lui-même va publier, le 1er septembre 1911, l'article : « *Expressionismus* », dans la revue *Nord und Süd*, où il semble prendre parti en leur faveur. Dans *De Monet à Picasso*, il se produit par contre un retournement des thèmes expressionnistes, alors embryonnaires, dans le chapitre consacré à ce courant, qui s'ouvre sur Gauguin et Matisse. Raphael y défend l'idée que l'inspiration expressionniste, en très peu d'années, aura viré au *kitsch* : « Le principe de l'expressionnisme est tout à fait contestable, c'est une ligne de crête cernée d'abîmes profonds, un chemin qui ne conduit pas à la mise en forme absolue. » Ce qu'il soutient est que *la créativité ne peut pas se passer de l'assomption d'un « esprit plastique »*, à la différence du spiritualisme subjectif (qui serait supposé germanique et irrationnel, parfois même christique ou théosophique). Ce point est essentiel, tant à l'encontre de la religiosité ritualisée de Gauguin que par rapport à l'extériorisation émotionnelle de Matisse qui envahit le décor, et se mue en décor. Il ne repose certainement pas sur une francophilie mal placée. La généalogie que présente Raphael est à la fois technique (très finement analysée) et « opératoire » sur le plan des tendances expressives qui réussissent, ou qui échouent, à prêter une réelle unité organique à cette *Objektbildung*.

Il faut néanmoins revenir en détail sur la petite histoire de ce retournement en marge de l'histoire de l'art en train de se faire.

La découverte par Ron Mannheim, dans les archives de Piper Verlag d'une lettre de Raphael datée de mai 1911, où ce dernier convient avec l'éditeur de la parution prochaine d'un livre, en précisant qu'il aurait obtenu l'accord de Matisse et de Picasso au sujet des reproductions, laisse comprendre que le manuscrit est avancé. On en retrouve la trace dans l'article publié la même année 1911. D'autres éléments encore, comme sa préface au catalogue de la 3e édition de la *Neue Secession* à Berlin, reviennent sur la même définition de l'expressionnisme en tant qu'il ne serait qu'un « impressionnisme décoratif ». Appellation pour le moins équivoque à première vue, et qui brouille les pistes. Henri Manguin, qui expose en effet avec les fauves en 1904, peut difficilement être considéré comme étant « pré-» expressionniste. Toutefois, cette tendance vise proprement, chez Hans Purrmann en particulier, un égal souci de volupté chromatique qui se finalise dans l'*être-image*, en se substituant à tout rapport à la nature. Pourtant, dit-il, sans Cézanne, ce « soi-disant » expressionnisme « n'aurait pu voir le jour[19] ». Il est notable que Raphael ait tenu à inclure le dépassement de Cézanne et sa postérité dans la continuité qui va des fauves aux expressionnistes, un groupe plus ou moins élastique dans lequel, à ses yeux, Matisse et Picasso auraient eu leur place. Dès 1912-1913, son avis change soudainement – et complètement. Pechstein, qui avait fondé *Die Brücke*, quitte le groupe en 1912 parce qu'il avait créé en 1910 la *Neue Secession* à Berlin. Kirchner, Pechstein et Schmidt-Rottluff sont les représentants de la nouvelle tendance selon Raphael : il n'a pas tort. Ils sont tous les trois très inspirés par Gauguin. Leur idée est de créer une

19. « *Berliner Austellungen* », *Das schöpferische Auge*, *op. cit.*, p. 101.

nouvelle entité visuelle (*Gebilde*) dans le fétiche du tableau, bien que le tout formel (*das Formganze*) manque à leur inspiration. La survalorisation qui en résulte, celle du tableau « comme idée », implique ici que la transmutation de l'émotion sensorielle (*Umgestaltung*) ait disparu : l'*élément atmosphérique des impressionnistes* s'est volatilisé. Manguin et Friesz peuvent proposer une sorte de *kitsch* chromatique en toute liberté. L'appauvrissement du dessin, l'anarchisme des couleurs crée un éloignement de la nature. A l'inverse, toute *Gestaltung* vise à confirmer la nature dans son objectivité, sans la « déformer », justement, comme y invite Maurice Denis, chez lequel Raphael suspecte une religiosité affleurante. Ainsi, d'un côté, il y a le formalisme abstrait de Kandinsky, où la forme devient « schéma », de l'autre une exaspération de la couleur dans ses dissonances. Nous serions dans une impasse dont *De Monet à Picasso* nous propose de sortir.

L'association du subjectivisme et du décorativisme conduit inévitablement à ce « vide abyssal de tout contenu », comme l'écrit Raphael. Mais, si nous savons avec certitude qu'il a bien projeté d'écrire, en 1911, un livre pour l'éditeur Reinhard Piper sous le titre *Expressionismus*, il semble néanmoins qu'il aurait originairement formulé sous ce label le projet d'une rencontre productive entre deux tendances : l'une qui est celle des artistes berlinois et des héritiers de *Die Brücke*, l'autre inspirée de Matisse : une rencontre qui aboutirait, d'après R. Mannheim, à *la première formulation d'une théorie de l'expressionnisme en langue allemande*[20]. Une telle appréciation est décisive, au point que Richard Hamann reprochera plus tard à Raphael, dans sa recension tardive de *Von Monet zu Picasso* en 1916, d'avoir compris l'impressionnisme à partir du cadre de pensée de l'expressionnisme, et plus exactement d'avoir substitué à la pensée de ce mouvement : *das Denken des Expressionismus*, quelque chose qui ne serait que *das Denken über dem Expressionismus* (une conception orientée à son sujet) – ce dont Raphael se défend alors vivement[21].

20. Ron Mannheim, « Max Raphael vor Max Raphael, "M. R. Schönlank" und die früheste Expressionismustheorie in deutscher Sprache », in *Das schöpferische Auge*, p. 143.
21. « Über dem Expressionismus, Offener Brief an Herrn Prof. Richard Hamann », paru dans *Das Kunstblatt*, en avril 1917, et repris dans *Aufbruch in die Gegenwart*, 1989, p. 103-111. Raphael émet une protestation : « Vous identifiez ma pensée à celle des peintres expressionnistes, et vous me cataloguez comme critique ou philosophe expressionniste [...] mais une chose aurait dû vous intriguer, le fait que vous ne retrouviez chez moi aucun des concepts courants de l'art expressionniste, ni dans les termes, ni sur le fond. » La longue explication de Raphael repousse : a) l'expérience intérieure qui conduit à la mauvaise abstraction et au mysticisme, b) le rejet de toute mise en forme qui ne soit pas

L'expression bizarre d'impressionnisme *décoratif* est présente dans l'article « Der Sonderbund in Düsseldorf », puis dans l'article « Die neue Secession » (l'un publié en octobre 1910, l'autre en février 1911). Raphael est ici la proie d'un sentiment d'adhésion mélangé, témoignant ainsi d'un recul critique d'une prescience rare. Dans l'article « Der Expressionismus », déjà cité, paru dans *Nord und Süd*, en septembre 1911, il disait « renvoyer les curieux à [s]on livre sur l'expressionnisme qui pourra paraître dès qu'un éditeur aura le courage de l'éditer ».

En quoi l'ajout de l'adjectif *décoratif* est-il donc signifiant ? L'expression n'est pas de lui et elle avait été suggérée par l'organisateur de l'exposition de Düsseldorf, Wilhelm Niemeyer, à l'automne 1910, lequel avait réuni (entre autres) des toiles de Braque, Derain, Friesz, Marquet, Picasso et Vlaminck. Elle correspondait exactement à la tendance fauviste à laquelle avaient été associées des œuvres de Purrmann, Kirchner et Schmidt-Rottluff[22]. Ardent polémiste, Raphael est immédiatement sensible au problème théorique posé en filigrane par cette affiliation forcée. L'exposition de Düsseldorf (rétrospective et forum à la fois) est donc une occasion de faire le point entre le post-impressionnisme et le nouveau courant : confrontation inédite et violente, ce qui le conduit à une analyse très différente de celle de Niemeyer.

> La nouvelle peinture est d'emblée, et sciemment, une peinture décorative de la surface : c'est une décoration qui est issue des conceptions de la couleur acquises par les Impressionnistes. Par là même, elle édicte que la nature perd implicitement toute valeur objectale, et que l'imagination de l'artiste qui crée avec des couleurs y gagne une liberté illimitée et débridée[23].

Ainsi la tentative des post-impressionnistes « scientifiques » (à la suite de Seurat) trouverait-elle une sorte de prolongement dans la nouvelle

celle d'un contenu, et il défend c) l'unité profonde de l'espace et du temps à travers la synthèse de l'arithmético-figural et de la configuration rythmique.

22. Voir la citation du catalogue édité par W. Niemeyer, in Patrick Healy : « Philosophische Grundlagen des Frühwerks von Max Raphael », in *Das schöpferische Auge*, p. 130-131, Wilhelm Niemeyer présente des artistes dits néo-impressionnistes comme Braque, Derain et Vlaminck comme les « découvreurs d'un décorativisme paysagiste », tandis que Purrmann, Kirchner et Schmidt-Rottluff sont présentés « en réaction contre Cézanne », proclamant *den seelischen Absolutismus der Malerei* (« l'absolutisme psychique de la peinture »). Niemeyer conclut que le concept de peinture redevient identique à celui de la couleur en soi.

23. « Der Sonderbund in Düsseldorf », *op. cit*, p. 33-34.

peinture. Seul change le type de décoration, puisque là où Vuillard et Signac sont toujours dépendants du paysage naturel, ce n'est plus le cas des Sécessionnistes pour qui « *der Spiegel in der Phantasie des Künstlers ist alles* », « tout se reflète dans le miroir de l'imagination de l'artiste » (*op. cit.*, p. 35). Le décorativisme, tel que l'entend Raphael, prend toute sa légitimité dans la transformation de l'espace, puisqu'il dit encore de ces tableaux : « *Sie gehören nicht in einem Rahmen auf die Wand, sondern ohne Rahmen in die Wand hinein* » (: « Ils ne doivent pas être accrochés au mur dans un cadre, mais incorporés sans cadre dans le mur.») (*idem*, p. 36). Pechstein a probablement contribué à cette assimilation : il peignait effectivement sur les murs et sur les portes en verre. La même formule d'impressionnisme décoratif se retrouve inchangée dans le catalogue de l'exposition de Berlin au début de 1911 :

> Une décoration élaborée à partir de la vision des couleurs de l'impressionnisme, voilà le programme des jeunes artistes de tous les pays ; autrement dit, ils ne reçoivent plus leurs lois de l'objet. Tandis que ce que l'impressionnisme voulait atteindre consistait à rendre l'impression qui en émanait par le truchement de la matière pure, ces peintres pensent au mur et pour le mur, et en couleurs. Ils ne veulent plus rendre la nature dans chacune de ses manifestations fugaces, mais condenser cette sensation personnelle de l'objet au point de la concentrer en une expression caractéristique – et de sorte que l'expression de leur sensation personnelle soit suffisamment forte pour suffire à une peinture murale[24].

Ce que Raphael veut dire concerne donc assez clairement le passage de l'impression chromatique à l'expression individuelle, opérant non plus à travers la simple intuition de l'objet – dans la restitution d'un paysage, d'un nu ou d'un portrait –, mais au profit de la configuration murale, lorsque la fulgurance de la couleur engendre son propre décor. L'*objet nouveau* est celui d'une sensation frontalement ressentie, densifiée par l'expression sur la paroi, en même temps que personnalisée par cette intensité caractéristique qui la dote d'un support extérieur. Arrêtons-nous un instant sur l'effet troublant de terminologie qui se manifeste en une telle occasion, puisque cette même expression qui requalifie l'impressionnisme peut sembler péjorative et réductive, alors qu'elle est choisie pour sa valeur symptomatique. Au niveau de l'interprétation, si l'on se place – avec un léger recul – du point de vue *De Monet à Picasso*, l'individualisme exacerbé du *pathos* et un type déterminé d'occupation de l'espace, auquel prétendent les sécessionnistes, paraissent incompatibles. On pourrait imaginer une mauvaise assimilation

24. « Die neue Secession », in *Das schöpferische Auge*, *op. cit.*, p. 43.

par les artistes allemands de la jeune école française qui tentait de s'émanciper du fauvisme[25]. Dans un sens plus conjoncturel, cependant (un sens positif), la formule est l'indice de la double influence de Cézanne et de Matisse, surtout après la diffusion des *Notes d'un peintre* du même Matisse, traduites en 1909. Le rapport sensuel à la nature, encore prédominant chez les successeurs de Monet et de Gauguin, entre alors en concurrence avec l'autonomie formelle du rapport ligne / surface / couleur prévalant chez les nouveaux peintres – mais dont Matisse est justement l'inspirateur –, se tenant fermement au plan même du tableau, parallèle au mur qui l'expose, et non plus en contre-champ du monde naturel[26].

Un autre texte préparatoire à *Von Monet zu Picasso*, « Die neue Malerei, neue Sezession » (*Das schöpferische Auge*, p. 64-67), qui a paru peu après dans *Der Sturm* en avril 1911, souligne que l'impressionnisme a bien été tout d'abord un exploit psychologique, et non pas un succédané photographique de la perception vériste. Les impressionnistes traitent de l'air et de la lumière : les artistes de la *Nouvelle Sécession* voudraient quant à eux exprimer la sensation *en dehors du sentiment* – construire une composition colorée qui ne soit plus donnée par la nature ou par la psychologie naturelle. Raphael prend alors pour argument la notion de *composition fermée*, comme afin de caractériser l'esprit de cette nouvelle école. Deux idées se dégagent : les nouveaux peintres de la Sécession se servent de la ligne et de la surface pour soi. Ils se sont coupés de toute *Raumgestaltung*.

> Tandis que, chez les Impressionnistes, le format du tableau n'avait aucune espèce de rapport contraignant ou nécessaire avec la représentation [...] de la même façon que le contenu était un fragment quelconque pris au hasard dans l'éternel flot des phénomènes, maintenant c'est la loi implacable de la surface qui apparaît.

25. Un texte comme « Die neue Secession » (originellement avec un *c*), qui avait paru en préface au catalogue de l'exposition de Berlin en février 1911, contient une défense du *pathos* actif nietzschéen, en tant qu'expression « antibourgeoise » du sentiment nouveau, qui s'oppose à la "vision du monde" impressionniste. L'abstraction, l'activité intellectuelle, la simplification sont autant de moyens de transformer l'urgence de ce sentiment nouveau (*Das schöpferische Auge*, p. 60).
26. Une justification plus anecdotique est fournie par Donald E. Gordon in *Expressionism : Art and Idea*, Yale University Press, 1987, p. 93. Selon cet auteur, Max Pechstein, le véritable leader de la *Neue Sezession,* pratiquait la peinture des murs et également des verres de fenêtres. Le sens du mot "décoratif" est alors plus fort. C'est aussi celui qui habitait Maurice Denis que Raphael cite abondamment. Sur le plan conceptuel, Raphael pense à l'art mural mosaïque, quand il cherche à définir un autre espace où la couleur est soustraite à la sensation rétinienne.

> Ces nouveaux artistes qui pensent par et pour le mur composent aussi sous la contrainte de la surface du tableau, de telle sorte qu'un agrandissement ou une réduction deviennent impossibles. Pour chaque grandeur de la surface peinte s'impose quelque chose de nouveau. Outre le format, la surface, en tant que telle, impose sa contrainte. Tout ce qui est de l'ordre de l'objet est enfermé dans la surface. La mise en forme de l'espace (*Raumgestaltung*) est abandonnée. En surface, les couleurs deviennent plates, étalées de façon lisse, et, dans la mesure où elles évoquent quelque chose d'objectal, elles sont clouées à la surface par une ligne de contournement. Cette ligne – parfois noire, formant fréquemment un contraste par la couleur – est devenue un moyen pictural et un signe expressif fort pour ce qui regarde l'élasticité et la richesse du contenu. Elle n'est pas constitutive de la forme, mais exprime la sensation[27].

On reconnaît en effet cette ligne, bleu foncé ou noire, dans les toiles du premier Braque et chez Pechstein. Cette délinéation vigoureuse qui manquait aux toiles de Signac est devenue maintenant un attribut majeur. Or, le plus surprenant, dans cette radicalité que Raphael met en valeur, est précisément l'aplatissement de la *Raumgestaltung* – qu'il cherchera ensuite à contester dans *De Monet à Picasso.* Cette signature des derniers fauves et des expressionnistes est associée à la seule émancipation de la surface.

L'abstrait affectif

Cette désignation d'impressionnisme *décoratif*, qui n'apparaît pour la première fois, explicitement, qu'en septembre de la même année 1911, place immédiatement Raphael pour ainsi dire en porte-à-faux. D'après R. Mannheim, le processus de macération intellectuelle qui transforme le manuscrit original (et abandonné) de 1911 dans le nouveau livre de 1913 – celui qui a pour titre *Von Monet zu Picasso* – n'aurait lui plus rien à voir avec cette dispute « germano-allemande » concernant la stratégie des avant-gardes de l'autre côté du Rhin. Une question comme : « Que faut-il conserver de l'héritage de Cézanne et comment assimiler les fauves au nouveau courant septentrional : celui de l'âme gothique ? » semblerait de fait parfaitement oiseuse aujourd'hui. Il est clair que la revendication du terme « expressionnisme » en tant qu'*Oberbegriff* a voulu marquer la reviviscence de la tradition gothique. Dans le livre de 1913, Raphael, pour des raisons strictement théoriques, neutralise la querelle nationale. Il va de soi également que l'expressionnisme n'est nullement un mouvement qu'on peut simplifier en le rabattant sur des motivations idéologiques. D'autres motifs, plus profonds que circonstanciels, font que le jeune Raphael va

27. « Die neue Malerei, neue Sezession », in *Das schöpferische Auge*, p. 65.

ranger Matisse aux côtés des expressionnistes, mais en inventant cette notion nouvelle de l'*abstrait affectif*. Les jeunes peintres français se voient imposer ce label d'école au nom d'une mutation de la « sensation picturale » (ce sont bien eux, dans leur recherche d'une voie de sortie du fauvisme, qui seraient les premiers expressionnistes).

En optant presque d'un seul coup pour l'*absolute Gestaltung*, Raphael se place d'emblée sur le plan du jugement normatif. Si ce plan ne peut jamais être descriptif, par contre, ce qui mérite d'être noté, par la comparaison avec ces articles primitifs des années 1910-1911, est que ces articles auront probablement aidé Raphael à se dissocier d'une tendance qu'il a eu quelque mal à identifier dans un premier temps, tant sont palpables l'énergie et la vitalité des artistes qu'il côtoie (comme Purrmann et Pechstein). Pour lui, la nouvelle école qui succède à l'impressionnisme ne peut être que celle qui va de Cézanne à Picasso. On peut par conséquent dire qu'il y a dès l'origine, de sa part, *un essai de reconstitution de l'historicité propre à l'émergence des normes esthétiques*. S'inspirant de Walter Friedländer, un maître en la matière, les commentateurs ne sont pas loin de voir, en Raphael, une sorte de porte-parole de la crise qui affecte l'institution de la *Kunstgeschichte*, qui aurait perdu tous ses repères[28].

Or, l'une des préoccupations majeures du jeune Raphael, confronté dès l'âge de 21 ans au phénomène de la peinture, est qu'il s'attache à y reconnaître un phénomène social, ne serait-ce qu'à cause des réactions outragées du public des « amateurs » et des journalistes. Son parti pris spéculatif vise à concilier les deux exigences que nous avons déjà soulignées plus haut : a) d'une part, maintenir le primat de l'énergie créatrice au sens de Bergson – cette « poussée » de vie du moi profond qui affecte des individualités qui ne veulent rien devoir à leurs prédécesseurs – ; b) d'autre part, interroger le statut de l'objectivité en art, une objectivité que Raphael ne veut justement pas réduire, qu'il entend plutôt libérer du poids du positivisme de Taine et fixer inclusivement dans sa relation au monde. Cela pourrait expliquer l'ardeur polémique qu'il met à entrer dans la bataille. Raphael accuse, dénonce, accentue le contraste entre la personnalité du créateur, celle qu'il défend sans transiger, et l'objet impersonnel de sa fonction transformatrice : s'atteler à la constitution d'un *Neubilden*. Ces deux exigences ne sont pas facilement

28. Voir Walter Friedländer, « Zur Kunstgeschichtsschreibung der Moderne », in *Monatshefte für Kunstwissenschaft*, Jg 12, 1919.

conciliables, une véritable tension est en effet aussitôt décelable dans ses premiers articles. Peut-être est-ce avec « Malerei und Persönlichkeit », publié par *Die Aktion* le 18 septembre 1911, que Raphael va exploiter le mieux cette tension, en esquissant aussi une forme de résolution productive. Face au caractère non littéraire (et non conceptuel) de l'émotion individuelle, il assigne une tâche impérieuse à la critique, en s'inspirant de Konrad Fiedler par une notation très brève, qui serait de suivre « *das Nachschaffen des künstlerischen Schaffensprozesses* » : soit « la recréation du processus de production artistique ».

Ce processus inductif de recréation du processus artistique nous fait passer de ce qui reste mental, fluctuant, insaisissable, instinctif – bref de ce qui est vécu, mais qui n'est pas encore expression – vers une *peinture nécessaire*, c'est-à-dire vers une matérialisation picturale : il se flatte d'être le seul à le thématiser de cette façon.

> Personne n'a essayé d'écrire quelque chose qui ressemblerait à un système du traitement de la matière, ce qui aurait vraiment correspondu à un besoin nécessaire[29].

Le rapport au monde gît tout entier dans ce *System der Behandlung der Materie* – un traitement systématique de la matière –, et rien ne caractérise aussi bien le travail original de Raphael, qui trace ici les lignes d'un programme (justifier de la *Gestaltung* par un nouveau rapport à la matière). Ce qui est intentionnel et émotionnel, mais inexprimable pour l'artiste en dehors de la chose peinte, deviendrait alors évident : cette nécessité vécue serait aussi une nécessité distinctive qu'il faudrait confier à la critique d'art (isoler le vouloir artistique, mais conditionner un tel rapport créatif dans le jeu critique existant entre deux concepts voisins : *Materie / Stofflichkeit*). Il exposera ces réquisits encore en 1941, comme essentiels à toute compréhension non superficielle et non frivole du phénomène plastique : ils sont déjà présents trente ans plus tôt.

Tout commence par une dialectique du *Zeitgeist* (l'air du temps) qui ne s'impose pas à l'artiste du dehors. Raphael laisse d'abord entendre que la capacité créatrice franchit le gouffre qui sépare le chaos informe d'avec ce qui est mis en forme (*das Gestaltete*). Il se risque même à cette métaphore primitive de l'organicité de l'œuvre d'art qui lui est chère : « *Die Natur, der Zeitgeist*

29. « Malerei und Persönlichkeit », *Die Aktion*, 18 septembre 1911, p. 91.

gebiert das Kunstwerk nicht, und das Bild ist keine Parthenogenesis[30] ». On se demandera pourquoi Raphael force le trait en disant qu'une œuvre ne naît pas toute faite des circonstances extérieures, en *ne se reproduisant pas sans être fécondée*. Raphael s'en prend à la justification trompeuse d'une évaporation du contenu exprimable par une sorte d'autosuffisance des impressions sensorielles : il se fait donc spontanément le défenseur de la personnalité constructive de l'artiste. Puisqu'il développe une analyse esthétique, il récuse par là même toute transposition *stérile* du spectre des couleurs. La matière artistique n'est pas une fiction. Appliquer des taches de couleur (*Farbenauftrag*), ce n'est pas peindre (la dématérialisation, nous l'avons vu plus haut est la contrepartie de ce constat technique). Raphael estime que la sous-estimation de la personnalité va de pair avec une surestimation ou une sophistication de la technique. L'*abstrait affectif* de Matisse se joue tout entier dans cette tension intime qui affecte la *matière vivante de la peinture*. Cette matière, si elle n'est pas inerte, contient toutes les possibilités de l'expression, qualitatives et quantitatives, et ne se limite pas à un art du pinceau. En elle, la sensation picturale (si difficile à définir) devient une sensation nouvelle. Qu'on nous permette de citer ce passage éclairant pour la compréhension de la seconde partie de *De Monet à Picasso* :

> Tout d'abord, la matière a une vie en propre, une vie matérielle, précédant toute mise en forme spirituelle et indépendante d'elle. Elle a sa propre densité et son intensité : sa propre gravité. Mais ensuite l'esprit respectif du vouloir artistique peut s'emparer d'elle directement dans sa connexion avec la nature, et s'exprimer directement sans détour par la matière. Il s'ensuit une spiritualisation de la matière. Alors que, dans sa pondération même, elle n'est pas accessible de l'intérieur à la perception humaine, une fois spiritualisée de part en part [*Durchgeistigung*] elle réclame en quelque sorte la capacité d'empathie de l'homme. La relation de la matière à l'étoffe [*Stoff*] de la peinture est mieux connue : j'entends par là non seulement la capacité de restituer une substance, par exemple la soie, le velours, etc., mais la substantialité en général de cette étoffe, par exemple, la lumière, les volumes, l'humidité, la sécheresse, le gel, etc. La matière acquiert enfin une quatrième possibilité d'expression dans sa relation à la surface, en tant que surface décorative d'une dimension déterminée, à côté d'autres lieux déterminés qui sont décrits de la même façon[31].

Nous trouvons par conséquent ici quelques-unes des thèses articulées dans le discours éloquent de *Von Monet zu Picasso*. L'allusion à la *Tätigkeit*

30. *Ibid.*, p. 88.
31. *Ibid.*, p 91-92.

de Fiedler aide à faire saisir de quel genre d'activité la créativité artistique est l'expression, et pourquoi toute expression n'est pas artistique. S'agit-il cependant de prendre les moyens pour la fin, ou – pour surenchérir sur ce que l'on veut exprimer – d'inventer un mode d'expression qui se voudrait plus directement « pathétique » (comme chez Munch et Kupka) ? Le danger de cette extrapolation conduirait au désastre et Raphael rappelle les mots de Matisse : « Je ne puis pas distinguer entre le sentiment que j'ai de la vie et la façon dont je le traduis. » Il demeure, cela étant admis, que le moyen d'expression de la peinture n'est pas conceptuel. On ne peut pas plus appréhender l'individualité d'un autre homme qu'on ne peut traduire de manière littéraire cette sensation « pictoriale » : *die malerische Sensation*. L'observateur et le critique se voient placés devant un dilemme : entre le traitement de la matière et la pulsion créatrice d'un sujet artistique, il n'y a place pour aucun commentaire.

La solution dialectique nous la connaissons déjà, mais il est bon de la rappeler encore malgré son aspect lapidaire et sa très grande généralité : *Malerei ist die plastische Gestaltung psychischen Erlebens* (la peinture confère une plasticité formelle au vécu psychique). Mais, d'un autre point de vue, si les concepts sont inopérants, il devient impossible d'analyser ou de communiquer ce qui est exprimé. Nous ne pourrions plus rendre compte historiquement de la genèse toujours renaissante des œuvres, qui obéit à une nécessité primordiale. « *Kunst ist Gestaltung, Gestaltung ist Notwendigkeit.*» (L'art est élaboration d'une mise en forme, la mise en forme est nécessité.), rappelle la lettre publique à Max Pechstein avec beaucoup de fermeté[32]. Raphael se propose par ce moyen de trancher le dilemme critique par sa théorie de la réception active, qui n'oppose pas vraiment Matisse à Picasso, soit en décrivant le processus artistique dans un après-coup recréatif (ce *Nachschaffen* dont parlait Fiedler), mais sans jamais y sacrifier le vécu instinctif. Hors de ce processus d'enquête du vouloir inhérent à la psychologie artistique, reste une autre voie :

> L'autre voie consiste à réduire les formes figurées à leur formule mathématique fondamentale, à les « geler », pour ainsi dire. De la forme anorganique et

32. « Lieber Herr Pechstein ! », in *Das schöpferische Auge*, p. 112. La lettre a paru en mai 1912 dans la revue *Pan*. Raphael ajoute (p. 113) que la présentation directe du cubisme n'est pas selon lui exclusive de toute autre mise en forme. Raphael ne récuse pas l'expérience vécue de Picasso, mais sa prédisposition créatrice lui fait inventer un moyen formel (le cubisme) qui l'absorbe en entier. Sans jouer sur les mots, il faudrait comprendre qu'il y a dans son esprit un *pathos* cubiste, en dépit du caractère bizarre de l'expression.

> géométrique à celle qui est figurée et vivante, on a un écart mesurable par rapport auquel on peut exprimer de façon conceptuelle la singularité individuelle[33].

Le lien entre projection empathique et « abstraction » – tel que l'a imaginé Worringer – est ici clairement renversé. En effet, l'abstraction mathématique est disjointe de l'expression directe. Pourtant, le problème tel qu'il est posé reste entier : comment reconnaître un vécu sublimé *gestaltiquement*, et pourquoi serait-ce le ressort psychique de l'art ? La voie d'une psychologie de la création semble aventureuse, reconnaît Raphael. Parler de la pulsion créatrice, si on ne veut pas la « geler » tout simplement – Raphael rappelle en la circonstance le contre-exemple de Van Gogh[34] – implique qu'on en fasse l'objet d'une méthode. Techniquement, il y a une *volonté d'art* chez les impressionnistes, et une autre *volonté d'art* chez les artistes qui sont inspirés par Matisse et Picasso. Faut-il entre elles établir une continuité ? C'est l'ambition même du livre *De Monet à Picasso* que d'y répondre, depuis le foyer de la jeune Secession. L'identification au geste psychique de la peinture (qui serait en ce sens-là le *Kunstwollen* des impressionnistes) se distingue du *Kunstwollen* centré sur la maîtrise nouvelle de la matière. Commençons par le second qui consiste en une remise en cause du néo-impressionnisme de Seurat, comme de l'application de la loi du contraste simultané. Cette rupture découle de la contrainte de la surface que nous avons évoquée plus haut. L'explication que donne Raphael est cette fois plus concrète, en expliquant comment le modèle impressionniste est abandonné :

> Les impressionnistes voulaient – du moins théoriquement – des couleurs les plus fortes possible, mais on ne parvenait qu'à une facture générale claire et blonde, qui ôtait aux couleurs toute l'intensité de la couleur locale. Les tons de la couleur s'abolissaient mutuellement.
>
> Le contraste dans l'intuition chromatique des jeunes peintres par rapport à celle des impressionnistes pourrait se résumer dans la formule de Fechner : les différences entre *stimuli* diminuent de façon inversement proportionnelle aux intensités. Du fait que la couleur doit servir à l'expression, on rejette maintenant sa division en petites parties et la notion de synthèse optique. On privilégie – en augmentant à volonté la matérialité de la couleur – les couleurs sombres et intenses du spectre et on les étale en masses de taille notable. Les

33. « Malerei und Persönlichkeit », art. cit. p. 93.
34. *Ibid.*, p. 90. La référence de Raphael est le *Van Gogh* de Julius Meier-Graefe, paru chez R. Piper & Cie à Munich, en 1910. Il lui semble que ce Van Gogh caméléon possède bien dans sa personnalité quelque chose qui le fait reconnaître malgré tout comme un créateur authentique. La thèse qu'en retire Raphael est que le Moi n'est pas une fiction, mais un donné, *ein Gegebenes*.

> impressionnistes soulignaient les qualités de couleur et cherchaient à formuler de manière scientifique les lois de leurs relations. On pouvait laisser à un instinct qui n'était pas toujours heureux le soin d'équilibrer les masses de couleur, parce que celles-ci étaient réduites à leur minimum en regard de la surface du tableau. La concentration des touches de couleur en surfaces de couleur a soulevé deux nouveaux problèmes : le rapport de la forme à la couleur et la mise en équilibre des masses de couleur. L'instinct artistique, qui courait le risque de se retrouver coincé par le néo-impressionnisme dans une thèse qui n'était peut-être pas tout à fait scientifique, a trouvé dans ces calculs quantitatifs une possibilité d'expression d'un genre très individuel et très modulable[35].

Le langage le plus instinctif est donc celui du traitement de la *Farbigkeit* : cette coloréité qui retrouve son pouvoir d'expression avec les artistes de la Sécession ou avec les expressionnistes (pris au sens large), quoique la forme et l'équilibration deviennent alors problématiques. Raphael lie, une nouvelle fois, cette solution matérielle – par l'abandon du divisionnisme – à une accentuation du sentiment d'activité. En ce sens, il rétablit en partie un rapport étroit, un lien de continuité, avec le *pathos* réfractaire à l'ancienne école :

> Par quels affres et combats internes a pu être obtenu de haute lutte ce sentiment d'activité, on peut le mesurer à la transformation de valeur du concept de *pathos*. Il paraissait englober ce qu'un impressionniste – j'entends ici la vision du monde des impressionnistes – haïssait du plus profond de l'âme : le mouvement conventionnel et vide, l'escroquerie de la revendication idéaliste, le geste devenu plein d'aigreur de l'académisme, la poussière du mensonge social, en un mot tout ce qui était emphatique, bourgeois, sec, ennuyeux. Il semblait impossible qu'on pût un jour parler de nouveau d'un *pathos* sublimé : en apparence, ce concept semblait devoir demeurer vide à jamais. Et c'est justement dans ce concept le plus méprisé que les jeunes artistes déversèrent la joie conquérante de leur activité artistique, devant laquelle ils avaient parfois tremblé comme devant un fantôme mensonger. Le *pathos* était redevenu joie créatrice, approuvant tout l'existant, parce qu'elle lui prête une forme. C'est un sentiment antibourgeois, car c'est un sentiment créateur[36].

Cet extrait marque bien une transvaluation éthique, pour le dire en termes nietzschéens. Certes, les jeunes artistes ne sont pas moins antibourgeois que leurs prédécesseurs, mais ils revendiquent un geste nouveau contre le mensonge social de la réalité, en quoi ils frémissent de ces réflexes qui annoncent l'effondrement de la Belle Époque. Quelques semaines après, Raphael rencontre Picasso à Paris. Ce qu'on peut retenir est que le

35. « Die neue Malerei, neue Sezession », *Das schöpferische Auge*, p. 66-67.
36. « Die Neue Sezession », *Nord und Süd*, avril 1911 (*Das schöpferische Auge*, p. 60).

phénomène social de la peinture ne disparaît pas sous les préoccupations techniques de l'art de voir et de créer. Ces préoccupations sont primordiales. La problématique de la personnalité et de l'expression restent solidaires du comportement de l'artiste, artisan d'un monde social à renouveler. Les artistes de la Sécession auront donc permis à Raphael de mieux se situer, puis de commencer à entrevoir une perspective méthodologique comparative.

Le classique moderne

Nous avons résumé à gros traits la généalogie implicite de *De Monet à Picasso*. Dans l'interprétation, on lit assez souvent que Raphael serait le témoin de l'instauration du canon du classique moderne (*der Kanon der « Klassischen Moderne »*, selon l'expression de Werner Drewes) : il aurait fait le bilan de la réception de l'impressionnisme en Allemagne, alors que pratiquement cette réception commence beaucoup plus tôt en 1894. Bernd Growe parle même à ce sujet d'une sorte d'« autopsie » de la génération antérieure. Pour notre part, nous avons conclu que Raphael était le contemporain scrupuleux de la crise du post-impressionnisme, ce qui explique notre insistance sur cet aspect technique dans le paragraphe précédent. Certes, Raphael ne cesse de renvoyer à Goethe, comme il le fera à la fin. Il est donc raisonnable de penser que cette filiation classique n'est pas subalterne. Le tropisme de l'école française sera déterminant dans sa formation et son orientation. Revenant de Paris à Berlin – à l'été 1911, justement –, Raphael se fait plus rigoureux, plus implacable encore dans ses jugements par rapport à ceux qu'il pouvait soutenir avant de partir. *De Monet à Picasso* peut donc se lire également tel un manifeste où l'héritage de l'histoire de l'art – dans sa manifestation académique, en Allemagne même – subit une bouleversement qui ne sera palpable que dans les années 1920, quand paraîtront les articles de Panofsky. Sur le fond, la pensée de Raphael – indépendamment de l'esprit du tableau compris pour soi (*Bild*) – est le souhait que s'installe une configuration vitale où la volonté d'art met en forme l'œuvre (le tableau) sans autre principe régulateur. Raphael assimile l'impressionnisme tantôt avec une psychologie naturelle (*Naturpsychologie*), tantôt avec un naturalisme spontané. Il fournit de ce diagnostic, entre 1912 et 1913, une justification philosophique de haut vol. C'est cette conviction de base, qui n'est pas tant stylistique qu'intellectuelle, qui l'anime. Au sujet de cette modernité qui emporte le mouvement général – et par conséquent qui va dépasser la nouveauté même de l'Expressionnisme –, nous pouvons prendre à témoin un critique actuel et des plus influents, pour mesurer un siècle plus tard ce qui a été subsumé sous ce terme. En dehors de la querelle historique, le « combat » dont parle si âprement Raphael en 1911 est compris assez minimalement par Clement

Greenberg. Le plus frappant est de voir en quoi Raphael a cerné les enjeux décisifs, à quelques justifications importantes près :

> L'art réaliste, illusionniste, avait dissimulé le moyen d'expression, *se servant de l'art pour cacher l'art*. Le modernisme se servit de l'art afin d'attirer l'attention sur l'art. Les limites qui constituent le moyen d'expression de la peinture – la surface plane, la forme du châssis, les propriétés du pigment – étaient pour les Maîtres anciens autant de facteurs négatifs que l'on ne pouvait reconnaître qu'implicitement ou indirectement. La peinture moderniste en est venue à considérer ces mêmes limites comme des facteurs positifs qu'il faut reconnaître ouvertement. Les toiles de Manet furent les premières peintures modernistes du fait de la franchise avec laquelle elles affirmaient la surface sur laquelle elles étaient peintes. Les impressionnistes, dans le sillage de Manet, abjurèrent l'enduit et le glacis pour ne laisser à l'œil aucun doute quant au fait que les couleurs employées étaient faites de véritable peinture qui venait de pots ou de tubes. Cézanne sacrifia la vraisemblance ou la justesse, afin d'accorder plus explicitement le dessin et les grandes lignes à la forme rectangulaire de la toile. C'est cependant ce soulignement de l'inéluctable égalité de surface du support qui conserva une importance des plus fondamentales dans les procédés par lesquels l'art pictural se critiqua et se définit sous le modernisme [...]. L'égalité de la surface, la bidimensionnalité, était l'unique condition que la peinture ne partageait avec aucun art : ainsi la peinture moderniste s'orienta vers l'égalité de la surface comme vers nulle autre chose[37].

Il y a ici bien sûr deux usages distincts du mot « art » qui ne doivent pas être confondus : 1/ l'art comme technique, 2/ l'art comme volonté, ou comme intention psychique d'expression de la sensation vitale. Le critique américain joue sur les deux emplois avec les adverbes « indirectement » / « ouvertement ». Raphael ne serait pas du tout d'accord avec Greenberg pour penser que l'égalité de surface est une condition suffisante. L'égalité de surface serait le pendant théorique de ce qu'il appelait le décorativisme, et elle a donné ensuite le concept de peinture *all-over* dans l'abstraction américaine. Mais il partagerait sans aucun doute avec lui cette critique substantielle de l'illusionnisme, en fonction de laquelle ce qui se définit comme modernité est une conquête de l'autonomie d'un espace propre, échappant à la 3D.

Nous avons parlé ci-dessus de cette *émancipation de la surface* en relation avec le décor. La modernité, en pareil cas, s'il ne s'agissait que d'une autonomie virtuelle, pourrait souffrir du défaut de « subjectivisme ». Le risque

37. Clement Greenberg, « Modernist Painting », in *The New Art: A Critical Anthology*, New York, Dutton, 1973, p. 68.

d'une usurpation radicale des finalités de l'art n'est pas absent. On comprend que ce soit sur cette ligne de crête que se situe d'abord Raphael quand il s'en prend à Lovis Corinth pour qui les jeunes artistes auraient sacrifié les contraintes du métier :

> En réalité, l'art impressionniste reposait non sur la représentation, si l'on entend par là une mise en relation de diverses impressions pour constituer une image mémorielle reconnaissable, mais sur la perception (comme c'est le cas de n'importe quel naturalisme). L'essence nouvelle de cette perception provenait du fait que l'artiste s'abandonnait à la nature et ressentait la vie cosmique de manière symbiotique. Il fut entraîné dès lors dans une sorte de frénésie qui l'incita à peindre cette vie dans toute sa diversité, avec tous les moyens disponibles de sa palette. Mais peu à peu cette façon de voir tourna à l'habitude, l'abandon à la nature et l'enregistrement des perceptions momentanées ne suffisaient plus à la force artistique qui pousse à la mise en forme. Le vouloir artistique se mit en quête d'une nouvelle mission qu'il devait trouver tout naturellement dans la force structurante d'un nouveau naturalisme [*die Gestaltung des neuen Naturalismus*]. Cette mission devant consister à stabiliser, sur un fondement personnel, l'individuation naturalisée [*die naturalisierte Individuation*] –, à donner au stimulus un caractère de nécessité, faisant abstraction de ce qui est contingent.
>
> L'impression personnelle devint la base de la puissance formatrice, autrement dit quelque chose de psychiquement mouvant, qui devint subjectivement arbitraire. Le rythme de la sensation personnelle, sur cette base même, n'était en rien tenu en bride par la forme organique naturelle qui en avait été écartée de prime abord. Et si, maintenant, l'artiste voulait transformer ce nouveau monde de couleurs, ce devenir cosmique qu'il aurait conquis sur la nature, sans tenir compte de la vérité de la nature, la porte n'était-elle pas ouverte à un anarchisme artistique ? L'art n'a jamais été un arbitraire subjectif à l'état pur, mais une tension entre le sujet artistique et un obstacle d'une certaine manière objectif que la volonté artistique avait elle-même créé. Le nouvel idéal, c'est le tableau. On a voulu de nouveau créer une configuration libérée de toutes les relations étrangères et extérieures, comme se suffisant à soi. Ce n'était plus la nature qui servait de régulateur, faisant fonction d'obstacle et dictant à l'artiste les lois de la création, mais le tableau. La différence entre tout expressionnisme et tout naturalisme consiste dans cette volonté de mise en forme.

Ce passage difficile de l'article « Der Expressionismus[38] » sonne comme un compte rendu énigmatique. D'abord, il est étrange que Raphael parle d'un nouveau *naturalisme* qu'il associe à la personnalité – comme si le « vouloir artistique » pouvait jamais se muer en nécessité, et par conséquent se fonder sur la personne même de l'artiste. Immédiatement après, il en tire la leçon :

38. *Das schöpferische Auge*, p. 76-77.

cet *arbitraire subjectif* serait celui d'une volonté d'art devenue anarchisante – un *Kunstwollen* alors réellement contradictoire, dans son concept, aux yeux de quelqu'un comme Riegl[39]. *Raphael semble par conséquent mettre en opposition le naturalisme déterministe et la vérité de la peinture dans sa dimension cosmique* : le créateur doit métamorphoser, par le biais de l'art, son propre conflit expressif – ce qu'il appelle le conflit auto-posé. Le but est alors de résorber ce même conflit dans le tableau. L'enchaînement des idées n'est pas limpide, convenons-en. Ici, la dialectique de Raphael travaille toutes les notions, en particulier celle de vouloir et d'arbitraire du vouloir, pour aboutir au concept de *Gestaltungswille* (son idée maîtresse, parallèle à la notion du *Kunstwollen*). Le naturalisme de Rodin, pour le dire en termes plus nets, semble maintenant se placer dans sa ligne de mire. Le propos de « Der Expressionismus » se clarifie largement néanmoins, lorsque, à la suite du passage mentionné ci-dessus – qui conteste « l'idéal du tableau » (*das neue Ideal heißt : das Bild*) –, Raphael cite *Le Problème de la forme* de Hildebrand, dont le modèle était Rodin. Il emprunte les mots clefs de *Gestaltung* et de *naturalisme* dans une acception bien définie. Pourquoi cette longue référence que nous donnons à la suite ? Selon Hildebrand, les problèmes posés par la forme sont d'abord posés par la nature, ils sont « dictés » par la perception ; or, s'il en va seulement ainsi, il ne peut y avoir de constitution d'un *tout formel* (*eines Formganzen*). La structure de la composition, ne dépend que de cette mise en forme inédite provoquée par l'artiste. Si Riegl a critiqué sur ce point A. Hildebrand (lequel repousse des sculpteurs plus modernes comme Ghiberti et Canova), Raphael croit pouvoir penser l'expressionnisme en repartant des concepts de Hildebrand. Son objectif consiste à traiter de cette évolution accélérée due à l'*Umgestaltung* de l'impression directe. Il va donc procéder de façon sinueuse : d'abord actualiser Hildebrand, puis montrer les limites du vouloir artistique des expressionnistes. L'article se poursuit ainsi :

> La formule de la « mise en forme architectonique » donnée par Hildebrand englobe même le vouloir des expressionnistes, mais sur une base complètement différente. L'œuvre tout entière de Rodin explique les différences fondamentales entre une plastique comme celle d'Hildebrand et une plastique à la Matisse. Le type d'impressionnisme naturaliste qui est le sien doit constituer la base de toute évolution féconde. Dire que l'impressionnisme est un aboutissement,

39. Voir par exemple le texte d'Aloïs Riegl « Naturwerk und Kunstwerk », publié en 1901 dans l'*Allgemeine Zeitung* et repris dans le recueil d'essais publié par K. M. Swoboda, *Gesammelte Aufsätze*, Munich, 1929 ; présentation et traduction de Daniel Arasse, in *Scolies*, 2, Paris, Presses de l'École normale supérieure, 1971, p. 133-151.

> c'est une phrase vide de sens. C'est un commencement, car il constitue une accumulation documentaire débouchant sur un art nouveau, comme le fut le cas du naturalisme du Quattrocento vis-à-vis de l'art classique. Il s'agit dans l'art nouveau de clarifier, de stabiliser cette volonté phénoménale d'une intuition conquise sur ce qui est cosmique. Derrière l'évanescence des phénomènes, Hildebrand cherche la « chose en soi », derrière la perception trompeuse la forme épurée et l'espace clarifié. C'est un classique. Cependant pour l'artiste moderne, il s'agit non plus de rechercher l'absolu derrière le relatif, mais de mettre en forme ce qui est relatif de façon nécessaire. Pour l'artiste moderne, la perspective de la mise en forme ne peut pas résider dans quelque chose d'objectif, puisque son expérience vécue lui donne la certitude qu'il n'y a rien d'objectif. Seule la sensation personnelle peut le guider. Sa particularité est de renaître chaque fois, dans son contact avec l'objet, autrement dit de ne pas styliser, mais de vouloir un style. Le monde des formes n'est pas donné *a priori* et ne contraint pas les objets à pénétrer de force en lui. Elle naît à la fois, de nouveau, d'une tension entre le sujet et l'objet. Ce n'est donc pas un schéma, mais une mise en forme.
>
> Cette volonté de mise en forme [Gestaltungswille] (sans s'éloigner de son fondement essentiel) va constituer la base qui lui aura déjà été déjà fournie par l'Impressionnisme et que l'artiste fait varier pour créer finalement une nouvelle intuition de la nature. [...]
>
> Si je dois opérer une distinction entre les tendances des expressionnistes et celles de leurs précurseurs, je dirais : l'art impressionniste reposait sur une perception qualitativement nouvelle, extrêmement différenciée, d'un objet nouveau – j'entends l'objet cosmique, avait lequel il était en empathie. Le langage expressif, qui leur servait de moyen, devait avoir une forme mouvante. Les expressionnistes, quant à eux, se défiant de l'impression directe, dotée dans sa contingence d'apparences multiples, ont cherché à l'élever en une représentation univoque, simple et nécessaire. Leur création repose donc sur une abstraction [...]. L'impressionnisme de son côté était une étude de la nature axée sur le fait novateur que l'on prenait la vibration de l'atmosphère comme un point de départ.
>
> À partir de là, le penchant des artistes pour certaines œuvres issues d'une culture primitive et pour d'autres provenant d'une culture très raffinée (comme par exemple les chefs-d'œuvre byzantins) n'est pas incompréhensible. Ils trouvent en l'une et l'autre la même abstraction[40].

Raphael fait une critique implicite de l'évolutionnisme de la *Kunstgeschichte* et, néanmoins, ainsi qu'on vient de le lire, il insiste aussi sur cette *Umgestaltung* de l'impression vécue[41]. Cette allusion ne se retrouve pas dans *De Monet à*

40. « Der Expressionismus », *Das schöpferische Auge*, art. cit., p. 78-80.
41. Un passage rejeté en note par Klaus Binder, éditeur de *Von Monet zu Picasso* (n. 35, p. 71, dans les deux éditions Qumran et Suhrkamp), nous indique bien les limites de la référence à Hildebrand : « En mettant expressément l'accent sur le fait que la constitution

Picasso : il est évident qu'à ce moment Matisse et Picasso font pour lui partie du nouveau courant. Une petite différence toutefois apparaît à la fin de l'essai qui n'est pas négligeable. Elle porte en filigrane sur ce que Hildebrand nommait *Daseinsform*, qui n'a pas la même signification, ni du tout la même portée que le *Gesichtspunkt der Gestaltung*, tel que le voit apparaître Raphael dans la nouvelle plastique[42]. Ces *formes* vivantes que l'expressionnisme peut extraire – sinon rigidifier dans un geste violent – ne sont pas des *Gestalten*. Le refus du naturalisme que vantait si haut Hildebrand, *au point de dire que le nez grec, le nez des statues grecques, n'avait jamais été le nez des Grecs, mais une stylisation nécessaire à leur façon de sentir*, pourrait conduire au primitivisme abstrait sans qu'il y ait lieu de parler de décadence.

> Les expressionnistes peuvent être confortés dans le but qu'ils se sont assignés : atteindre l'abstraction, mais ils n'ont pas le droit d'usurper les formes. C'est par ce défaut que pêchent surtout les artistes allemands. Mais cela ne signifie pas qu'on doive décrier leurs capacités avec force protestations. Par exemple, si l'on cherche à parler d'une nouvelle école[43].

Tel est donc l'objectif théorique du livre que nous présentons. En disputant de la filiation de l'expressionnisme et de la rupture qu'il amorce, Raphael ici comprend que la *Kunstform* de cette tendance artistique risque d'aboutir à une impasse, à cause de la *pauvreté des gestes expressifs* de notre époque. Ce qui n'est aucunement, de sa part, se contenter d'une affirmation diplomatique. Dans l'article qu'il consacre pour *Der Sturm* en novembre 1911, à « Purrmann und Levy », deux artistes de la Sécession, il reviendra sur cette « concentration » de l'impression dans l'*unité du tableau* (*Bildeinheit*), comme si l'héritage de l'impressionnisme avait été justement de faire émerger une nouvelle intuition « de la nature » : *eine Naturanschauung*. Le bilan – on

de la forme [*Formbildung*] a son origine dans l'intensité, je me trouve probablement en contradiction avec Hildebrand. Alors qu'apparemment Hildebrand ne connaît qu'une seule espèce de compensation entre l'espace et la surface, celle de la plastique grecque et celle de la Renaissance, et par conséquent érige une forme *a priori* en idéal, la forme a pour moi une position *a posteriori* et il existe une multitude de formes ».

42. Le terme de *Gestaltung* n'est utilisé par Hildebrand que dans la préface de la troisième édition de *Das Problem der Form in der bildenden Kunst* (la traduction française de G. Baltus distingue la formation architectonique [pour *Gestaltung*] de la forme d'existence). Pour Hildebrand, il n'y a que l'œil et la représentation optique qui retiennent une forme d'effet à partir d'une forme d'existence, alors que l'inverse se produit pour la statuaire où la « contexture organique » doit précéder en se débarrassant de la représentation d'image. Le problème est donc complètement différent.

43. « Der Expressionismus », *Das schöpferische Auge*, art. cit.

le perçoit maintenant, en entrant dans le détail de ce qu'il admet et rejette – est moins facile à établir ; il est beaucoup moins tranché que nous ne le pensions. Quand paraît *De Monet à Picasso*, l'expressionnisme n'est plus qu'un courant à ses yeux, l'illustration momentanée d'une crise, qui n'a selon lui aucune raison d'être nationale et qui n'est pas un dépassement du naturalisme, mais un *surnaturalisme subjectif*, comme on le voit plus tard dans la peinture de Kupka. Crise tout aussi manifeste chez Hodler ou Nolde, les héros « captifs » de ce seul phénomène : c'est une crise instructive qui avec eux stupéfie le public, parce qu'elle témoigne de la liberté prise à l'égard de la *matérialité de la substance peinte* (*Materialität des Stoffes*), qui est pour ainsi dire tout à la fois magnifiée et bafouée.

Art et philosophie

Nous avons ainsi refait le parcours qui va de l'impressionnisme décoratif à la « composition fermée », en raison de cette analyse du mouvement de la *Nouvelle Sécession* qui occupe Raphael pendant une grande partie de l'année 1911. Il est crucial de ne pas mélanger les plans cependant, et de ne pas superposer inutilement les influences. Le refus, par l'éditeur Piper, du projet d'un ouvrage sur l'expressionnisme s'accompagne de la petite histoire des rapports de Raphael avec Wladimir Kandinsky. Piper y joue un rôle explicite, puisqu'il conseille à Raphael de rendre visite à Kandinsky qui était alors préoccupé par la rédaction du *Blauer Reiter*. Le respect de la chronologie est effectivement déterminant. Le témoignage de Raphael nous est précieux : qu'il défende l'expressivité de la sensation picturale en même temps que l'affirmation de la personnalité, ce n'est pas pour solder l'héritage de Cézanne et de Matisse. Si l'on reprend cette étude fouillée de Werner E. Drewes[44], on peut dissiper l'équivoque dans la petite histoire. Le catalogue de la XXIIe édition de la Sécession (l'ancienne Sécession), d'avril 1911, « invente » en quelque façon le rapprochement formel avec les peintres français, nous l'avons noté plus haut. Dans sa lettre adressée à Reinhard Piper le 24 mai 1911, Raphael déclare, on s'en souvient, qu'il veut y reproduire des œuvres de Matisse et de Picasso et se fait aussi écho de la querelle naissante lancée par le peintre Carl Vinnen. Elle allait provoquer la *Broschüre contra Vinnen*, polémique à laquelle s'associent Marc et Kandinsky, qui fut publiée par Piper en juillet 1911. Il semblait donc que les expressionnistes « français » avaient reçu dans la circonstance une consécration

44. Werner E. Drewes, « Max Raphael und Carl Einstein. Konstellationen des Aufbruchs in die "Klassische Moderne" im Zeichen der Zeit », *Études germaniques*, janvier-mars 1998, Paris, Didier, p. 123-158.

inattendue. On ne peut pas non plus ignorer que Raphael avait transmis, un peu auparavant, les ébauches du livre à venir à Marc et Kandinsky (au mois de mai de la même année), escomptant naturellement leur soutien. Revenu en Allemagne, il apprend de R. Piper que le livre ne paraîtra pas, et rencontre quand même Kandinsky le 2 octobre. Drewes donne à lire une lettre de F. Marc à Piper, datée du 7 mai, quelques mois plus tôt donc, où le même Franz Marc se montre franchement dubitatif : la monographie ne lui cause aucun plaisir et lui semble rebutante[45]. La chronologie plaide en effet pour une sorte de confusion des objectifs tactiques chez les peintres munichois, comme de la part de l'éditeur, qui ont préféré lancer *Der Blaue Reiter* pour éconduire Raphael, en dépit du soutien actif de Max Pechstein. Sous l'anecdote se profile une distorsion plus grave. Elle se manifeste nettement ensuite avec *De Monet à Picasso* et n'a d'égale, chez Raphael, que sa réfutation trop sévère de Worringer.

On peut citer à ce sujet dans le chapitre de *De Monet à Picasso* lui aussi nommé « Expressionnisme », une mise au point remarquable de sa part qui explique cette prise de position radicale :

> Or je suis loin de croire que l'objet de l'art et l'objet de la nature se recouvrent et doivent être identiques, sinon même ressemblants. Car toute transfiguration doit répondre uniquement d'une nécessité dictée par la mise en forme absolue, et non procéder de raisons subjectives et arbitraires ; quand ce n'est pas du simple besoin d'expression. Dans le premier cas, le gouffre existant entre nature et mise en forme est ressenti comme quelque chose de tragique, puisque l'essence même de la mise en forme est d'apparaître comme nature. Dans le second cas, elle est impuissance ; ce n'est pas cependant dans le sens où l'on ne sait pas dessiner la forme qui convient avec justesse, mais parce qu'on ne peut pas expressivement opérer une mise en forme organique. Aucune école ne peut remédier à cette imperfection du tempérament humain.

Le thème est important, au-delà de l'anecdote, sur le plan philosophique. L'enjeu n'est pas seulement ici de contester le *naturalisme antinaturaliste* des expressionnistes, puisque sur le fond (et en effet dialectiquement) *l'enjeu de la mise en forme est d'apparaître au final comme nature.* S'il y a dislocation

45. Lettre de F. Marc à R. Piper après lecture d'un texte de Raphael : « Je m'applique à lire le texte de Schönlank, un vrai pensum, mais je préfère m'abstenir d'un jugement définitif avant de l'avoir étudié à fond et de pouvoir vous donner clairement les raisons qui motivent ma décision en faveur ou non de sa publication. Je vous suis très reconnaissant de m'avoir confié cette relecture, qui a pour moi une valeur et un intérêt réels », cité par Drewes, art. cit., p. 147 (extrait de la correspondance de R. Piper avec ses auteurs et artistes).

de leur part entre le ressenti et le contenu, il vient de ce que ce *subjectivisme égocentrique* a perdu le contact avec l'objet physique réel (*das real-physische Objekt*). Sous la plume de Raphael, il s'assimile au *kitsch* et à l'*impuissance*[46].

S'il fallait mettre ici le texte de *Von Monet zu Picasso* en perspective, on pourrait noter que l'expressionnisme *abstrait* dont il sera beaucoup question dans les années 1950 est inventé en Allemagne même, sur la base de ce refus de l'organicité[47]. Raphael ne s'intéresse pas à l'histoire des styles, mais au surgissement de la vie contre toutes les tendances abstractives ou répulsives. Il oppose ainsi Van Gogh et Kandinsky que rien ne met en rapport, or ce sont deux figures tout à fait complémentaires et antithétiques à ses yeux : *naturalisme du pathos* d'un côté, *formalisme du pathos expressif et anorganique* de l'autre.

Le bénéfice réel que recherche Raphael en défendant Picasso est de montrer que le jeu des *plans colorés et des diagonales* engendre une vision nouvelle du monde social et du monde objectif primaire, de par son dynamisme formel et centripète surtout, et même si Picasso reste hautement conscient de sa propre individualité expressive. Ce qui étonnera le plus le lecteur est cette instauration problématique et créationniste du conflit – entre la volonté artistique et l'art réalisé –, parce que ce dernier est bien une manière de poser le Soi face à la nature et au monde social. Von Scholz[48], qu'il invoque ici, n'est pas très clair sur cette expression à la fois nietzschéenne et fichtéenne, qui devrait instaurer une nécessité d'un nouveau genre. Ainsi est-il presque naturel que Richard Hamann ait trouvé parfaitement

46. Nous avons développé plus longuement cette idée dans la recension que nous avons donnée de l'édition de *Questions d'art* par Denise Modigliani, « La plasticité gestaltique de la forme » *Études de philosophie*, n° 9-10, p. 232-253, Aix-en-Provence, éd. Jean-Maurice Monnoyer, 2008-2011.
47. Probablement est-ce un article d'Oswald Herzog, « Der abstrakte Expresssionismus », paru dans *Der Sturm* en 1919, qui marque le début de cette filiation.
48. Wilhelm von Scholz (1874-1969), poète et dramaturge, est devenu en 1926 président de la section « Poésie » de l'Académie prussienne des Beaux-Arts, bien avant d'être ensuite un compagnon de route et un membre actif du NSDAP. L'écrit auquel se réfère Raphael, *Kunst und Notwendigkeit : Vier Thesen*, est paru en 1906 (Schaubühne, Berlin). C'est une brochure qui insiste sur l'antithèse de l'art et de la nature, comme il est courant de le mentionner en Allemagne depuis Lessing au moins. Mais ce thème du « conflit » est aussi le chapitre clef des essais de Simmel paru sous le titre *Soziologie* en 1908. Il y a bien là aussi une signification positive qui caractérise la vie interne de la société et des œuvres. Voir *Le Conflit* traduit par S. Muller, Circé, 1995.

illisible l'écrit *De Monet à Picasso* dans la recension qu'il en fit en 1916. Peut-être Hamann aura-t-il jugé que le jargon philosophique était trop présent. Toutefois, c'est un préjugé de penser qu'on pourrait se contenter de décrire approximativement des tableaux, ainsi que le faisaient jadis les connaisseurs, aptes à trouver des équivalents phrastiques correspondants. Quand on reproche cette fausse obscurité à Raphael, c'est un peu comme si l'on reprochait à Rilke de parler d'un *Weltinnenraum* (ce monde intérieur de l'espace) que nul ne chercherait à contester en tant qu'affirmation poétique, bien que, très précisément il n'y ait jamais chez Rilke de conflit autoposé entre le Soi et la nature[49].

Au terme de cette présentation, il faut remarquer que la prose de Raphael n'est jamais triviale ou banalisée, ni relâchée ou stérile. Il distingue bien l'objet de l'art et l'objet de la nature ; et il s'attache à reconnaître l'impressionnisme d'un point de vue central, celui de l'*atmosphère créatrice*, telle une palpitation ou une vibration transcendant l'observation écologique et la simple adhésion sentimentale à la beauté d'un paysage ou à l'attractivité des sensations. On ne discutera pas ici d'une philosophie de Raphael, mais très certainement faudrait-il conclure chez lui en faveur d'un processus d'élucidation philosophique de l'art en tant que *réalisation* : processus dont il s'est voulu le champion et l'analyste tout au long de son œuvre. Quatre idées principales commandent à cet examen et à ce projet d'interprétation. Nous pouvons les énoncer sommairement dans un ordre qui n'est pas déductif :

1. D'abord il y a un *devenir-objet*, du fait que la peinture ne peut pas illustrer naïvement ce qu'elle donne à voir : que ce soit la personne du peintre ou le contenu subjectif de sa représentation du monde. Puisque *le voir est un acte*, il transforme inévitablement ce qui est vécu ou perçu. Ainsi, la peinture en tant que phénomène plastique à part entière ne peut pas vraiment peindre ce que l'homme intérieur recèle au titre de la pulsion créatrice.

49. Sur le plan philosophique et problématique, Raphael fera encore mention de cette thèse dans « Die Idee des Schöpferischen » (1916), *Deutsche Kunst und Dekoration*, où il reprend une thèse cosmique de l'ordre des phénomènes de la nature où s'inscrivent ceux que l'homme produit hors de toute nécessité pratique. Scholz aurait repris l'idée goethéenne du germe à partir duquel « tout acte productif ou créatif génère un organisme quand il profite d'une atmosphère favorable ». La forme gestaltique, à l'encontre cependant de toute remontée vers l'anorganique (la génétique, dit Raphael), est la seule forme gagnée contre l'apparence qui fasse de l'œuvre d'art un miroir de la totalité du réel, saisi comme un être vivant. Voir *Aufbruch in die Gegenwart*, Suhrkamp, STW, n° 833, 1985, p. 112-120.

2. Il suit de là que les contenus de conscience sont eux-mêmes *objectualisés*, étant inexprimables autrement : ils doivent bien se plier eux-aussi aux lois de la nature.

3. L'espace (dont s'occupe en priorité l'art pictural) n'est donc certainement pas une simple extension que la peinture aurait à reproduire, ni une toile à recouvrir dans son format ; il est le lieu d'une *recréation* authentique dont l'art plastique est la mise en forme nécessaire.

4. Enfin, pour Raphael l'œuvre singulière exprime une *totalité organique* : ce qu'elle ne peut faire qu'en se détournant de l'arbitraire individuel.

Voilà sans doute un résumé schématique, mais qui a l'avantage de réunir en un condensé rapide les principales notions directrices de ce petit livre aussi savant que substantiel. Maintes formules restent sibyllines à première lecture, comme si elles avaient été trop longuement méditées. Mais ce qui se dit ne se limite pas à un effet de surface dans son écriture et sa terminologie : Raphael a poussé jusqu'au bout la vision spéculative qu'il avait de la perception des œuvres et c'est au moyen de cette optique, tantôt rapprochée et tantôt reculée, que nous devons recentrer le *focus*, un siècle après que le livre ait été publié, si nous voulons le comprendre, et avec lui les phénomènes artistiques qu'il a su envisager. Les analyses qu'il donne ici de la conception énergétique de Cézanne où le sujet devient *motif*, de l'*expérience* vécue de la couleur chez Matisse, ou *du devenir espace* chez Picasso, gardent ainsi toute leur valeur en dépit de la rigueur de l'exposé.

Françoise DELAHAYE

Première partie théorique

Essai pour donner un fondement à la créativité artistique

FAUST : Où s'ouvre le chemin ?

MÉPHISTOPHÉLÈS : Point de chemin ! Vers l'inexploré.
À jamais inexplorable ; un chemin vers l'inobtenu
À jamais inobtenable. Es-tu prêt ? –
Point de serrures, point de verrous à repousser.
Tu vogueras à travers les solitudes.
As-tu l'idée du désert et de la solitude ?
[...]
Un trépied ardent t'annoncera enfin
Que tu as atteint le fond le plus reculé de l'abîme :
À sa clarté tu verras les Mères
Les unes assises, les autres debout ou marchant,
Comme cela se trouve. Formation, transformation,
Voilà l'éternel entretien de leur pensée éternelle.
Autour d'elles flottent les images de toute créature...
[...]
Va droit au trépied,
Touche-le avec ta clef –
Il s'ouvrira de lui-même et te suivra comme un serviteur docile
[...]
Et lorsqu'une fois tu l'auras rapporté ici
Tu évoqueras hors de la nuit le héros et l'héroïne.

Toi le premier auras osé cet exploit.
C'en est donc fait : tu as accompli l'action.
[…]

(*À part*)
Pourvu que la clé lui soit propice !
Je suis curieux de savoir s'il reviendra.

Gœthe, *Faust*, II, acte I

Le but de l'art, c'est la délectation.
Nicolas Poussin

La pulsion créatrice

Parmi toutes les énigmes dont la résolution se présente comme un défi pour l'esprit humain, le problème que l'art soulève, occupe une position particulière : il est déjà éternel et irritant dans sa formulation. C'est un problème objectif.

Poser ce problème signifie davantage cependant que de renvoyer à l'existence même de l'art, puisque c'est justement la nature même de ce problème – en quoi l'art est-il objectif ? – qui nous préoccupe. Ainsi sommes-nous confrontés dès que nous nous approchons de l'essence de l'art, à la question du Sphinx : celle qui revient à l'élan créateur, à la puissance de la création. Probablement, eussions-nous été plus près de la résolution de l'énigme, si nous n'avions pas posé la question : « Qu'est-ce que l'art ? Quel est l'effet qu'il produit ? », pour lui substituer cette autre : « Quel est le sens de son devenir ? ». Tant que l'on a confondu l'art avec nombre de choses extérieures à son domaine, telles que la nature, la beauté, l'abstraction, la métaphysique, comme pour l'y réduire et l'enfermer dans ce qui n'est pas lui, on faisait barrage à toute possibilité d'accéder à une connaissance suffisante. Mais l'autre voie, qui consiste à délivrer le sens de l'art dans son devenir, révèle par la même occasion un fait fondamental : que dans l'être humain gît une pulsion créatrice infuse qui cherche partout un champ d'activité pour s'exprimer, témoignant ainsi d'une surprenante et débordante vitalité. Que ce soit par la voie de l'abstraction, celle qui passe par le concept ; que ce soit dans une dimension concrète, celle de la forme plastique, mais aussi dans celles de l'architecture et de la musique, une telle force s'y imprime – à croire parfois qu'elle serait tranquillement endormie, bien qu'elle conduise aussi sur le chemin de l'action et de la vie.

L'affirmation d'une pulsion créatrice unitaire présente dans toutes ses manifestations, celles non seulement de l'esprit mais de la vie en général, constitue une position clairement opposée à celle qui a prévalu au nom de la théorie de la connaissance jusqu'à présent. La question avec laquelle et à travers laquelle Kant a créé l'esthétique est la suivante : *qu'est-ce qui distingue la direction de l'esprit visant à la production de formations artistiques (*Kunstgebilde*) des autres directions de l'esprit qui sont tournées vers la science et la morale* ? À partir de là, la conscience se voit scindée en trois facultés distinctes possédant chacune des lois et des matériaux différents. Le résultat de cet isolement systématique a été que l'art fut dépossédé de toute possibilité d'objectivation que l'on croyait devoir réserver uniquement à la science[1]. Ce qui culmine dans cette phrase de Kant : « Il n'y a pas de principe objectif du goût possible[2]. » Sa tentative pour sauver l'art, malgré tout, de l'arbitraire du subjectif, tout en maintenant le problème qu'une science pouvait s'y rapporter, a constitué un travail titanesque quoique improductif. Et le peuple des poètes et penseurs qui est le sien ne jure aujourd'hui encore que par cette formule qui en est la transposition positive : *l'art est affaire de goût.*

Le caractère indéfendable de ce résultat de son enquête trahit le renversement dans le choix des prémisses. Devant la pensée d'une pulsion créatrice homogène, toutes les différenciations s'écroulent. En distinguant dans la conscience trois forces fondamentales constitutives et *a priori* – penser, vouloir, sentir (la pensée, la volonté et le sentiment) – et en dissociant les domaines correspondants – la science, l'action, l'art –, il fallut d'un côté reléguer la religion et la mettre à l'écart ; mais, d'un autre côté, il est devenu impossible de cacher que les différents types de conscience sont imbriqués les uns dans les autres, et que celui dont l'art est issu n'existe que de fraîche date. Aussi ne peut-on écarter certains élargissements qui affaiblissent cette distinction : ils sont même devenus d'autant plus probables dès que l'on prend conscience que la différence cherchée ne réside ni dans la matière, ni dans le pouvoir créatif, mais dans le domaine de l'expression et dans les matériaux. C'est ce qui explique que la capacité créatrice ne se détermine pas comme une capacité isolée, mais comme une combinaison de toutes les capacités, pondérée de manière spécifique. Cette combinaison spécifique conditionne la matière [*Stoff*]. En tant que base de départ, il s'agit partout avec elle de la totalité du monde : seul le domaine de réalisation diffère.

1. H. Cohen, *Kants Begründung der Ästhetik*, Berlin, 1889, p. 336.
2. E. Kant, *Kritik der Urteilskraft* (2e éd., § 34), Berlin, 1790, traduction : *Critique de la faculté de juger*, Paris, Vrin, traduction et introduction d'Alexis Philonenko, 1993, p. 175.

Or renverser ainsi le questionnement creuse la différence par rapport à la théorie de la connaissance ayant eu cours jusqu'à présent : on ne s'intéresse plus aux principes de la connaissance et à la validité des lois de pensée, mais aux principes fonctionnels de la pulsion de connaissance. Elle seule selon eux peut créer une œuvre et parvenir à son accomplissement ultime ; ces principes sont d'ailleurs déjà présents chez elle de façon immanente. Si porter un jugement logiquement correct peut se révéler futile, et puisque relier entre eux des jugements justes ne donne pas l'assurance de créer une œuvre de valeur, voilà qui déjà nous montre que, sous ces principes gnoséologiques et ces lois logiques, s'exerce une activité de notre conscience plus complète et englobant toutes les autres. Cette activité, c'est l'activité créatrice : elle trouve son accomplissement selon des lois qui lui sont propres et détermine pour ainsi dire celles de la logique et de la théorie de la connaissance.

Dans la théorie de la connaissance qui a prévalu jusqu'ici, l'idée se trouve déjà que l'art exerce une force qui unit le monde de la nature et celui de la morale. Mais il lui manque la pensée directrice et claire selon laquelle c'est la même pulsion créatrice qui engendre toutes les manifestations de l'esprit et de la vie. Et l'unité qu'elle fonde est à la fois la cause de ce qui relie, mais aussi de ce qui différencie totalement les formes phénoménales singulières. Car, justement, c'est parce qu'une forme d'art singulière [*die einzelne Kunst*] a pu se détacher du flux originaire [*Urstrom*] qu'elle est *pure en soi* ; c'est-à-dire qu'aucune autre forme d'art ne peut se substituer à elle. Le fait que tout art soit autodéterminé dans son être propre [*In-sich-bestimmt-Sein*], selon la formule imposée par nos Classiques, ne signifie pas que soit transgressée l'unité fonctionnelle de la pulsion créatrice. Dans la mesure où nous en faisons un objet de connaissance (et pour montrer qu'il est possible de la soumettre à une objectivation qui exclut tout arbitraire), nous la présenterons dans toute sa généralité et la spécifierons dans son rapport à la peinture, sans faire apparaître[3] chaque fois la forme correspondante dans les arts et les sciences.

3. Leonard de Vinci a souligné l'affinité des arts entre eux (*Traité de la peinture*, s.d., tome I, § 34), lorsqu'il compare les façons de travailler du peintre et du musicien : « Bien que les choses qui sont en face de l'œil, dans la façon dont elles se suivent progressivement se touchent l'une et l'autre sans interruption, je n'en appliquerai pas moins ma règle (des distances) de 20 à 30 coudées, comme le fait le musicien qui introduit quelques rares dégradés pour passer d'un son à l'autre, bien que ceux-ci, dans leur imbrication, fusionnent à vrai dire en un seul son, et nommant ceux-ci : tierce mineure, tierce majeure, tierce, quarte, quinte, ayant ainsi donné des noms pour chaque degré de la montée et

La pulsion créatrice homogène est en soi originelle et pure. Si elle se sert d'objets afin de se réaliser, elle n'est pas pour autant une imitation, ni en aucune façon une réaction ; elle *précède* donc toute abstraction et toute empathie. Qu'elle soit l'expression d'un sujet et qu'elle s'adresse à des sujets n'en fait pas pour autant une fonction du seul plaisir esthétique, ni du seul besoin de communication. Son lien avec le matériau ne la ravale pas au rang de travail artisanal et, si cette pulsion s'adapte à des finalités pratiques, ce n'est pas pour trouver en elles son aboutissement. La définir de la sorte signifierait la réduire à ses opérations, tandis que celles-ci sont pour elle dépassées en tant que *contenus* de la médiation artistique. C'est pourquoi l'on peut dire qu'elle est d'autant plus forte que l'ont été les obstacles qu'elle a elle-même forgés. Dans son activité, la pulsion demeure une fonction pure et originaire. En tant que telle, elle est infinie et se fixe à elle-même son propre but.

Son caractère infini se montre d'ailleurs dans le fait qu'elle n'a pas d'origine. Que la prise de conscience de cette vocation se manifeste de manière soudaine ou progressive, elle demeure inexplicable dans l'un et l'autre cas. Et comme un tel don ne peut s'obtenir de force et que même la connaissance pure ne peut rien lui apporter, nous devons supposer que l'artiste vient au monde avec la capacité de créer comme l'homme avec celle de marcher. C'est dans ce sens que Gœthe a affirmé que le poète naît en portant déjà en lui une vision du monde.

Cette absence d'origine se retrouve au sein de chaque conception singulière. Matisse m'a dit un jour qu'il ressassait les mêmes choses pendant des mois ou des semaines jusqu'à ce qu'un jour elles le poussent tout à coup à créer. Et, dès lors, avec une énergie irréfragable. Certains artistes racontent que le rythme était là avant le texte, un entrelacs de lignes avant le tracé de la figure. Cela va de pair avec l'énergie que procure la sensation d'être appelé à créer. L'artiste la ressent avant même de savoir vers quel art il va se tourner (et qu'une telle incertitude soit possible montre bien l'unité de la fonction artistique masquée par la division en différents types d'art).

de la descente de la voix – et si tu disais que la musique est un assemblage de rapports, je me suis livré à la peinture avec cette même relativité, comme tu le verras ».

Le besoin de créer se fait sentir sans relâche. Von Marées et Cézanne eux-mêmes en témoignent : ils ne laissaient jamais leur œil et leur cerveau en repos, mais ceci est valable de manière générale. Dans cette activité sans fin, c'est le même contenu qui semble ressurgir. Poussin au moins a tenté d'opérer un classement des faits psychologiques qui l'intéressaient d'après les types de musique grecque connus à cette époque : « Que le mode des Anciens étant une composition de plusieurs choses, il arrive que de la variété et différence qui se rencontre dans l'assemblage de ces choses, il en naît autant de différents modes et que de chacun ainsi composé de diverses parties mises ensemble avec proportion, il en procède une secrète puissance d'exciter l'âme à différentes passions. Que de là les Anciens attribuèrent à chacun de ces modes une propriété particulière, selon qu'ils reconnurent la nature des effets qu'ils étaient capables de causer : comme au mode qu'ils nommèrent Dorien, des sentiments graves et sérieux ; au Phrygien des passions véhémentes ; au Lydien, ce qu'il y a de doux, de plaisant et d'agréable ; à l'Ionique ce qui convient aux Bacchanales, aux fêtes et aux danses. Que comme, à l'imitation des Peintres, des Poètes et des Musiciens de l'Antiquité, il se conduit sur cette idée : c'est aussi ce qu'on doit observer dans ses ouvrages où, selon les différents sujets qu'il traite, il tâche non seulement de représenter sur les visages de ses figures des passions différentes, et conformes à leurs actions, mais encore d'exciter et faire naître ces mêmes passions dans l'âme de ceux qui voient ces tableaux[4]. »

La clarté de cette répartition permet de voir facilement que ce sont toujours les mêmes contenus qui reviennent dans les différentes périodes de sa création sous des formes phénoménales et des substances ou identiques, ou complètement différentes. Le seul fait de ce retour confère à la pulsion créatrice ce caractère infini qui lui est inhérent et d'où procède son action, même si nous ne connaissons pas la loi périodique de ce retour.

Plus encore que son point de départ et son déroulement, l'infinité du processus créateur se dévoile au terme de son procès – *art et achèvement* : l'association des deux mots est en soi contradictoire. À la question : « Quand et à quelles caractéristiques savez-vous que votre tableau est terminé ? », l'artiste plasticien répond par un sourire ironique. C'est un éternel retour au même principe toujours renouvelé. Si l'art n'était qu'imitation de la nature,

4. André Félibien, *Entretien sur les vies et les ouvrages des plus excellents peintres anciens et modernes, avec la vie des architectes*, Paris, 1724, t. 4, p. 56-57.

expression du Moi, stylisation quelconque ou transmutation consciente, il aurait forcément une fin. Mais, comme nous le voyons, la plus grande totalité expressive nous laisse finalement la sensation de n'avoir découpé qu'un torse fragmentaire dans ce tout vivant. On connaît le mot d'un peintre japonais qui, à 90 ans, disait commencer à deviner ce que l'on pourrait jamais unifier dans une forme [*gestalten*], et d'ailleurs l'illustration de cette phrase se retrouve dans *La Mort du Titien* de Hofmannsthal. Pourtant, c'est au cœur de la cible que vise la pulsion créatrice que son infinitude devient la plus visible. La finitude relative de cette volonté en soi infinie consiste à produire un organisme entraînant en lui toutes ses conditions de vie, son propre espace, sa propre temporalité, sa propre causalité. Ce qui fait son essence est cette mise en relation infinie de soi à soi, dont le modèle est celui de l'organisme. Un tel objectif, s'il représente pour nous le sens de l'art, réside complètement en dehors de tout monde réel, dans un monde *tel qu'il doit être* et tel qu'il doit – en tant que tel – être créé.

Les trois moments de la mise en forme

Une fois cette connaissance acquise, il est pour nous indifférent que ces exigences soient ou non réalisées dans chaque peinture. Car toute peinture n'est pas de l'art, et tout art ne fournit pas de mise en forme absolue [*absolute Gestaltung*]. Il s'ensuit en effet une construction par paliers de l'activité de la pulsion créatrice pour aboutir à cette mise en forme absolue. Mais, d'un autre côté, la pulsion créatrice que nous avons reconnue comme originelle doit être si profondément enracinée dans l'humain que nous pouvons en reconnaître l'image réfléchie dans toute prise de position individuelle par rapport au monde. Sur ce point la théorie de la connaissance nous vient en aide en nous expliquant que le monde n'est pas donné en soi, mais qu'il ne l'est qu'en fonction de nos facultés, de telle sorte que tout ce que nous percevons, et dont nous faisons un objet de connaissance, est déjà création [*Erschaffung*]. Des recherches psychologiques ont fourni des séries parfaitement constantes des prises de position du sujet. Baerwald en a tiré les types suivants : 1 / le type *descriptif*, dans lequel il distingue encore le type passif et le type attentif ; 2/ le type par soi *actif* : ce qui le caractérise, c'est son penchant à observer la cohérence du Tout ; il propose des comparaisons et des suppositions sur tout ce qui n'est pas immédiatement compréhensible et finalement souligne dans sa prise de position la relation qu'il entretient avec sa propre personne ; 3/ le type *harmonieux*, synthèse du type actif et du type attentionnel. Cette typologie se laisse sans effort interpréter comme une construction normative par paliers et nous pourrions retrouver les résultats de la psychologie expérimentale *mutatis mutandis* dans les expressions de la pulsion créatrice qui se situent sur un tout autre plan. Le fossé avec la simple prise de position se comblera plus tard.

La pulsion créatrice commence donc son activité par le constat instructif d'un fait. La première étape est celle du naturalisme de la mise en forme.

Mais nous ne voulons laisser planer aucun doute : il ne s'agit pas de parler d'imitation ici. Toute théorie imitative pâtit des impossibilités gnoséologiques qui lui sont attachées. Puisque le monde n'est jamais donné, il est seulement à découvrir par le truchement spécifique de l'art ou de la science. En tant qu'exigence, la théorie de l'imitation est dépourvue de sens parce qu'elle ne délivre que la détermination négative d'une réduplication du monde réel : elle ne fait que débarrasser l'artiste du problème créateur, en le repoussant inexorablement dans le domaine métaphysique ou théologique.

Ainsi le premier niveau de mise en forme est-il celui de la production effective [*Erzeugung*]. Sauf que celle-ci se détermine à partir d'une relation entre le sujet et l'objet provenant de la sensation. La personnalité, l'*ego* de l'individu avec des organes de perception fonctionnant de façon majoritairement passive, tient lieu de sujet, et une apparition contingente tient lieu d'objet. Que l'objet se situe dans le monde physique ou psychique ne fait pas de différence fondamentale dans la reconstitution de cette sensation. Il faut se rendre clairement compte que l'expérience psychique (l'expérience vécue) renvoie à une réalité [*Realität*] aussi solide que celle du monde des objets extérieurs, tant et si bien que ni l'une ni l'autre ne peuvent s'ériger en principe constitutif de la création artistique. Comme celle du monde extérieur, la pure restitution de cette expérience vécue relève encore du naturalisme de la mise en forme.

Tout artiste devrait considérer cette différence comme totalement négligeable, car « rien n'est au dedans, rien n'est dehors, car ce qui est à l'intérieur est à l'extérieur[1] » [*Nichts ist drinnen, nichts ist draußen ; Denn was innen, das ist außen*]. Le plus important est que la sensation, même à ce niveau primitif de mise en forme, ne se restreigne pas et ne se renferme pas sur elle-même : elle crée un lien étroit avec une sorte de totalité que nous pouvons nommer cosmique en raison de sa nature matérielle. En tant que telle, la sensation est chargée d'ambiance, et donc elle crée une atmosphère. La caractéristique principale de ce degré de mise en forme est que la pulsion créatrice persiste à demeurer dans la banalité du fait d'une recréation cognitive et ne peut pas s'en libérer. L'indigence de son contenu explique qu'elle s'en tient au matériau de l'étoffe des choses [*Material des Stoffs*] : son activité est une exacerbation de la perception et un raffinement de l'analyse de

1. J. W. Gœthe, *Epirrhema, Gott und die Welt, Sämtliche Werke,* Stuttgart, Cotta, 1902-1912, t. 2, p. 249.

l'objet à décrire. Certes, il se peut qu'une simplification aille de pair avec cet enrichissement – cependant le rapport entre unité et diversité reste ici enfermé au niveau de la relation objectale.

Il sera nécessaire d'opérer une différenciation entre cet art qui n'aboutit pas à une mise en forme parce que son contenu est minimal, et un autre qui ne peut plus atteindre à cette mise en forme parce qu'il est trop chargé de contenu. Pour cette dernière forme d'art, Hegel a donné une explication suffisante dans sa définition de l'art romantique : selon lui, l'art romantique signifie une sortie de l'art hors de soi en tant que forme d'art [*Form der Kunst*] ; s'opère alors une dissolution de la forme esthétique au profit d'un contenu absolu dont la représentation outrepasse les limites des moyens d'expression esthétiques. Hegel pense ici à l'art gothique. Pour deux raisons bien différentes et quoique leur contenu soit complètement différent, ces deux types d'art ont en commun de ne pas se dégager du matériau de la substance.

Si donc, à ce premier niveau descriptif de la mise en forme [*Gestaltung*], l'action de la pulsion créatrice risquait de devenir une *ré*action, au deuxième niveau de la mise en forme, au contraire, l'accent est mis sur le sujet [*Subjekt*], et à la plate imitation se substitue le spectre du formalisme. La production repose sur la propension à établir des connexions, à clarifier, à combiner, chez un sujet avide de faire apparaître de nouvelles cohérences. L'objet recherché doit être sublimé, élevé au-dessus du tourbillon enchevêtré des phénomènes singuliers, au-dessus du fourvoiement hasardeux de la chose prise dans le temps et dans l'espace. On cherche ce qui est stable, l'essence : soit ce qui est universel. Que l'on recherche l'universel statique (l'essence de l'Être) ou ce qui est dynamiquement universel (l'essence du processus), la même question apparaît toujours : par quoi cette essence est-elle déterminée ?

Le processus créateur, dont l'action consiste en une transformation du donné en quelque chose de pensé, qui est vu aussi comme étant essentiel, obéit à un principe ; ce principe peut certes vouloir parvenir à ses fins en procédant soit par élimination et simplification, soit par concentration et en densification. Mais, quoi qu'il en soit, il faut toujours implicitement présupposer un principe d'après lequel les changements sont tacitement admis[2]. Dans la mesure où ce principe ne repose pas dans la mise en forme

2. Richard Kroner, *Über logische und ästhetische Allgemeingültigkeit. Kritische Bemerkungen zu ihrer transzendentalen Begründung und Beziehung* (Diss.), Leipzig, éd. F. Eckardt, 1908.

absolue, il faut aller le chercher au dehors, et il faut pour ce choix, et afin de cerner la distinction entre ce qui est essentiel et ce qui ne l'est pas, s'en remettre à l'arbitraire du sujet, à un besoin métaphysique ou à une visée téléologico-naturelle.

Par là même, la pulsion créatrice s'est privée des droits qui étaient les siens. Rappelons-nous que Dürer, qui est sans doute l'artiste qui a été le plus opiniâtre dans sa recherche de la beauté de l'homme, en est finalement arrivé à la conclusion qu'on ne pouvait pas la trouver. Cela venait d'un point de départ renversé et trompeur, qui transférait la mise en forme absolue dans le concept absolu de l'objet (la beauté de l'homme au sens canonique), faisant passer la forme dans la norme [*die Form in die Norm*][3]. Celle-ci partage avec le concept abstrait le destin de devoir tuer l'infinité dans sa vitalité primordiale, alors qu'elle croyait pouvoir la fixer, la déterminer, lui donner justement un caractère de finitude. De sorte que la cohérence qu'elle peut encore lui donner n'est plus organique, mais seulement construite.

Un avantage considérable de ce degré de mise en forme est de tendre à une connaissance des choses, même si ce savoir la conduit ici encore à être dévoyée dans quelque chose de théorétique (comme un but en soi), alors que cela n'a jamais qu'une fonction subalterne[4]. Mais, plus la pulsion créatrice s'éloigne de la dure proximité des objets, plus elle tombe dans les formes d'expressions portées exclusivement par le sujet, et ainsi dans la malédiction qui est de ne plus trouver de chemin vers la réalisation. Or même là où l'arbitraire subjectiviste est limité par les objets, il n'y a – à ce degré de la mise en forme – que le seul acte thétique du sujet qui lui donne sa cohérence et, plus l'on use librement de l'étoffe matérielle, plus on en reste au sentiment hédonique du sujet qui s'éprouve comme une fonction suffisante.

Nous pourrions facilement compléter nos remarques sur ces deux degrés de mise en forme selon leur contenu et leur résultat, puisque nous croyons qu'il existe une corrélation typique ininterrompue entre contenu et degré de mise en forme. Mais nous devons nous contenter de développer plutôt nos réflexions pour le troisième niveau, qui conduit à la mise en forme absolue. Selon une interprétation psychologique, ce troisième niveau devrait constituer une harmonie des deux premiers. Mais comment pourrait-on

3. Max Dessoir, *Ästhetik und allgemeine Kunstwissenschaft in allgemeinen Grundzügen dargestellt*, Stuttgart, éd. Enke, 1906, p. 61.
4. J. W. Gœthe, *Einfache Nachahmung der Natur, Sämtliche Werke, op. cit.*, t. 33, p. 58.

jamais y parvenir puisqu', à chacun des stades, au sujet appartient un objet qui lui est nécessairement lié ?

Le cercle de l'Être s'épuise complètement à stipuler un Être transcendant ; or ni le sujet réel, ni l'objet, ne sont en mesure de se rehausser et d'en faire plus.

L'être est conditionné de façon causale : le monde des objets est lié à l'articulation de l'ensemble de l'existence physique ; l'expérience vécue, au psychisme de celui qui vit cette expérience ; l'essence l'est à Dieu ou au cas particulier unique dont elle est une transposition. Mais, selon nos prémisses, le monde de l'art [*die Welt der Kunst*] se caractérise par le fait que toutes les conditions et toutes les possibilités de son existence résident en lui-même, parce que son lien avec la réalité est rompu. Tant qu'une expression de la pulsion créatrice demeure liée à cette idée d'une connexion avec la réalité, tant qu'elle vise cette connexion, elle est menacée dans sa pureté et doit être remplacée systématiquement par d'autres modes d'expression. C'est parce que cette connexion n'est pas rompue qu'on peut expliquer le flottement incessant de la création qui oscille entre le naturalisme, la photographie et le vécu ; entre le mysticisme et la philosophie ; entre l'esthétisme et le dandysme.

L'interchangeabilité des types d'expression va bien à l'encontre de l'exigence du caractère originel et pur de la pulsion créatrice. Le monde de l'Être tout entier, la réalité de l'objet, du sujet et du matériau doit se transmuer en une substance [*Stoff*] dont la pulsion créatrice doit se libérer, et justement en ce qu'elle la pénètre de part en part. Elle doit être émancipée du monde de l'être pour entrer dans celui du devoir-être, qui est le monde de la validité. Ce n'est que lorsque l'accent sera entièrement décentré par rapport à l'intimité du sujet, lorsque la pulsion créatrice ne se reconnaîtra plus comme restitution et mise en ordre du principe de réalité, mais en tant que ce qui établit dans sa légalité des fonctions qui lui sont immanentes ; ce n'est que lorsque le réel, avec son temps, son espace, sa causalité n'est plus perçu comme simple sensation vécue ou comme catégorie qu'on cherche à appliquer, mais en tant qu'un monde nouveau, fermé sur soi, refondé et mis en forme selon les lois du devenir des objets – lorsque le vécu n'est plus ni quelque chose de singulier ni un universel abstrait, mais devient une totalité, qu'il est transféré de sa base psychologique sur un tout autre plan où il trouve sa signification ultime et ses formes d'expression nécessaires –, ce n'est qu'alors que la pulsion créatrice a atteint son dernier niveau de mise en forme, le plus élevé : *la mise en forme absolue*. Toutefois, compte tenu des dispositions naturelles de l'homme, ce ne peut être évidemment là qu'un but inaccessible.

Je ne crois nullement avoir saisi toutes les manifestations de la pulsion créatrice pure en proposant cette construction en paliers. Il faut y ajouter un grand nombre d'expressions hybrides et impures. Toutes se caractérisent par la mise en relief insistante de l'une des forces qui entrent en jeu et ont comme résultat de détourner complètement l'attention de la constitution de la forme. C'est ici que se situe le symbolisme et avec lui les variantes de la spiritualisation littéraire qui s'imaginent que, dans les arts plastiques, une œuvre peut transmettre des contenus (des idées et des sentiments) autrement qu'en constituant sa propre forme pure [*reine Formbildung*]. Pourtant, ce n'est pas seulement la pureté des moyens qui est détournée. Avec la spiritualisation, qui ne peut signifier qu'une appréhension de finitude qui se pratique trop vite et à peu de frais, il apparaît qu'une mise en forme n'est absolument pas présente et qu'on ne peut donc absolument pas parler d'art.

C'est également au même niveau qu'il faut situer le formalisme, lequel, en niant l'identité de la forme et du contenu, postule le caractère *a priori* de la forme et tombe ainsi fatalement dans l'inanité de l'arbitraire. Une forme existante comprimant le contenu dans un corset ne peut être qu'un schéma dépourvu de vie, ne fût-ce que parce que son existence précède ce contenu et existe sans lui ; il n'a rien à voir avec la forme de l'art qui procède d'une mise en forme. « Un principe méthodique dont le caractère n'est pas déterminé par la singularité de l'objet est stérile, justement parce qu'il est arbitraire[5]. » C'est à cette catégorie qu'appartiennent tous les types d'art académiques : les élèves copistes, les classicistes, les syncrétistes ; ce qui est purement décoratif ou purement monumental ; la stylisation, la caricature et l'improvisation.

En résumé, la pulsion créatrice pure nous a donné trois formes d'expression dont chacune a eu l'ambition d'être de l'art. La première était le résultat d'une relation entre le sujet et l'objet : lieu où tous deux se constituaient mutuellement. L'art était la description de cette sensation apparaissante. Au deuxième niveau, le sujet cherchait quelque chose d'essentiel pour lequel il n'avait pas de légitimation réelle, et qui, s'il devait légitimer son droit à choisir

5. Richard HÖNIGSWALD, *Zur Kritik der Machschen Philosophie. Eine Erkenntnistheoretische Philosophie*, Berlin, éd. Schwetsche und Sohn, 1903, p. 48.

et évaluer, devait se dépasser lui-même dans le monde transcendant. Entre ces deux niveaux et le troisième, il y avait pour nous un abîme dont on rend généralement compte en distinguant le talent du génie, et plus spécialement en différenciant le causeur et celui qui peint des tableaux[6]. Chez l'un tout est rythmé par le moi et, malgré la priorité de l'objet, tout est passivité du contenu. Chez l'autre, il s'agit d'échapper à la teneur chosale par l'activité. Si nous voulions préciser graphiquement, nous pourrions représenter les deux premières de manière uniquement bidimensionnelle, et uniquement la troisième sous la forme d'une sphère en trois dimensions. Nous avons vu qu'ici ce sont les fonctions de la conscience qui irradient, et non point un sujet fortuit : elles reçoivent en retour des rayons émanant des lois du devenir des objets, et non plus ceux d'un objet existant et indéterminé. Au point d'intersection de ces deux faisceaux naît la sphère d'un nouveau monde, le monde de l'art, qui se soutient en soi dans une complète autonomie de structure.

Ce que je nomme pulsion créatrice, à l'évidence, n'est que mouvement et fonction. La tâche qui nous est assignée est claire : nous devons d'abord fournir un éclaircissement sur les fonctions de la conscience, puis sur les lois du devenir des objets, et enfin poser la question principale pour savoir à quelles lois obéit le mouvement de l'une vers les secondes afin que soit produite chacune de ces sphères nouvelles des mondes de l'art.

6. J. W. Gœthe, *Dichtung und Wahrheit*, *Sämtliche Werke*, *op. cit.*, t. 23, p. 123.

Le sujet et la recréation productive du monde : l'exemple de la vision

La conscience – ou le sujet qui *prend position à l'égard du monde* – repose sur une activité ininterrompue et indéfinie, sur un mouvement continu et donc sur une priorité de la volonté. Celle-ci recèle en elle-même la tendance à se porter vers ce qui lui est antithétique. « La seule qualité essentielle du sujet à laquelle nous pouvons nous référer, c'est la relation interne qui existe entre ses actes et leurs contraires. Tout vouloir est un rejet du non-vouloir, l'affirmation serait dépourvue de sens s'il n'y avait pas la négation, et la négation veut exclure l'affirmation. En un mot : le facteur de la volonté dans l'expérience vécue est cette part qui exige nécessairement son contraire, et c'est justement dans le choix qu'il opère entre deux contraires que réside le sens de l'affirmation du sujet[1]. » C'est dans ce choix, en effet, que se révèle la troisième qualité de la conscience : sa volonté de se réaliser. En posant la réalité, on n'ajoute rien de nouveau ou même de différent parce que le mouvement pur de la conscience demeurerait complètement dans le vide en tant que fonction, et même ne pourrait ni surgir ni exister si elle ne posait pas en face d'elle un objet.

La réalité de l'artiste, à laquelle renvoient les fondements conscients de sa pulsion créatrice, se laisse ainsi approcher quelque peu. Pour la plupart des hommes, ce qu'ils perçoivent, à l'extérieur ou à l'intérieur, est un quelque chose de diffus, constitué de souvenirs, de sentiments et d'intentions, de sorte que cela toujours « ressemble à l'objet d'une sensation qui n'est pas

1. Hugo Münsterberg, *Grundzüge der Psychologie, Allgemeiner Teil : Die Prinzipien der Psychologie*, Leipzig, éd. J. A. Barth, 1900, t. 1, p. 63.

présente[2] ». Ce quelque chose d'impur et de faussé manque également d'autonomie : c'est un mélange dépourvu d'originalité, composé de sentiments, d'opinions et de conventions qui lui ont été suggérés. L'artiste, au contraire, s'empare de la réalité (au-dedans de lui et hors de lui) dans son format et sa dimension originelle, c'est-à-dire dans l'immédiateté de l'écoulement temporel. Le fait que la réalité soit pour lui en tant que telle aussi vivante, signifie qu'il reçoit un nombre bien plus grand de *stimuli* auxquels il réagit. « Toute ma valeur réside dans le fait que je suis un homme pour qui le monde visible existe[3] » (Théophile Gautier).

Mais même ce que voit l'artiste se distingue radicalement des contenus de perception d'un profane. N'étant pas prisonnier de la chose singulière et isolée ou du détail, l'artiste voit partout des liens, des rapports et des proportions. Et cette globalité lui ouvre un espace en soi vivant, dans lequel les formes se meuvent dans toutes les dimensions. La vision du peintre s'attache surtout à leur valeur en tant qu'elle est le support et l'activateur de l'espace, donc en tant que productrice d'espace [*Raumerzeuger*]. Nous avions parlé de la volonté de réalisation du sujet qui prend position comme s'il s'agissait de la perception d'un monde qui existerait naïvement en face de nous. C'est là l'expression du fossé qui existe entre le sujet qui prend position, pour lequel sujet et objet ne forment encore qu'un, et le sujet contemplateur où un dualisme a été établi entre l'un et l'autre. Sur cette nouvelle base, non plus celle du sujet qui prend position, mais celle du *sujet psychologique*, celui-ci n'étant plus celui qui aspire à quelque chose ou veut quelque chose, mais celui qui observe, l'activité infinie de la volonté devient la mobilisation totale des forces de l'âme. Comme cette mobilisation totale n'est pas l'addition d'éléments extérieurs les uns aux autres, mais, grâce à leur origine commune au sein du sujet qui prend position, une unité de forces ayant une cohérence interne, elle est aussi l'expression de l'harmonie des forces.

Pour répondre à cette exigence, le sujet qui observe doit aller au delà de ce qui est en lui : il doit mettre en harmonie un Moi social et religieux avec son Moi individuel. On a considéré ce qui est social comme une restriction, en le pensant comme quelque chose qui susciterait une réaction productive.

2. William James, *Principes de psychologie*, Paris, Marcel Rivière, 1909. Raphael cite ici James de manière approximative. Il se réfère au chapitre 21, intitulé « La perception de l'espace », p. 403-419. (NdT)

3. Théophile Gautier, *Journal des Goncourt*, Paris, Bibliothèque Charpentier, 1891, t. 1, p. 182.

Aujourd'hui on assiste à un rejet des théories de Taine[4], en leur temps si réputées : à l'évidence elles étaient totalement dépourvues d'esprit, absolutisant l'influence du milieu. Même à une époque comme le Moyen Âge, où plus qu'à nulle autre époque on imposait aux artistes une surcharge de consignes, de conventions, de thématiques et de plans d'agencement bizarres, on était tout à fait conscient des frontières imposées au pouvoir social et normatif. « L'art seul appartient au peintre, l'ordonnance et la disposition appartiennent aux Pères de l'Église », tel fut durant tout le Moyen Âge le mot d'ordre du concile de Nicée qui faisait loi[5]. Pour les véritables artistes, tous les obstacles, toutes les restrictions provenant du contenu littéraire des légendes, du nombre imposé de personnes, du type immuablement fixe de leurs emblèmes et même de leurs vêtements, et donc un très grand nombre de données incontournables constituaient un aiguillon de la pulsion créatrice qui semblait croître en proportion du nombre des difficultés rencontrées. Les autres artistes de ce temps-là (comme à l'époque glorieuse de Périclès) ont produit un art de peu de valeur.

Toutefois, ce qui est social a aussi une importance, dans la mesure où cet élément enrichit le Moi, prêtant à la pulsion créatrice une substance plus ample, qui a d'avantage de poids et qui est plus universelle. L'individu a une existence qui ne peut être qu'unique et renfermée sur elle-même ; mais dès que le sujet psychique tend vers la totalité de ses forces, il est renvoyé au delà – vers la masse des autres individus, dont les lois, les besoins et l'histoire sont d'un type tout autre que le sien. L'artiste en particulier est une individualité particulièrement forte, en raison de la totalité harmonieuse des forces psychiques qui sont les siennes, qui le poussent impérieusement à la création. Cela fait de lui un ennemi juré de tout ce qui est social, où il ne voit que nivellement ou dissipation de soi.

D'un autre côté, l'artiste ne peut pas s'accomplir totalement sans tenir compte de ce qui est social et se mettre à l'unisson avec lui. Ainsi est-ce la force fondamentale de son existence artistique qui le pousse à la fois à l'intérieur et à l'extérieur de lui-même. L'histoire du monde nous a présenté

4. Hippolyte Taine, *Histoire de la littérature anglaise*, Paris, Hachette, 1866. Dans sa préface programmatique, Taine, à la suite de Comte, considère la race, le milieu et le moment comme des facteurs déterminant fortement toute production de l'esprit.

5. Émile Mâle, *L'Art religieux du* XIII*e siècle en France*, Paris, éd A. Colin, 1922, Raphael se réfère à la traduction de L. Zuckerwandel, *Die kirchliche Kunst des 13. Jahrhunderts in Frankreich,* Strasbourg, éd. Heitz & Mündel, 1907, p. 494.

des exemples saisissants de ce conflit parfaitement tragique de l'homme créateur. Il ne faut pas supprimer cette tension, ni en invoquant une individualisation complète, ni en souhaitant une complète socialisation. Le résultat en serait, dans un cas comme dans l'autre, d'une misérable banalité. La solution du conflit réside dans l'équilibre des données individuelles et sociales ; l'expérience vécue de l'humanité n'est autre que la jubilation de « ce baiser de toute la terre[6] » (Schiller).

La tendance à la totalisation de ses forces tire également l'artiste au delà de lui-même vers Dieu, de l'individu fini vers l'infini. Et, là encore, l'artiste est un individu qui ressent intimement la finitude. Lui qui voit le monde tel qu'il sera dans un ordre à venir, dans l'acte qui instaure justement ce même ordre, abandonne la matérialité des choses et le rapport aux choses existantes. « Toutes les belles choses ne viennent-elles pas du dépouillement[7] ? » (Degas). Aussi l'amour de l'artiste plus profond que sa haine, son besoin de nécessité plus grand encore que son amour trouvent-ils refuge en Dieu, sein originel enfantant la vie, d'où proviennent toutes choses et en qui elles reposent. Son œuvre personnelle, dans tout son mystère, ne vient-elle pas alors, elle aussi, d'une manière ou d'une autre, de Dieu ? Et son existence, comment serait-elle possible sans ce fatalisme inébranlable ?

Il est indéniable que l'homme religieux et l'homme artiste abolissent cette tension différemment. L'homme religieux considère Dieu comme une cause originaire, comme le Père ; en tant que tel, même s'il est pour lui un être transcendant, il est quand même un être, et à ce titre, il est accessible. L'artiste au contraire conçoit le monde comme un ordre à venir, et Dieu comme un résultat – comme si c'était le Fils. Cet ordre relève à part entière d'un plan terrestre ; il ne se compose certes pas de forces réelles, mais il n'est pas non plus constitué de forces supranaturelles, car sa finalité est une œuvre située dans le monde terrestre. Néanmoins, ce but n'est encore qu'un pis-aller pour l'infinitude de la pulsion créatrice que rien en principe ne peut abolir.

Il n'existe aucune passerelle entre ces deux solutions. On peut dire que si Dieu avait créé le monde, l'artiste ne serait pas nécessaire pour y créer un ordre. Si l'artiste pouvait ordonner le monde dans toute son infinitude, nous n'aurions nullement besoin d'un Dieu créateur. Comme c'est le cas chez

6. F. SCHILLER, *Ode an die Freude*, « Ode à la joie », dernière strophe.
7. « Les plus belles choses en art viennent de la renonciation », aurait dit Degas.

Michel-Ange, quand on cherche à relier l'un et l'autre, c'est en raison du scepticisme qu'on éprouve à l'égard de la capacité absolue de mise en forme : on suppose que la pulsion créatrice serait défaillante. Cela se termine alors nécessairement dans le religieux. En s'abandonnant au Dieu de la religion, créateur du monde, il se départit du droit d'être créateur à l'instar de Dieu. Devenu un homme religieux, l'artiste est improductif[8].

L'antinomie complète demeure : le Moi fini à la recherche de l'infini par-delà lui-même ne peut pas – en tant que Moi créateur – le trouver dans l'infini de l'absolu religieux. Ici non plus, on ne peut pas résoudre cette tension en supprimant l'un des deux pôles, mais seulement en supprimant les deux pour créer une troisième configuration nouvelle : « Trouver l'accomplissement rédemptrice de la vie dans la vie elle-même, donner à l'absolu une forme dans ce qui est fini[9]. »

Après avoir vu comment les contenus subjectifs – bien que dépassant ce qui est purement individuel – ont tendance à résoudre les tensions infructueuses par la création d'une teneur artistique nouvelle [*Gehalt*], et donc par une mise en forme inédite allant bien au-delà de ce qui est réellement donné, il nous reste à analyser la pure individualité expressive. Quelles sont les données du moi au sens étroit du terme ? Nous sommes obligés ici de renoncer à l'exposition de ces contenus en raison de leur multitude : une multitude dont la cohérence est maintenue par l'exigence de totalité et d'harmonie. Il y faut aussi une condition : que ces contenus subjectifs ne soient pas une finalité pour eux-mêmes, mais un moyen au service de la pulsion créatrice. C'est en considérant les fonctions des organes qui mettent en relation le sujet psychologique et l'objet séparé de lui que nous pouvons le mieux expliquer comment évolue cette exigence. Nous ne devons pas oublier que nous partons de la cohérence originelle de leur rapport mutuel, cohérence inhérente au *sujet qui prend position à l'égard du monde*. Il faut également avoir en tête que nous nous exprimons forcément de façon imprécise dès lors que nous ne parlons pas de la production du monde artistique comme de quelque chose qui est issu de la rencontre entre des objets (produits par les fonctions de la conscience) et un sujet (produit symétriquement par les lois du devenir de l'objet). La séparation entre perception et action est un

8. J. W. Gœthe, *Sämtliche Werke*, *op. cit.*, t. 34, p. 348.
9. G. Simmel, « Die erlösende Vollendung des Lebens im Leben selbst zu finden, das Absolute in Form des Endlichen zu gestalten », *Michelangelo* dans *Philosophische Kultur. Gesammelte Essays*, 2e éd., Leipzig, éd. A. Kröner, 1919, p. 165-166.

acte artistique : c'est aussi pourtant un acte nécessaire à la représentation. La priorité de la volonté, qui est ici le tout premier postulat, nous préserve de toute théorie de la perception en général et du sensualisme en particulier. L'art ne peut pas plus résulter du travail de l'œil ou d'un sens isolé, ni même du goût comme capacité singulière ; il ne peut que résulter d'une production de tous les organes sous la direction de la volonté.

D'après notre prémisse gnoséologique, nous ne pouvons pas déterminer la volonté d'un point de vue psychologique, mais plutôt la présupposer comme mouvement. Nous suivons ici Hermann Cohen.

> « Ce que nous voulons introduire comme conscience du mouvement, n'est autre que [...] la direction même et la tendance à aller vers l'avant, et vers l'extérieur. Ce n'est pas la conscience mentale qui, au niveau représentationnel, poursuit son chemin d'élément en élément et, grâce à ce parcours, réalise l'union de ces derniers en une unité de représentation, en une unité de pensée, qui est celle du concept. C'est ici une autre forme de progression, qui part de A et passe à B, or c'est dans ce passage seulement qu'elle produit B [...]. Cette production est une création, parce qu'elle veut en être une – autrement dit, parce que la conscience prend cette direction vers un élément qui n'est pas là encore : un contenu de conscience en effet, mais seulement dans la mesure où il n'existe pas encore mais reste toujours à produire. Une telle conscience transitive est conscience du mouvement, non pas tel qu'il représenté, ni non plus réflexivement tel qu'il serait représenté à la conscience ; elle consiste bien plutôt dans la conscience du processus par une sorte d'attraction et de dépassement [*Übersichhinausdrängen*] autrement dit par une projection dans un au-delà de la conscience[10]. »

Dès lors, il devient impossible de partager le point de vue selon lequel on peut regarder quelque chose et l'intuitionner sans s'y intéresser. Regarder implique toujours que l'on soit intéressé par un objectif non pratique vers lequel, par après, on revient.

Sur le plan psychologique, l'action devient le fondement qui détermine la perception du monde et ce qui lui confère son unité. La cohésion de ce qui sinon se scinderait en un corps et une âme est maintenue par le *primat* de la volonté dans la conscience. Et ainsi le sentiment [*Gefühl*] en tant qu'expression psychique de l'intériorité se trouve mis étroitement en relation avec cette volonté. Il est plus que temps désormais de donner une définition psychologique du sentiment. Pour commencer, nous refusons

10. Hermann Cohen, *Kants Begründung der Ästhetik*, *op. cit.*, p. 239 *sq.*

de penser les déterminations qualitatives d'après les notions de plaisir et le déplaisir, car ceux-ci ne représentent que les pôles extrêmes d'une longue chaîne qu'il faudrait compléter par toutes sortes de sentiments mêlés. Nous concevons par conséquent le sentiment, tout comme la volonté, exclusivement comme une fonction. À cette différence près cependant qu'il est pour ainsi dire le sang de la fonction volitive, sa chaleur et sa vie : il imprime le geste grâce auquel l'amour, le sentiment d'humanité se projettent sur les choses, à l'image du Christ en personne – si l'on peut dire ainsi –, puisque cette projection du sentiment a un sens éminemment prophétique.

La volonté et le sentiment en tant que principes de la production artistique appartiennent au sujet ; ils s'emparent des choses pour ainsi dire dans leur totalité en s'assurant de leur unité avec le sujet. Seul l'intellect sépare, et saisit les choses dans leurs différentes composantes. Mais non comme s'il les analysait très finement pour les ranger ensuite « synthétiquement » dans une case, sous une unité artificiellement introduite par le concept ou par l'intuition. La pure analyse, certes, ouvre la possibilité d'une partition infinie de l'objet : ce qui permet de le voir sous différentes facettes, de lui insuffler la vie ; mais en même temps elle aboutit à l'impossibilité de reconstituer autre chose qu'une unité mécanique ou téléologique, comme si une finalité lui était imposée du dehors. Dans ce cas, la liaison entre les composantes de l'objet est tout aussi bien non artistique que non scientifique. Opérer la synthèse signifie que l'on borne l'objet dans ses limites étroites, en tuant justement sa vitalité au bénéfice d'une fixation conceptuelle. Mais cette cohérence-là n'est jamais rien qu'une construction artificielle. Car l'intellect en tant que fonction ne se contente pas de rassembler les deux plans : il les dépasse pour aller jusqu'aux fondements, jusqu'à l'origine des choses afin de leur donner une nouvelle constitution formelle [*formale Neubildung*].

Supposer qu'un tel intellect existe enfoui sous ses manifestations ou même caché dans ses contenus primitifs (comme l'intelligence, la culture, etc.) paraîtra peut-être moins arbitraire, si, à la lecture de Rodin, nous prenons en considération que, pour connaître la nature, l'artiste se doit de demeurer au niveau d'une fonction matérielle de l'analyse : « L'art, c'est la contemplation. C'est le plaisir de l'esprit qui pénètre la nature et qui y devine l'esprit dont elle est elle-même animée. C'est la joie de l'intelligence qui voit clair dans l'univers et qui le recrée en l'illuminant de conscience. L'art, c'est la plus sublime mission de l'homme, puisque c'est l'exercice de la pensée qui cherche à comprendre le monde et à le faire comprendre[11]. » On peut clairement en déduire que, pour lui, la pulsion de connaissance propre à l'artiste n'est pas localisée dans un organe précis, mais englobe l'ensemble de l'inconscient et du conscient, l'instinct et l'intellect.

Il en ressort que l'intellect, en tant qu'organe créateur, n'est pas une entité déjà formée, mais un processus ; ce n'est pas un Être mais une fonction. Comme nous l'avons vu rapidement, cette fonction se porte vers les sources originaires des objets dans le but de leur donner une nouvelle constitution formelle. L'intellect dissout ainsi l'être des choses et crée pour elles une nouvelle unité au-delà de leur être, dans les racines et les lois de leur devenir. C'est par là même que celui-ci nous fait comprendre ce qui est absolument inconcevable.

En saisissant l'art comme un acte de l'esprit [*Tat des Geistes*], on pouvait encore sauver de l'éparpillement dans l'infinie diversité des objets, comme de toute construction arbitraire de la volonté s'exerçant sur eux, l'ordonnancement créé par la pulsion créatrice. Mais à ce stade pourtant, les organes sensoriels en tant qu'ils sont les supports de la relation au monde les plus immédiats et les plus directs sur le plan psychologique semblent entraîner la pulsion vers une sorte de confusion de l'être, qui confine au vertige de l'apparence. Y a-t-il rien qui soit à la fois plus impénétrable et plus fallacieux que les faits que nous livre l'œil comme des données brutes ? L'œil n'est-il pas d'ailleurs l'organe qui détermine le plus fortement la production du monde de la peinture ? Quel que soit l'endroit où nous ouvrons les yeux, nous recevons de la réalité une image incomplète, contingente, dépourvue d'intérêt, tel un schème de la réalité.

Je demande néanmoins : quel pourrait être le sens de l'art, s'il ne consistait pas dans certaine acuité de vision [*Sehschärfe*], dans cette résolution toute particulière de l'œil[12] ?

11. Auguste Rodin, *L'Art*, Paris, Grasset, 1911, préface, p. 2.
12. Les artistes pourront se divertir en lisant ces phrases de Mach : « En quoi un tel développement des pouvoirs de l'ouïe intéresserait-il la conservation de l'espèce ? N'excède-t-il pas de beaucoup la mesure du nécessaire, ou même simplement de l'utile ? [...] On peut poser à dire vrai la même question pour chacun des arts [...]. La question concerne seulement la musique, qui ne remplit aucun besoin pratique particulier, et dans la plupart des cas ne représente rien. La musique cependant a beaucoup d'affinités avec l'art de l'ornement [*Ornamentik*]. Pour exercer notre capacité à voir, nous devons pouvoir distinguer la direction des lignes. Quand nous sommes à même de pratiquer une fine

Voilà que toutes les questions que nous nous posons concernant notre manière d'appréhender les choses (de façon plane ou spatiale, en nous ou hors de nous, par les couleurs ou par les lignes) disparaissent, dès lors que nous comprenons qu'en art – et même dans l'art naturaliste – il ne s'agit pas de la perception des choses, mais de leur création. Cette création dépend des exigences que l'art vise à atteindre. Ces exigences se formulent de la façon suivante : la somme totale des organes des sens humains produit les objets, mais en effet sous la direction d'un organe spécifique à chaque domaine spécifique d'exercice de la pulsion créatrice ; dans le cas de la peinture, c'est l'œil. L'œil toutefois, en raison de son mouvement englobe les fonctions de deux sens, celle du sens visuel et celle du sens tactile, celle de la perception de l'espace et de la perception du temps. Peut-être le mouvement est-il la cause inhérente à tous les organes sensoriels. Sans vouloir polémiquer ici à l'encontre de la théorie des énergies spécifiques, je dois constater que, dans les scènes de la passion d'Holbein, on voit le vacarme, dans les tableaux de Monet, on sent le vent, et dans d'autres on perçoit même l'odeur de la mer.

En résumé, tous les sens participent à l'activité de chacun des sens en particulier – ou tout au moins c'est le cas pour l'œil. Par son truchement, ils peuvent exprimer les données spécifiques à transmettre à notre conscience, et ainsi, à l'inverse, le simple fait de regarder est capable de déclencher l'activité des autres organes. En pareil cas, ce qui est perçu est complété et passe de l'apparence à la réalité. Les objets du tableau ne sont jamais le résultat d'un acte purement optique – ce serait une totale abstraction de l'imaginer ainsi. L'acte de perception est imprégné de l'homme tout entier. Voir est toujours une activité qui est à la fois celle de l'œil et de la psyché. C'est la raison pour laquelle chacun voit différemment ; et cela montre en même temps combien l'exigence qui imposerait qu'on puisse retrouver dans la nature ce que l'artiste a peint est parfaitement injustifiée.

De même que par sa qualité la perception singulière renvoie au delà de chaque organe sensoriel à la totalité des organes sensoriels, de même, par son ampleur, elle renvoie à l'intellect et à la volonté. Dès lors que l'espace

discrimination, nous pouvons alors – et c'est dans une certaine mesure un sous-produit de notre éducation – acquérir un sentiment de plaisir à la combinaison des lignes. Il en va de même du sens de l'harmonie des couleurs (qui dérive de notre pouvoir de discrimination des couleurs), et il en va de même avec la musique », Ernst MACH, *L'Analyse des sensations*, traduction de F. Delahaye (Eggers) et J. M. Monnoyer, Nîmes, Éditions Jacqueline Chambon, 1996, p. 270.

représenté ne peut plus être saisi par un œil qui n'est pas en mouvement, il fallait l'intellect et des moyens intellectuels pour le lier et le coordonner en une unité. Et nous comprenons mieux ce que Poussin a exprimé avec clarté. « Il y a deux manières de voir les choses, la première en les regardant simplement, l'autre en les contemplant avec attention. Regarder simplement signifie percevoir par l'œil la forme et la ressemblance des objets. Mais contempler veut dire chercher avec une attention soutenue les moyens en dehors de la simple perception de bien reconnaître l'objet. Aussi pourrait-on dire que la vision simple est un processus naturel, alors que la contemplation incombe à la raison[13]. » Par là même, le voir est ramené à une pure fonction de l'intellect, et par lui, à la volonté, au sujet, qui occupe une position bien déterminée. Ce même voir est dès lors affranchi de tout arbitraire et se soumet aux raisons de la mise en forme absolue, en étant déterminé par ses principes. En art, il n'y a pas d'autre loi de l'optique que celle de la mise en forme [*Gestaltung*].

Ainsi, le voir n'est donc ni l'acte d'un organe particulier, ni une faculté isolée qui produit le monde de l'art du côté du sujet ; il est le fruit de l'ensemble de ces organes et de ces facultés qui nous apparaissent intimement reliés dans une pondération spécifique au cas par cas. Issue de la conscience, la pulsion créatrice culmine dans son organe spécifique et en même temps le plus défaillant, à mesure qu'il s'approche de l'objet dans ses formes phénoménales. Nonobstant, ne fût-ce par son origine, cet organe ne peut vraiment pas rester enlisé dans le matérialisme et le sensualisme : il renvoie, je l'ai dit, au-delà de lui-même. Si le fondement de ce premier processus de *matérialisation de la conscience* était la priorité de la volonté, celui du deuxième processus – de *dématérialisation de l'objet* – dépend de la réception tout à fait passive qu'en propose la conscience. Il faut non pas survoler l'expérience vécue, mais en saisir les motifs sous-jacents pour en avoir une réception complète. Une fois qu'elle a ainsi fructifié, l'expérience

13. André Félibien, *Entretien sur les vies et les œuvres des plus excellents peintres anciens et modernes*, Paris, 1724, t. 4, p. 43. On trouve chez Léonard de Vinci un passage semblable : « Supposons que toi, lecteur, voies d'un coup d'œil l'ensemble de cette feuille écrite. Tu jugeras immédiatement qu'elle est remplie de lettres différentes, mais à cet instant-là tu ne reconnaîtras pas quelles sont ces lettres, ni leur signification. Et il te faut donc parcourir cette feuille mot après mot, phrase après phrase, si tu veux prendre connaissance de ces lettres. Il en va de même si tu veux accéder au sommet d'un bâtiment : tu devras te forcer à monter marche après marche, sinon il est impossible d'y accéder. »

vécue perd son étoffe factuelle : elle devient force, mouvement, intensité, et, comme telle, elle est un bien propre dont l'artiste dispose librement.

Si l'on transpose ce circuit de production dans le domaine psychique et si on le met en relation avec les contenus auxquels il est nécessairement lié, on voit alors se présenter toutes ces questions esthétiques si souvent disputées. Elles concernent en partie l'activité du sujet – par exemple le rapport entre inconscient et le conscient, entre la naïveté et le dédoublement du Moi, entre l'inhibition et l'impulsion, entre la liberté et la contrainte afférente aux lois régissant l'association. Mais elles concernent, d'une part, la position du sujet à l'objet – ainsi du rapport entre la reconnaissance, l'amour, le respect et le refus ou le scepticisme, entre le fait de s'abandonner et de se protéger, l'activité et la passivité –, et elles peuvent aussi concerner, d'autre part, la manière de traiter l'objet ainsi que le rapport de la sensation et de la vie à la contrainte, à la forme et la mort.

Nous ne pouvons pas débattre de ces questions de façon exhaustive en rédigeant un traité fondamental. Nous devons nous contenter de signaler que toutes présentent une forme antithétique, ce qui explique qu'elles ne peuvent être résolues en supprimant les contrastes entre l'une et l'autre ni en les équilibrant, mais en maintenant les deux pôles dans leur interpénétration mutuelle, en même temps qu'on comprend leur dépassement dans la création d'un monde nouveau. Donner une telle solution ne peut être possible qu'à quelqu'un qui veille à ce que ces problèmes aient été projetés sur le plan originaire de la production elle-même : à la différence du cas habituel, ceux-ci doivent justement être déterminés à partir de leur position dans le processus de production [*Erzeugungsprozess*].

Contenu et objectivation

Tout comme, dans ce qui précède, pour déterminer le sujet psychique, notre point de départ était la conscience qui prend position et la volonté, il nous faut, pour déterminer l'objet, partir de la loi qui détermine son devenir. Donc, il s'agit de ne pas prendre les objets comme s'ils étaient déjà prêts, comme des résultats modifiables ou non ; il convient plutôt de mobiliser les forces dont la confrontation en favorise l'émergence. Pour faire de ces objets des objets d'art, l'artiste doit commencer par ce qui fonde et conditionne leur être. Il lui faut se plier aux exigences qui sont celles de toute constitution d'un objet : l'objet doit exister pour soi, et son existence doit être finie. Cela ne veut pas dire que celui-ci se tient sans mouvement, inerte et figé. Les relations qu'il intègre peuvent être également objet de l'art, dès lors que leur mouvement ne va pas au-delà d'elles-mêmes. L'exigence de finitude veut seulement dire que l'objet doit être délimité et avoir une forme ; cela ne signifie nullement qu'il soit engendré par soi, ni en relation exclusive avec soi. La finitude de la forme n'exclut pas la variété des relations constitutives : mais cette revendication existentielle qui la fonde explique qu'elle soit recherchée et élaborée artistiquement.

Par nature, ces principes de constitution de l'objet [*Objektbildung*] ont tendance à se manifester dans l'objet réel, comme c'est le cas des fonctions de la conscience qui font pression sur le sujet psychique et posent simultanément l'objet comme nécessairement constitutif de ce processus psychologique. Parallèlement, du côté des raisons et des lois de la constitution de l'objet, en posant l'objet, on pose également le sujet. « Notre perception à l'état pur ferait donc véritablement partie des choses », comme se le demande Bergson[1]. Et, en poussant le parallèle un peu plus loin, il en résulte l'exigence que nous devrions considérer la totalité des objets du monde, afin que se réalisent les principes de constitution de l'objet d'art. C'est justement sur ce point qu'on a voulu chercher quelle différence existerait entre l'art et la science.

> « Ce qui est particulier, et ne revendique que sa particularité, est de l'art et ne sera que de l'art [...], mais ce qui est particulier tout en tenant compte de ce qui est général est science [...]. Il n'y a pas d'autre explication à ce que l'artiste, dans l'art subjectiviste [*subjektivierende Kunst*], se sente obligé d'intégrer le présent dans le passé, de même que, dans l'art objectiviste, elle l'oblige à extraire l'espace de l'œuvre d'art de l'espace de la réalité, en sorte que le plasticien lui-même remplit un espace idéal et non l'espace qui est celui de notre environnement. Tout cela se produit afin que les actes et les objets ne s'insèrent pas dans l'articulation de la réalité avec ses connexions effectives, afin qu'ils ne puissent pas s'intégrer dans l'espace-temps, et en dehors de l'œuvre d'art, passer pour des motifs ou des objectifs propices à initier une action. Détachée de l'universel, l'œuvre d'art a une vérité artistique, et il faut considérer que les lois fondamentales de la théorie de l'art proviennent de l'aspiration à abolir la cohérence, à s'en détourner autant que possible, à surmonter les contraintes astreignantes du réel, tout comme on doit comprendre que les lois fondamentales de la science proviennent de la recherche de cohérence[2]. »

De toute évidence, il s'agit là d'une erreur. La pulsion créatrice, certes, a tendance à détacher son œuvre du contexte réel, pour lui prêter une vie individuelle et autonome : faut-il de là tirer la conclusion que seul ce qui est particulier, individuel, unique, fragmentaire, dépourvu d'articulation fournirait l'étoffe de l'art ? Prenons par exemple un livre : il est tout autant détaché des relations réelles (ce qui est symbolisé par sa reliure) ; de même les liens de dépendance nécessaires établis par la science n'ont ni plus ni moins affaire avec la vie réelle que ceux qui sont établis par l'art. Art et science, l'un comme l'autre, visent la totalité et donc le lien qui relie entre eux les objets de façon cohérente.

Tant d'erreurs autour de ces concepts ont été accumulées que notre propre élucidation se détachera d'autant mieux si nous laissons aux points de vue opposés l'occasion de s'exprimer. Certains pensent que la totalité s'atteint par l'addition du plus grand nombre possible de variations sur

1. Henri Bergson, *Matière et Mémoire*, Paris, Alcan, 1965, p. 71.
2. Hugo Münsterberg, *Grundzüge der Psychologie. Allgemeiner Teil : Die Prinzipien der Psychologie*, t. 1, Leipzig, éd. J. A. Barth, 1900, p. 121.

le même thème, ou par la réunion du plus grand nombre possible de différences. Mais il s'agit alors d'une extériorisation triviale, ou d'un rétrécissement de l'acte créateur. D'autres pensent que la totalité peut s'obtenir par une focalisation sur l'objet en se servant de lui comme d'un fondement unitaire d'où émergerait la plénitude des détails. La totalité n'est plus alors qu'une sorte de collection formelle idéalisée, une simple stipulation psychique. Si, dans un cas, on n'aboutit qu'à une limitation du contenu qui n'a plus de finalité expressive, c'est de l'autre le risque du formalisme qui apparaît.

D'autres encore pensent y parvenir par une exacerbation ascendante vers le divin. On retrouve là tous les faux problèmes du classicisme. L'universalisation n'est pas synonyme d'un accroissement indéterminé ; le détachement du réel n'implique pas forcément que le point de vue qu'on atteint soit valide. Loin d'être une dilatation enveloppante, ou un rétrécissement conceptuel, cette totalité n'est caractérisée que par l'ambivalence du sentir ; et ce, non pas à travers l'observation que cette totalité est contrastée, mais par le dépassement de ce même contraste. Selon l'expression de Fichte, la totalité résulte d'un jugement thétique : elle est l'affirmation, la position dans l'Être d'une vraie infinité. Elle n'est pas ce faux infini qu'ont critiqué les philosophes. En tant que telle, elle se soustrait à toute déterminité conceptuelle et même à toute déterminabilité. Car elle contient justement des possibilités infinies.

La question de la théorie de la connaissance qui fait débat, et qui consiste à se demander si seul l'universel ou seul l'individuel est l'objet de science, est ainsi résolue pour nous dans la mesure où ni ce qui est uniquement universel, ni ce qui est uniquement individuel, n'est un objet tout à fait valable pour la pulsion créatrice. Pour elle, ce n'est que la totalité qui est cet objet au sens plein. Et elle s'est imposée à nous, non pas comme un concept dans son contenu, ni au sens formaliste du concept [*formalisticher*], mais comme un concept structurant et pour tout dire formel [*formaler*] : c'est-à-dire par une rencontre des fonctions de la conscience et de l'objet.

Si, après avoir tenté de délimiter le spectre de l'art, nous nous intéressons de nouveau à exposer l'irrépressible tendance à réaliser les lois de la constitution de l'objet, nous sommes contraints de la restreindre à une forme définie. Cette forme [*Form*] où doit se concentrer le devenir de l'objet pour pouvoir se prêter à l'expression spécifique de la peinture, c'est le concret lui-même. Le concret, cela signifie : la tournure gestaltique des choses [*Die Gestalt der Dinge*] dans leur condition la plus irrécusable, la tridimensionnalité. Partie des principes du devenir de l'objet, la tournure gestaltique des choses se présente comme une concrétisation en acte, un devenir en trois dimensions, tel le processus même où s'acquiert cette configuration [*Gestalt-Gewinnen*]. La tendance des objets à se réaliser va au-delà néanmoins, elle se perd complètement dans la foule des particularités qualitatives de la couleur, de la substance, etc. L'objet nous fournit ainsi une série de formes phénoménales qui semblent nous dissimuler les causes et nous empêcher de remonter vers leur origine. Sur un plan psychologique, elles constituent le point d'ancrage de la perception et l'on est confronté à ce grand problème : revenir sur cet ancrage pour en dégager leur essence.

En déterminant la totalité, nous avons vu que l'on est souvent demeuré dans ce qui est fini, comme si l'on y était fixé justement – que cet Être soit réel ou transcendant – sans parvenir aux origines d'où l'objet artistique pouvait se former. Nous avons identifié deux de ces racines (nous parlerons plus tard de la troisième) : les fonctions de la conscience, s'incarnant dans des formes déterminées en relation avec un organe spécifique (l'œil), et les formes du devenir de l'objet qui se sont concrétisées et matérialisées de la même façon, pour refaire ensuite, chargées des contenus de leurs ultimes développements, le chemin inverse de dématérialisation en direction de la conscience et vers les causes. En observant ces deux tendances, nous avons pu en conclure qu'elles sont étroitement imbriquées l'une dans l'autre, à tel point que sujet et objet se posent mutuellement et qu'ils existent ensemble et l'un par l'autre. Il faut opérer une distinction entre cette unité qui résulte d'un conditionnement réciproque et tout parallélisme psychophysique entre corps et esprit, toute identité métaphysique qui, soit demeure enlisée dans le sujet psychique ou engoncée dans l'objet concret, soit n'obtient son statut que par l'un et l'autre. Sujet et objet sont la condition pour que cette unité issue d'un conditionnement mutuel puisse avoir lieu, ou bien ils en sont la conséquence. Et il ne s'agit pas par là d'une relation qui existerait par soi, mais d'une production réciproque[3], en sorte que la totalité des forces psychiques se déploie dans la totalité des objets. Si nous allons jusqu'au

3. Tout le piquant d'une tâche spéciale des arts plastiques ainsi que de la musique se manifeste dans cette production réciproque : intégrer un ornement, une forme fixe et immuable dans cette production actuelle. Jusqu'à présent on s'est trop peu penché sur ce problème intéressant.

bout de cette idée, nous ne pouvons nous défendre d'avoir quelques doutes à l'encontre de la théorie du caractère *apriorique* de la conscience tel que Kant l'a soutenu.

Ce produit, issu du mouvement de contraposition du sujet et de l'objet, c'est la disposition créatrice (*schöpferische Stimmung*). Issue de ces deux éléments – considérés non comme des contenus ou des substances, mais comme des forces –, elle n'est, ni une atmosphère enveloppante, ni un concept synthétique, mais une variété qui n'est jamais confuse ; elle recèle des *diversités qualitatives* – au sens bergsonien du mot, pour autant qu'une unité de forces tende à l'expression. D'ordinaire, sa constitution aura créé un équivalent, comme une sorte de sédiment dans la conscience qui devient le fondement matériel de la création artistique.

Il nous faut revenir sur ces équivalents dans la mesure où on les a utilisés pour distinguer les différents arts. Tout d'abord, un sentiment comme le tragique a également sa place dans les arts plastiques. Ne va-t-on pas jusqu'à revendiquer cette division régulatrice des arts à la fois comme principe constituant et comme étalon de valeur de la création artistique ? En pareil cas, il nous faut nous y opposer. Car ni le beau ni le sublime, ni le tragique ni l'épique ne créent l'art, ils ne sont que des vecteurs émotionnels qui s'efforcent à cette expression artistique.

Une fois cet équivalent isolé, demeurent l'intensité pure, la mesure de l'intensité et celle de la force de l'expérience vécue : cette expérience vécue qui, si elle est pure, se manifeste de manière impénétrable chez qui vit cette expérience, tout en gardant néanmoins d'autres liens avec d'autres expériences. Ici les diverses expériences vécues s'interpénètrent en leur contraire, elles créent de nouvelles valeurs, saisissent dans l'instant actuel la somme de tous les passés, si bien que l'œuvre qui en résulte n'est plus le fruit d'une atmosphère singulière, le reflet substantiel de telle ou telle expérience privée, ni guère plus un acte d'abstraction intellectuelle, mais, encore une fois, elle forme un tout résultant d'une concentration de l'ensemble de la vie réelle dans une sorte d'excitation libérée de toute matérialité. La totalité dont je parle s'apparente pour ainsi dire à un réservoir de récupération de la vie (certes, il est néanmoins construit), bien qu'il ne soit en réalité qu'un succédané du moment psychologique de l'imagination. Ce qui sépare imagination et disposition créatrice, c'est principalement le fait que, dans l'imagination, le contenu est forcément déjà donné et qu'il ne s'agit par « sa répétition [que] de fournir les conditions de son retour. Le donné reste toujours donné, même s'il doit être transformé[4] ». La disposition créatrice, pour sa part, joue le rôle d'un facteur déterminant dans la production des contenus. Voilà pourquoi l'imagination n'est, elle, rien qu'arbitraire dans ses fondements, dans ses associations, dans ses résultats, tandis que l'atmosphère créatrice qui dispose l'artiste à créer est issue de cette exigence de conformité de la pulsion et ne peut engendrer que ce qui répond à cette exigence.

4. Hermann Cohen, *Ästhetik des reinen Gefühls*, t. 1, Berlin, Cassirer, 1912, p. 159.

Le médium du matériau

Nous l'avons vu, l'art est contenu, mais il faut ajouter : dès lors que ce contenu apparaît dans les formes expressives spécifiques. Or, celles-ci sont conditionnées par les matériaux. Jusqu'à présent, nous avons exclu ces derniers de nos considérations par un souci de clarté. Aussi nous faut-il explicitement souligner qu'ils ne sont pas quelque chose de superficiel ou de rapporté, mais bien quelque chose de nécessaire et d'enrichissant. C'est ce médium matériel qui représente le plus grand défi pour le contemplateur.

En raison de la diversité des moyens, la conception psychologique de l'art a scindé l'*ars una* en différents *arts*, et il n'était plus question que *des* arts au pluriel. Elle a également formulé le principe selon lequel l'utilisation de la lumière se faisait aux dépens de la couleur, l'utilisation de cette dernière aux dépens de la ligne[1], etc. Nous qui avons démontré l'existence d'une pulsion homogène et infinie dans tous les arts et un cheminement typique de la fonction précédant toute individuation, nous mettons à nouveau l'accent sur l'*ars una*. Nous croyons par ailleurs que les moyens qui induisent certainement une division et une séparation de la pulsion originelle obéissent néanmoins tous à une même logique (qui ne nous est pas encore connue).

Une vision reposant sur l'abstraction a attribué aux moyens spécifiques que sont la ligne, la couleur et la lumière différents domaines d'expression et une valeur différente en tant que principes constitutifs. Il est bien connu qu'on a surestimé la ligne. « En art, tout ce qui relève de la loi de l'ordre moral s'exprime par la forme ; la couleur incarne plutôt selon moi le côté

1. Alfred Binet, « Le mystère de la peinture », *L'Année psychologique*, t. 15, Paris, 1908, p. 300-315.

matériel[2] », soutient Hippolyte Flandrin. En fonction des besoins de leur don artistique prévalent mais souvent unilatéral, les artistes ont dit la même chose de la couleur et de la lumière[3], et ont ainsi bombardé l'opinion publique avec des dogmes erronés : qu'il s'agisse de la ligne pure et de la couleur pure, pour dissimuler leur incapacité. Les esthéticiens qui ont cru avec le plus d'acharnement au dogme de la ligne pure ont même attribué peu à peu aux trois moyens (dessin, couleur, lumière) une signification constitutive.

Or, il est nécessaire ici de soutenir le fait qu'il n'existe pas de moyens *a priori*. Il n'y a pas de bleu, il n'y a pas telle ou telle symétrie qui ait aucune signification pour l'activité créatrice avant la création, ou en dehors de l'entité créée par elle. L'artiste doit connaître ses moyens et leur effet (autant sur le sentiment de plaisir ou de déplaisir que sur l'effet moral) – tout ceci fait partie de son savoir faire ; leur utilisation toutefois ne relève ni de la description naturaliste ni du formalisme, elle est facteur de mise en forme [*Gestaltungsfaktor*], ou mieux, elle est le résultat de la mise en forme [*Gestaltungsergebnis*]. Avant la mise en forme plastique, tout moyen quel qu'il soit n'est que matériel [*Material*], il est mort ; une entrave pour l'esprit. Ce n'est que dans la mise en forme qu'il devient moyen, il devient vivant, objet du travail manuel. Aussi ne peut-il être là ni pour lui-même, ni en vue d'obtenir des effets, mais uniquement comme une expression de la mise en forme. La question de l'effet produit est inhérente aux matériaux et aux moyens. Seul est légitime sous ce rapport l'effet qui résulte de la mise en forme, tout le reste est prostitution. Sauf qu'il n'y a pas non plus de mise en forme sans cette expression dans le matériau. « Le meilleur artiste dans son genre sera celui dont la puissance d'inventivité et d'imagination se lie de façon directe avec la matière dans laquelle il doit travailler[4]. » Et, de même que Flaubert l'a dit pour la littérature : « La précision de la pensée fait celle du mot et s'identifie à lui[5] », de même, en peinture, la beauté du matériau deviendra l'expression la plus parfaite de la mise en forme. Reste à se demander quel traitement doit subir ce matériau.

Tout moyen artistique, fût-il considéré pour soi, tend à renvoyer au delà de lui-même. La ligne en tant que moyen d'expression artistique se

2. Hippolyte Flandrin, *Lettres et pensées*, Paris, Plon, 1865.
3. Au sujet du traitement de la lumière et de la couleur, *cf.* Hermann Cohen, *Ästhetik des reinen Gefühls*, *op. cit.*, t. 1, p. 337, t. 2, p. 312 *sq.*, et p. 378 *sq.*
4. J. W. Gœthe, *Material der bildenden Kunst*, *op. cit.*, t. 33, p. 48.
5. Gustave Flaubert, *Correspondance*, Paris, Gallimard, 2007, t. 5, p. 785.

différencie de la droite mathématique. En chacun de ses points, elle présente une interpénétration des droites et de la courbe, et donc une tension entre la deuxième et la troisième dimension. Il en va pareillement pour la couleur : là où on l'utilise comme moyen artistique, elle recèle une courbure tendancielle entre le blanc et le noir, de sorte que – comme la figure ci-contre (à lire en trois dimensions) le montre – le système des couleurs constitue un « continuum à trois dimensions ». Si, par conséquent, nous voulions représenter les possibilités de connexion entre deux couleurs, le bleu et le rouge par exemple, nous avons d'une part le passage fluide par le violet et le pourpre, puis celui à dominante noire qui passe par le marron rouge et le gris bleu, ou celui avec la note médiane de blanc passant par la couleur chair et le bleu ciel[6].

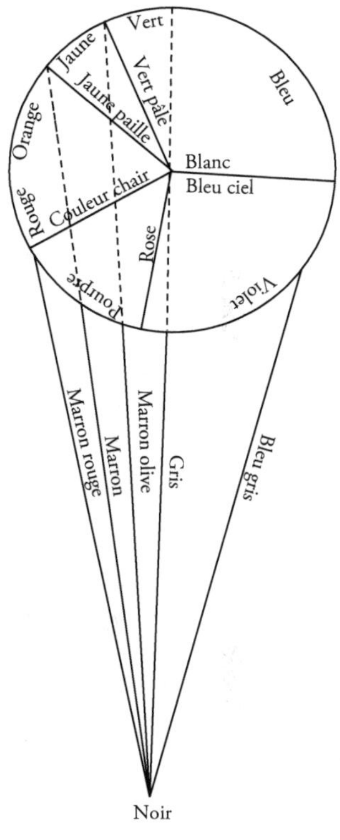

En outre, chaque ligne contient en plus du trait purement linéaire une valeur lumineuse, tout comme la couleur contient une valeur spatiale – la valeur d'une tache –, c'est-à-dire une valeur dimensionnelle. Le travail de l'artiste consiste alors à fabriquer un outil plastique homogène à partir des différentes composantes [*Momente*] de ses matériaux. Cela ne voudrait pas seulement dire que chaque matériau différent devrait en principe pouvoir exprimer la même chose, et que les trois principaux dans le monde visuel (ligne, couleur, lumière) pussent s'additionner en parallèle dans leur situation respective, cela signifierait aussi qu'une finalisation unitaire a été possible, d'où a surgi

6. Schéma tiré de T. Ziehen : *Leitfaden der physiologischen Psychologie in fünfzehn Vorlesungen*, Iéna, éd. Fischer, 1911, schéma 17, commenté p. 94-100 ; voir aussi Wilhelm Wundt, *Grundzüge de psychologischen Physiologie*, Leipzig, éd. Engelmann, 1908-1911.

un outil plastique nouveau et homogène[7]. Que cet outil homogène soit devenu spécifique en raison des exigences de la technique et que son emploi se systématise, s'explique en raison du fait que chaque art peut parvenir à son accomplissement le plus élevé lorsqu'il exploite ses possibilités immanentes et leur confère une pure validité.

En effet, chaque matériau est combiné avec un élément qui est du même type que lui dans son support spatial : les couleurs passent à l'avant ou à l'arrière-plan, des valeurs lumineuses donnent des indications sur la direction, des lignes se raccourcissent par la situation qu'elles occupent dans l'espace. Toutefois, les valeurs proprement spatiales n'ont pas à servir de matériaux, puisque les modélisations intègrent ces mêmes valeurs dans la constitution de la forme, comme nous le verrons plus tard. C'est pourquoi elles se subordonnent à la forme et obéissent à la loi fondamentale de la configuration gestaltique ; ces valeurs ne sont pas des index matériels que les lois des sciences de la nature ont établies (on pense au système des couleurs complémentaires). C'est ce qui explique que, dans leur ensemble, ces matériaux représentent effectivement un monde complètement différent du monde matériel. Aucune forme de sensualisme, aussi poussé qu'il soit dans ses ultimes conséquences, ne peut expliquer le monde des couleurs et des sons en peinture et en musique, parce qu'il est différent du monde de la perception sensorielle. Aucun œil, aussi aiguisé et objectif soit-il, ne verra dans la nature les couleurs de Claude Lorrain, de Van Goyen ou de Monet, parce que voir est un procès tout aussi peu abstrait que celui de penser ; c'est une fonction à laquelle participe l'homme tout entier, et aussi – faudrait-il dire – toute son humanité.

Avec le sujet, l'objet et les moyens matériels, le contenu de la pulsion créatrice est ainsi exposé au complet. Nous devons maintenant expliquer de

7. On ne peut parler de style linéaire ou pictural qu'avec beaucoup de précaution, car la ligne pure ou la couleur pure représentent des extrêmes, et en tant que telles sont des signes de pauvreté de la mise en forme. C'est justement l'homogénéisation des divergences qui fait l'importance et la grandeur de l'artiste. Mais il n'est pas nécessaire que cette unité constitue une harmonie de parties d'égale importance ; celles-ci peuvent être soulignées avec plus ou moins de force ou même de façon opposée. En fait, les divergences entre parties et la substantialité [*Stofflichkeit*] des éléments doivent avoir disparu dans cette unité. Elle représente dans son équilibre fragile une valeur fonctionnelle multiple pour les différents organes et contient dans sa détermination une infinité interne de possibilités.

quelle façon se forme la sphère de l'art où plusieurs mondes se rencontrent [*Weltenkugel der Kunst*], et quelles lois les forcent à se réunir. Nous aurons à présenter les facteurs qui prédisposent à la genèse de la disposition créatrice, et ceux qui servent d'inspiration à l'accomplissement de ce monde nouveau.

Le conflit auto-posé

Nous avons vu que les mouvements des contenus se concentrent sous leur forme dématérialisée au sein de la pulsion créatrice. Lorsque nous avons imaginé que ce mouvement de l'objet au sujet, et vice versa, se déroulait pour soi sans un acte pratique, sans action, sans pinceau, il s'agissait là encore d'une simplification pour des raisons d'exposition. Dans la réalité psychique, ce n'est qu'un cas tout à fait extrême et de surcroît un cas impossible du point de vue de la critique de la connaissance. Car le monde de l'art ne peut pas exister sans qu'il prenne une forme accessible aux sens. Mais alors, il ne s'agit pas d'une copie de quelque chose de figé, plutôt est-ce l'évolution de quelque chose qui serait en devenir. Dans son déroulement, cette évolution est intrinsèquement parallèle à la formation du contenu. Il est indifférent de savoir à quel niveau le faire pratique entre en scène. Pour nous il ne commence à prendre de l'importance qu'à partir du moment où l'ensemble du contenu est mis au jour, c'est-à-dire quand il se transforme dans les conditions d'existence de la pulsion créatrice en général, et en particulier de celle qui concerne les arts plastiques.

La matrice la plus effective [*Gebärungsform*], celle qui donne naissance à une œuvre d'art, c'est le *conflit auto-posé*. Il ne consiste pas simplement dans l'inventaire des facteurs que nous voyons réfléchis dans le miroir de la création, et effectivement il paraît bien être le *résultat de la volonté antithétique de la conscience confrontée à l'être du devenir de l'objet*. Comme fait de la conscience, ce conflit hérite d'une tendance irrépressible vers l'infinitude. Sa définition revient à Wilhelm von Scholz : « Le conflit doit se poser lui-même, écrit-il, dès lors que le thème encore non conflictuel est abordé, et ce dans la représentation fidèle aux lois qui sont ressenties et qui nous restent impénétrables [...]. Deux facteurs caractérisent les moments antithétiques du conflit auto-posé : la proximité intérieure et leur incompatibilité ; l'articulation irrésolue dans la représentation qu'ils se font l'un l'autre de leur production respective ; le fait que leur affinité repose sur leur éternelle hostilité originelle. Ainsi les antithèses sont-elles mutuellement neutralisées, car ce n'est pas le hasard qui justifie ce combat, mais ce qu'il est par essence. C'est pourquoi le conflit auto-posé est insoluble, inépuisable et éternellement fructueux[1]. »

Pour les arts plastiques, ce conflit n'est possible qu'à la condition de n'être jamais un contraste purement linéaire et superficiel. Il ne peut être que spatial (tridimensionnel), parce que ce n'est qu'alors qu'apparaît le conflit irréductible des arts plastiques : *la compensation de la troisième dimension par la surface colorée.* Alors seulement, il n'est plus un assemblage artificiel issu de la confrontation de motifs opposés, mais une interpénétration de contrastes inséparables formant une unité.

À partir du conflit auto-posé, « nous obtenons encore une nouvelle détermination de la nécessité afférente au processus dans lequel il se déroule : tous les moments importants qui conditionnent le déroulement proviennent des deux oppositions fondamentales du conflit auto-posé et ne peuvent que refléter cette dualité. Il ne s'agit plus ici de la causalité transposée de la vie dans l'œuvre d'art, mais d'une qualité esthétique originaire qu'elle possède et qui exerce de très forts sentiments de nécessité sur le contemplateur. Cette qualité originelle, à elle seule, suscite l'impression que tout ce qui dans la causalité réelle est sans issue, sans aucune addition ultérieure de moments nouveaux, se mue uniquement et radicalement en un drame, en raison de ce conflit originaire fondamental[2] ».

La force génératrice de vie de ce conflit accomplit par conséquent le Tout, et ce Tout doit, depuis son origine, prendre la forme d'un organisme, dans lequel le tout et les parties se conditionnent mutuellement, comme si le tout était le résultat de toutes les parties et en même temps la condition de chaque partie. Le Tout n'est donc pas l'addition de ses parties, mais le produit de celles-ci [*Produkt*], de telle sorte néanmoins que chaque partie ne puisse exister que par le tout. Et ainsi, un monde nouveau qui porte avec soi les conditions de sa propre existence est détaché de la réalité en tant que telle. Il s'est affranchi de tout ce qui est matériel dans cette réalité, il repose

1. Wilhelm von Scholz, *Kunst und Notwendigkeit, Vier Thesen*, Berlin, éd. Schaubühne 1906, p. 68.
2. *Ibid.*, p. 59-75.

en lui-même ; il a en lui le commencement et la fin. Le premier objet au bord du tableau ne doit pas avoir de rapport avec l'autre monde (le monde des choses communes), et l'horizon du tableau ne doit rien à la perspective par où s'éloigne le lointain qui s'évanouit dans le réel.

Ainsi, *la réalité en tant que telle est effectivement dépassée*. Le retour aux fonctions de la conscience et les raisons déterminant le devenir de l'objet, l'exigence de totalité enfin, ont dématérialisé cette réalité et ont fait naître à sa place des équivalents intuitivement sensibles. La réalité est mathématisée, d'une manière qui est à la fois arithmétique-rythmique et géométrico-figurale. Expliquons-nous sur ce point.

La façon dont le rythme est donné [*Rhythmisierung*] renvoie directement au mouvement de la conscience et n'a rien à voir avec les normes que l'on a voulu donner, par exemple, à la construction d'un beau corps dans les classes d'anatomie. Celles-ci représentaient à tous points de vue un rapport fini, tandis que la relation rythmique est une relation infinie. Elle ne s'exprime donc pas tant dans les mesures du corps (en tant que tel) que dans celles de l'ensemble de la surface où il se trouve montré. Prenons un autre exemple.

Le vitrail médian du chœur de Chartres est un modèle particulièrement beau de cette disposition rythmique. Il représente de bas en haut : 1) des boulangers portant du pain, 2) l'Annonciation, 3) la Visitation de la Vierge, 4) la Vierge et l'Enfant. On peut examiner de plus près la rythmique de cette division en quatre parties, si l'on suppose que les plombs qui séparent tout le vitrail en bandes horizontales sont à égale distance les uns des autres. La fenêtre tout entière est constituée – mis à part une étroite bande en bas et la pointe du haut, qui livrent d'ailleurs une intéressante contribution sur la technique du point de départ et de l'achèvement dans l'œuvre d'art – de 17 parties superposées, dont 3 en largeur : deux au milieu, et la moitié d'une de chaque côté. Parmi ces 17 parties, la répartition sur les 4 parties de la disposition du vitrail ayant un contenu est la suivante : 2 parties, puis 4, puis 5, puis 6, et donc c'est rapport très clair de 1 sur 2 à 2,5 sur 3. Si l'on considère que le rapport de la largeur à la hauteur est de 1 à 6, on voit immédiatement quelles relations simples se constituent dans le rapport de la hauteur à la largeur dans les différentes parties. Non seulement le morceau médian de la partie inférieure a autant de parties en hauteur qu'en largeur, constituant un carré de 2 par 2, mais également toute la largeur du vitrail a environ la dimension de la moitié de la partie supérieure. Avec ce nombre 2 comme simple rapport, on comprendra pourquoi la deuxième partie mesure le double de la première, pourquoi le vitrail est séparé en 4 parties et pourquoi la troisième est deux fois et demie plus grande que la première. C'est alors que le chiffre 3 entre en jeu. 0,5 n'est pas seulement la moitié de la hauteur de la partie initiale, mais il est en même temps la moitié de la différence entre 2 et 3. Or 3 n'est pas seulement l'ensemble de la largeur de la fenêtre, mais aussi le rapport entre l'augmentation de la taille de la partie inférieure qui sert de support et la partie supérieure du vitrail qui est supportée par l'autre.

Comme 2 par 3 font 6, et qu'il y a donc une relation au rapport entre la hauteur et la largeur qui est de 6 divisé par 1, il s'ensuit que 6 par 3 font 18, c'est-à-dire la totalité de la hauteur du vitrail. Ce rapport arithmétique apparemment sans fin n'est pas une mystique des chiffres, un amusement dû au hasard, un formalisme *a priori*, mais le résultat nécessaire de la dématérialisation de ce qui est substantiel sur le chemin de la constitution d'une forme, organisée en une *Gestalt* active et nécessaire. Celle-ci est un principe constituant qui crée un rapport infini et organique des parties au tout. Nous pouvons bien parler d'une nécessité arithmétique de l'occupation de la surface.

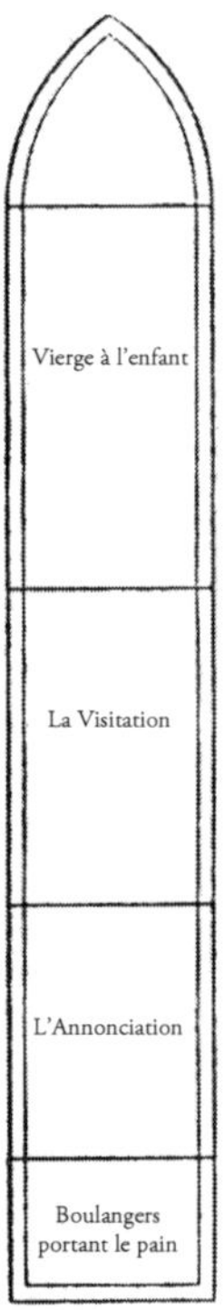

Un coup d'œil jeté sur la musique et la poésie confirme que nous avons bien affaire ici à un principe directeur de l'art. Dans les arts plastiques, on n'a pas voulu chercher le facteur principalement temporel de la nécessaire relation rythmique, parce qu'on était accroché au préjugé qu'il s'agissait là uniquement d'un art spatial. Mais il apparaîtra de plus en plus clairement qu'il est impossible de dissocier espace et temps, si l'on veut parler de « mise en forme ». L'aspect principal de ce problème demeurera toutefois non résolu dans les arts plastiques, aussi longtemps que nous ne réussirons pas à montrer de quels éléments sont formées les quantités fondamentales de ce déroulement rythmique. Pour progresser un peu, nous devons nous en tenir à la surface, c'est-à-dire aux relations entre sa hauteur et sa largeur et aux points sensibles qui y sont inscrits : le point central au milieu et la section dorée, qui jouent tous deux depuis longtemps un rôle important en esthétique. Malheureusement, mes calculs ne m'ont pas encore conduit à un résultat satisfaisant. En ce qui concerne le déroulement rythmique, je ne peux que renvoyer brièvement à ce que toute poétique nous enseigne : les différents mètres, le rythme ouvert et fermé de l'accentuation, etc. La question des intonations a son corollaire pour le peintre dans celle de la répartition des masses (en position haute ou basse) et signifie en même temps qu'il s'agit d'une suite de portions d'espace occupées et non occupées.

Il pourrait exister une transition de la dématérialisation arithmétique et rythmique à une autre – géométrique et figurale – par le biais de certaines mutations des données de la première, comme c'est le cas par exemple pour la symétrie. Je n'entends pas par là ce qu'on comprenait jusqu'à présent comme une « composition triangulaire », comme s'il s'agissait de l'arrangement et la compression d'une réalité au sein d'une figure mathématique. Ce formalisme est naturaliste dans son essence. Je ne veux absolument pas faire entendre qu'il s'agit d'un artefact dû à la disposition des lignes, au sens où l'on parle d'ordinaire d'une composition ; j'entends dire plutôt que la substance, dans la mesure où elle se dématérialise *se géométrise* ; et que c'est une relation infinie qui est là en jeu, non pas une composition finie.

Tout d'abord, chaque figure est variable en soi : ce qui veut dire que les différentes formes que peut prendre un triangle, par exemple, ne signifient pas toutes la même chose. N'était que la figure isolée porte déjà en soi une tendance à aller au-delà de sa propre existence singulière. À un triangle dont la pointe est dirigée vers le haut correspond un autre avec le sommet en bas, ce qui donne une figure dont le centre est symétrique. L'interpénétration des deux produit une figure nouvelle. Chacune des figures mathématiques existe ainsi dans un autre format, de sorte qu'il faut créer une compensation qui augmente la mobilité interne de la figure d'arrière-plan, d'autant plus qu'il ne s'agit pas seulement d'une adaptation et d'une transition, mais d'une pénétration des directions fondamentales en train de se mettre en place. Car le format, lui non plus, n'est pas donné, il est conditionné par les fondements premiers de la conception. Toute stabilité est alors métamorphosée en une fonction et son caractère infini deviendra plus riche et plus plein dès lors que nous nous rendons compte à partir des œuvres des grands artistes qu'ils ne se contentent jamais d'une seule figure, mais qu'ils la font toujours s'interpénétrer avec la figure contraire.

Et, de même que le facteur temporel du rythme, dans les arts plastiques, a dû nécessairement se relier aux deux directions fondamentales de la surface – la hauteur et la largeur en tant que valeurs spatiales –, de même les facteurs d'ordre géométrique sont inséparablement reliés avec ceux de l'intensité, c'est-à-dire du temps. C'est l'intensité de l'accentuation qui joue ici le plus grand rôle dans l'articulation des figures entre elles et leur mise en relief, de sorte que les unes constituent la voix principale, et les autres les voix secondaires. Les arts plastiques disposent, au même titre que la musique, de tous ces moments orchestraux, ainsi que de ceux de la conduite de la voix, de *fortissimo* à *piano*, du contrepoint ou de la disposition harmonique. À ce moment de grande intensité correspond la multitude de possibilités dans la densité de l'occupation de l'espace, le rythme alternant surface remplie et surface vide, remplissage ouvert et fermé. Mais ce sont surtout les moments d'intensification dans la construction, qui, dans les arts plastiques, n'ont rien à envier à ceux du drame. Et ainsi, ces facteurs temporels multiplient les possibilités de combinaisons et créent une infinité de relations possibles.

Cette imbrication des moments de mise en forme [*Gestaltungsmomente*], qu'ils soient spatiaux ou temporels, va si loin que les uns dissolvent complètement les autres. Par contre, dès que les deux moments se recouvrent parfaitement, ils sont à ce point délivrés de la rigidité des figures mathématiques et de subordination rythmique, ils sont devenus tellement vivants en soi et dotés d'une fonction autocréatrice, que nous sommes en présence d'une nature nouvelle, nouvellement mise en forme qui à l'apparence de l'ancienne. Comment pourrait-il en être autrement puisqu'une certaine étoffe substantielle (dont j'ai dit qu'elle se dématérialise et se géométrise) a bien été le point de départ de la mise en forme ?

Avec les formes mathématiques de la dématérialisation, nous en sommes restés encore au domaine de la surface et du plan. Ce n'est que lorsque le corps et l'espace interagissent, c'est-à-dire lorsque la troisième dimension est intégrée dans la mise en forme en en subissant la contrainte que nous parvenons à l'ultime et véritable facteur de la constitution de la forme des arts plastiques.

Il n'est pas question ici de se perdre dans des théories physiologiques et métaphysiques traitant de la manière dont nous percevons l'espace, ni du lieu spécifique de sa perception. Quelles que soient les hypothèses, le processus de spatialisation [*Verräumlichung*] n'entretient aucun rapport ni avec l'aspect fonctionnel, ni avec l'aspect qualitatif, puisque ce processus se fonde uniquement sur la thèse que l'espace a trois dimensions : hauteur, largeur et profondeur, et que chacune d'entre elles a une extension infinie pour nos organes sensoriels. La tâche se détermine uniquement à partir de l'essence de la mise en forme absolue : qu'est-ce à dire, si ce n'est qu'elle est celle qui est apte à créer un être indépendant de toute réalité, et donc fondé sur ce qu'il est par soi ? Seule l'essence de la mise en forme absolue qui consiste à créer un être indépendant de toute réalité ayant en lui-même son fondement détermine le travail de spatialisation.

Si nous avons reconnu la concrétisation, l'attachement à la tridimensionnalité comme le domaine d'expression le plus incontournable de la peinture, il en résulte que la formation du corps et de l'espace doit être intégralement différente dans la peinture, comparée à celle de la nature. Cette différence est déterminée plus précisément par le fait que dans la nature nous voyons directement réalisées les trois dimensions – hauteur, largeur et profondeur nous sont immédiatement présentes –, alors que, pour la peinture, liée à la bidimensionnalité de la surface, il lui faut faire apparaître cette troisième dimension de manière indirecte. La surface est par conséquent un pur obstacle, pour ainsi dire l'obstacle éternel auquel se heurte la volonté de mise de forme s'attachant à ce qui est fini : cette finitude, elle doit pourtant l'intégrer, et se réconcilier en son sein pour qu'une mise en forme puisse avoir lieu. Nous voyons ici ce qui explique en profondeur pourquoi il faut rejeter la pure surface comme unique moyen de la mise en forme. La surface en soi nous laisse complètement dans le néant, dans l'anarchie, elle entraîne au nihilisme, d'où l'artiste doit justement nous sortir.

La formation de l'espace en peinture ne peut donc être atteinte que par la neutralisation conjointe de deux réalités : la *bidimensionnalité de la surface* et la *tridimensionnalité de l'espace naturel*. La conception a longtemps prévalu selon laquelle la solution eût été de simuler sur la surface plastique la spatialité dans son caractère naturel. On y croyait d'autant plus volontiers que la perspective était soumise à des lois formulables avec exactitude et qu'il était donc tout à fait possible de la construire. On confondait là – comme si souvent dans l'histoire de l'art – la légalité scientifique et la légalité artistique, et dans ce cas déterminé la légalité géométrique de l'espace physiologique avec la légalité artistique de ce même espace. Mais « on a déjà plusieurs fois indiqué ci-dessus combien l'espace physiologique – s'il était permis de s'exprimer ainsi –, c'est-à-dire le système de nos sensations spatiales, se distingue de l'espace géométrique (de l'espace *euclidien*, j'entends). [...] Afin de séparer purement le physiologique du géométrique, nous devons songer que nos sensations d'espace sont déterminées par le fait que les éléments qui ont été désignés par A, B, C... dépendent des éléments de notre corps K, L, M... ; alors que les concepts géométriques résultent d'une comparaison spatiale des corps, et des seules relations mutuelles qu'entretiennent A, B, C.[3] »

Dernièrement, des physiologistes ont indiqué eux aussi qu'entre les exigences de la légalité de la géométrie et la perception de la perspective par l'œil il y a des différences considérables. Or ce n'est pas cela seulement qui importe, mais le fait que sous l'effet de la perspective, la surface n'est pas intégrée dans la mise en forme, elle est bien plutôt abolie par l'illusion produite : la perspective ne se règle que sur le rapport des objets entre eux et n'implique pas le sujet, ce qui exclut de la mise en forme la construction spatiale illusoire où la nature est trahie.

Cette déviation, eu égard aux résultats scientifiques, ne signifie pas le refus du savoir, mais met justement l'accent sur l'intellect comme fonction. Le savoir s'intéresse aux fondements. Et la science est à leur recherche tout autant que la peinture y prétend ; leurs résultats sont divers, bien que la solution dans un domaine n'interfère pas avec l'autre, parce que chaque résultat demeure conditionné par les moyens spécifiques qu'il utilise, en sorte qu'il ne vaut que pour lui-même. Toutefois les deux domaines ont apparemment trois manières de concevoir l'espace : comme une *sensation* telle que la couleur, le son, le parfum ; comme une forme *a priori* de la conscience, telle, parfois, une catégorie conceptuelle synthétique ; et, troisièmement, comme quelque chose qui n'est absolument pas du domaine de l'existant, et se constitue comme un enjeu différent qui est justement de créer l'espace en question. Pour nous, la seule chose signifiante est la manière dont s'accomplit cette tâche.

Elle consiste à produire quelque chose de déterminé et de fini, puis de l'articuler en hauteur et en largeur. C'est ce qui détermine l'échelle et donc la forme effective de chaque œuvre particulière, c'est-à-dire, en premier lieu, le fait de l'application de la dimension de profondeur à la surface. On y parvient par une péréquation entre espace et surface plane qui doit être éprouvée dans la perception par un outil homogène et spécifique. Cela ne signifie rien d'autre, sinon que l'artiste extrait organiquement de la surface une troisième dimension et maintient néanmoins – sur cette surface même – la tridimensionnalité de l'objet : que ce soit par le cube ou par autre chose. La tension ainsi obtenue entre la deuxième et la troisième dimension n'est

3. Ernst Mach, *L'Analyse des sensations*, *op. cit.*, p. 161-162.

pas du tout quelque chose de technique, quoique cette compensation dont je parle soit le pas décisif de l'acte créateur, issu directement de l'intensité de l'atmosphère créatrice[4].

Ce qui vaut pour le cube vaut pour l'espace. Par sa neutralisation avec la surface, l'espace devient fonction, une fonction en soi vivante, une fonction se constituant elle-même. On ne peut la décrire autrement que par une alternance de mouvement vers l'avant et vers l'arrière, vers le dedans et vers le dehors, vers le haut et vers le bas et par la continuité de ces relations. Sur le plan subjectif, elle donne le sentiment de se produire d'elle-même, comme si la poussée de ce qui était jusqu'alors ses parties, c'est-à-dire l'élan interne et la relation avec le tout, était la cause originelle de son être. La raison en est le conflit auto-posé, et l'exigence que tout le processus de création découle de ce conflit[5].

4. En insistant fortement sur le fait que la constitution de la forme a son origine dans l'intensité, je suis sans doute en contradiction avec Hildebrand (*Le Problème de la forme dans les arts plastiques*). Alors qu'Hildebrand ne reconnaît apparemment qu'une seule compensation entre l'espace et la surface – celle de la sculpture grecque classique et de la Renaissance –, érigeant pour ainsi dire en idéal une forme *a priori*, je considère que la forme a un statut foncièrement *a posteriori* et qu'il existe une multitude de formes. [*N.d.T* : ces quelques lignes faisaient partie du texte original paru chez Delphin Verlag, et n'ont été mises en note que dans les éditions parues ultérieurement, Qumram et Suhrkamp.]
5. Avec ce type de constitution de l'espace, il ne me semble pas que soit résolu cet autre problème que la construction mathématique de la perspective a cherché en vain à élucider : d'après quelles lois diminue la taille des objets dans cet espace artistique ainsi créé ? La diminution de la taille des objets avec la distance est manifestement un principe fondamental de la constitution de l'espace en général, et le peintre qui se réfère aux fondements du devenir de l'objet doit en tenir compte. La solution qu'il choisira découlera certes toujours de l'intensité de l'atmosphère créatrice, mais c'est justement la tâche de la science d'établir sur ce point des codifications régulières. Il nous faut avoir recours à l'essai grandiose de Léonard de Vinci pour proposer une solution. Il trouvait qu'« en partageant l'espace de la surface du tableau située entre la ligne de base et l'horizon en cinq distances égales sur le plan de la perspective et qu'en prenant comme mesure unique de chaque distance l'éloignement qui sépare l'œil du tableau, on obtiendrait une correspondance exacte entre le rapport chiffré dans les cinq distances et le rapport chiffré qui commande les principaux intervalles en musique »... Voir Marie Herzfeld, *Einleitung zu Leonardo*, Iéna, Diederichs, 1909, p. 17 *sq*. L'espace dans sa complète mise en forme ne peut être qu'une unité continue. La question de savoir s'il est possible qu'il existe plusieurs centres lui est subordonnée. La discontinuité fractionne l'espace en plan frontal, plan médian et arrière plan et fait de lui quelque chose de composé. Cet espace

Cependant, la spatialisation ne met pas un terme au processus de constitution de la forme [*Formbildung*]. En soi, il se pourrait que tout mouvement temporel fasse défaut au monde des objets, et que toute spatialisation soit absente du déroulement purement temporel des contenus psychiques. Mais, dès lors que la pulsion créatrice s'empare de l'une et l'autre, elle est contrainte de relier le temps et l'espace, ou, mieux encore, elle est contrainte de faire s'interpénétrer l'un et l'autre dans leurs fonctions. À tous les niveaux de la mise en forme s'affirme une intrication du temps et de l'espace, mais, dans chacun de ces cas, la mise en forme s'affranchit de tout lien avec la nature, s'effectue et repose en soi. Pour la mise en forme, nous devons par conséquent refuser le temps ayant un déroulement naturel, aussi bien dans son infinitude que dans sa fixation ponctuelle, aussi bien que nous écartons le temps scientifique du physicien. De même que nous exigeons une constitution artistique de l'espace, il nous faut aussi exiger une constitution artistique du temps.

Il en va de même d'ailleurs pour la connexion causale, tant pour ce qui est de la dépendance étroite entre l'espace et le temps qu'au regard de la mise en forme. Ce n'est que lorsque ces trois parties se réunissent en une nouvelle configuration que surgit le monde de la forme [*Welt der Form*], devenu alors un monde à part entière. Il a en lui son squelette et la circulation de son sang. La seule question qui demeure est alors de savoir comment il accomplit sa croissance. Nous avons vu en effet qu'en principe l'organisme va de pair avec un nombre quasi infini de relations, mais que l'exigence d'une œuvre finie – déterminée dans sa facture – était incontournable. Pour que la compensation ait lieu, seule la continuité des relations formelles, tenues entre elles par des connexions serrées, simule l'infinitude. Nous avons établi que tous les motifs singuliers étaient issus du conflit auto-posé et que, pour qu'il s'accomplisse en un organisme, il fallait dégager les possibilités qui lui sont immanentes. Les faire entrer sans relâche en connexion mutuelle, de telle sorte qu'elles se succèdent comme le coup qui tombe succède à l'extension du bras qui se lève, voilà l'unique sens de la continuité des motifs. Elle assure indirectement à l'œuvre une vitalité interne, qui consiste dans

composite trahit alors une mise en forme médiocre. Une autre différence dans la constitution de l'espace réside dans le fait que l'on obtient la profondeur par des plans parallèles à la ligne de fond, ou encore par un plan en diagonale ; nous nommerons le premier cas constitution de l'espace structuré ; le second, formation de l'espace déstructuré. Cette opposition se tient à vrai dire en dehors de la mise en forme de l'espace, mais elle est la caractéristique fondamentale de la constitution de l'espace et du modelé.

la relation de tous les motifs s'entrelaçant continûment : preuve de cette vitalité organique dans l'œuvre qui lui donne ainsi l'apparence de pouvoir s'engendrer toute seule.

Il existe une deuxième modalité : la vitalité directe, cette fois, qui se montrerait dans le fait que le matériau est comme spiritualisé par un éclairage à facettes très finement nuancé. Le matériau en tant que support direct de la lumière est devenu vivant et a acquis quelque chose de vibrant, qui donne l'apparence de ce mouvement génésique de la lumière naturelle. On donne ainsi l'impression que c'est la nature qui entre ici en action, comme si une loi de la nature devenait efficiente. La pulsion créatrice dont la volonté tend vers la mise en forme absolue, ainsi finalisée par elle, peut atteindre l'illusion naturaliste selon le degré qu'elle obtient. Le sens de cette réalisation est néanmoins de part en part déterminé intimement dans le sein de l'œuvre.

Il se peut que tout créateur ait conscience que sa création est à double tranchant. C'est pourquoi il dresse un mur devant les vérités qu'il communique avec toutes les données matérielles de son art. Comment ne pas entendre l'angoisse, la responsabilité qu'engage l'artiste ? Ainsi de Cézanne quand il écrit :« L'art ne s'adresse qu'à un nombre excessivement restreint d'individus. » Poussin a tellement bien enveloppé ses vérités d'histoires et de mythes depuis presque trois cents ans qu'on le tient pour un peintre de fictions mythologiques. Ce rempart que dresse l'artiste, certes, n'est pas intentionnel, il est l'ultime et la plus cohérente exploitation des ressources possibles incluses dans l'acte créateur. Il augmente en même temps qu'il exauce ce désir immanent de réalisation. Dès que la mise en forme se dissout dans une apparence de nature [*Schein der Natur*], le monde que crée l'artiste satisfait son public et le tranquillise en installant une manière de familiarité. Tout un chacun peut s'y ébattre comme dans une prairie lumineuse et fleurie, et bien peu devinent que ce n'est qu'un voile plaisant jeté sur l'abîme de l'inquiétude.

Il nous reste à présent à fixer avec exactitude le rapport entre l'art et la nature. Il serait inutile, à la suite de cet exposé, de réfuter à nouveau explicitement l'identité entre objet d'art et objet de la nature. Le sens de tout notre propos était de suivre le processus qui, de cette matière première qu'est la nature, crée l'art. Ce processus nous apparaît comme un retour de ce qui est seulement donné vers les fonctions de la conscience et les lois du devenir de l'objet ; comme une expérience vécue de la totalité du monde ; comme la dématérialisation de la réalité pour parvenir à un monde intuitivement organique – en bref, comme un processus qui a conduit de ce qui n'est jamais qu'individuel dès lors qu'il nous est donné, jusqu'à un monde complet, et tel que l'art nous montre qu'il doit être. Si ce monde (tel qu'il doit être) commençait à se réaliser, [**75**] ce qui veut dire qu'il commencerait à s'individualiser et à se rapprocher à nouveau de la contingence apparente de ce qui est réel pour nous, alors l'objet de la réalisation (l'œuvre) s'assimile à celui de la mise en forme en vertu de la *Gestalt* qualitative où il a été engendré. Or, d'après les lois de la formation de l'objet, nous pouvons conclure que cet objet doit être concret, autrement dit tridimensionnel.

Nous pouvons donc déterminer le rapport existant entre nature et art dans les thèses suivantes :

1/ Comme sur le plan téléologique l'absolu vers lequel tend l'art est le tableau, l'objet de l'art et sa cohérence sont subordonnés aux lois organiques de celui-ci, et ne valent que les formes de l'objet qui se justifient du point de vue de l'organicité du tableau. Elles seules sont bien faites : sinon, il s'agit de capacités imitatives ou expressives.

Comme l'art doit se servir de la réalité (intérieure ou externe), puisque sans elle la pulsion créatrice est inconcevable, l'art ne pourra exprimer de façon organique les expériences vécues qu'en utilisant ce que cette pulsion sait des objets. Et si nous enlevons tout ce qui est substance, toute étoffe matérielle, ne reste que ce qui est tridimensionnel, concret, chosique. Par quoi justement cet élément cubique [*dieses Kubische*], épuré par le savoir, peut nous sembler insolite, mais ne manque pas de clarté.

2/ Si, intrinsèquement, la peinture permet à l'expérience vécue de se déployer au sein de l'objet, elle sera probablement d'autant plus forte si elle peut laisser les expériences vécues pénétrer dans des qualités, et donc dans ce qui relève de la substance de l'objet : de cette manière la réalité est posée face à elle comme une délivrance des expériences vécues sous la dure poussée des lois du monde qu'elle a subie. C'est dans ce périmètre que réside le problème de la psychologie : en tant qu'instrument de réalisation libératoire, et non comme but en soi.

Ainsi présenté, le problème gnoséologique du rapport entre l'être et la validité de ce qui doit être, et en particulier du rapport entre la réalité de la nature et la réalité de l'art se résout de lui-même. On a justement voulu récemment identifier art et subjectivité, et – avec des dogmes qui ne sont pas moins plats que ceux de la théorie de l'imitation – on a affirmé que la substance était partout d'égale valeur, au point qu'il n'existerait pas de différence entre une madone et une tête de chou. Certains ont même soutenu que l'art pouvait se passer de toute *Gestalt* et s'exprimer directement dans les matériaux.

Kandinski[6] a eu l'ambition d'être ce second d'Alembert. Le fait d'ériger en dogme le manque de substance renvoie nécessairement à un déficit du sujet [*Subjekt*], puisque du point de vue de la théorie de la connaissance il ne peut pas y avoir de sujet sans qu'il tende vers un objet. On substitue l'individualité psychique, le sujet psycho-physique dont Kandinsky se voudrait le chantre, à la conscience en général, et par ce dogme on cherche seulement à dissimuler que la relation entre les fonctions créatrices est interrompue et entravée – pour le dire d'un mot : il n'y a plus de création artistique en tant que telle. Pour que celle-ci existe, il faut que s'établisse clairement une relation entre art et objet – dans sa pertinence, et autant comme point de départ que comme instrument de réalisation de l'acte créateur [*Mittel der Realisierung*]. La seule question qui demeure, c'est de savoir dans quelles conditions elle fonctionne.

Les degrés de réalisation en art sont déterminés par la *Gestalt* et le sujet. La *Gestalt* est incontournable et il n'est pas d'art qui n'en dispose d'une façon qui lui est propre. De même que le corps humain appartient particulièrement au domaine plastique, de même l'articulation spatiale entre les corps revient particulièrement à la peinture. En plus de sa configuration extérieure, toute *Gestalt* a néanmoins un contenu sensible doté de qualités organiques et de propriétés anorganiques qui lui donnent en interne une signification spécifique : ce n'est pas seulement qu'elle ne doit pas être négligée par l'artiste, c'est surtout qu'elle doit être utilisée par lui comme un outil de réalisation privilégié. Si la réalisation artistique va jusqu'à pénétrer le sujet lui-même, ce qui compte alors est de choisir la sensualité la plus adéquate pour l'étoffe de la mise en forme où le sujet est impliqué. Nous ne pouvons pas débattre ici des conditions de ce choix difficile. Mais il nous faut dire quelques mots de la substance elle-même, ou plutôt tirer à son propos les conséquences attendues de nos prémisses.

De tout temps, on a su que n'importe quel thème ne pouvait pas devenir objet de l'art, mais hormis la division insignifiante entre le beau et le laid

6. Vassily Kandinsky, *Über das Geistige in der Kunst, Insbesondere in der Malerei*, Munich, Piper, 1912.

– ce qui ne regarde que les substances et les moyens de la mise en forme – il n'existait aucune délimitation bien précise. Ce qui conditionne le choix du sujet, c'est qu'un *moment antithétique* soit inclus dans l'adéquation sensible supposée exister entre le thème et son traitement. Y font infraction, ce qui n'est jamais qu'unique, ce qui est ou ce qui devient, l'objet seulement réel ou l'expérience vécue purement psychique : ce qui est fini, ou ce qui est uniquement universel, ce qui se trouve situé en dehors de toute possibilité de mise en forme. En d'autres termes, ce refus de la volonté de réalisation s'accompagne des slogans à la mode que nous connaissons bien : panvitalisme, panpsychisme, panesthétisme, panthéisme.

Il est de fait que la sensualité adéquate, pour se réaliser, a besoin du motif le plus fertile ; un motif qui représente à la fois ce qui est le plus universel et le plus particulier, le plus éternel et le plus individuel. Ces facteurs thématiques doivent ensuite être reliés les uns aux autres de façon continue. Dans cette constance du déroulement du phénomène sensoriel, la continuité des formes, dont nous avons parlé plus haut, est reportée au plan de la réalisation et crée ici un degré nouveau et plus élevé de naturalité [*Natürlichkeit*]. L'infinitude intrinsèque aux relations de forme se mue en une vitalité infinie entremêlant *Gestalt* et substance, qui s'exacerbe, parce que la réalisation de la mise en forme absolue, comme programme, procède non pas directement mais indirectement chaque fois qu'elle se trouve confrontée à tel ou tel corps isolé qu'elle prend pour motif. L'art s'est ainsi doté d'un *quasi corpus*.

Nous avons donc parcouru le long chemin en allant de la nature au terme descriptif, puis de manière très typique, en passant par le concept pour aboutir à l'abstraction de la forme. Nous sommes partis de l'opinion pour aller au jugement et de là jusqu'au principe ; nous sommes allés de l'essai vers le système en essayant de produire un ordre construit, aux fins d'apporter cette conclusion que l'art dans ce système, peut avoir *l'apparence de la nature.*

Jugement de valeur

Après avoir retracé le cheminement de la pulsion créatrice, soutenir expressément la validité universelle du résultat de l'acte créateur ne peut apparaître que comme une conclusion logique de nos pensées. Celle-ci se fonde sur les principes parfaitement objectifs de la création même. Nous l'avons reconnu dans le fait de remonter du sujet psychique vers les faits fondamentaux de la conscience, puis de l'objet physique aux lois de son devenir. Nous l'avons identifié dans l'exigence d'harmonie et de totalité de tous les faits de la conscience ; puis dans l'exigence d'harmonie et de totalité des objets, affirmant le principe de la totale interpénétration et dissolution de la conscience dans les lois de la nature, et finalement dans l'apparence du monde des objets. Enfin surtout est-ce le déroulement homogène et conforme au dynamisme de la pulsion créatrice, tel qu'il est révélé dans la légalité de sa fonction, qui nous a conduit du monde réel au *quasi-corpus* de l'art.

On ne saurait trouver de principes plus objectifs pour fonder le monde scientifique, simplement pour la raison fondamentale que, dans la mesure où ils sont supposés valables, ils devraient contribuer à fonder le monde artistique en même temps que celui de la science. Nous avons vu en outre comment des lois propres et une logique propre règnent dans ce nouveau monde en le parachevant et le rapprochant de son but absolu. *La pulsion créatrice s'objective aussi complètement que possible quand elle crée un monde*, lequel, porteur d'une vie propre, vit en obéissant à ses fonctions propres. C'est dans cette objectivité que s'enracine l'universalité de l'œuvre ; car comment pourrait-on nier un monde vivant pour soi et remplissant sans faille ses propres fonctions ? Comment le pourrait-on, qui le pourrait ? Contre ce monde, toute forme de scepticisme est impuissante, ou bien il faudrait être sceptique à l'égard même de la pulsion créatrice. Ce qui ne peut qu'aboutir logiquement au quiétisme religieux, nous mettant complètement hors du monde de la création. Le fait que l'universalité de la mise en forme absolue soit rarement atteinte par la pulsion créatrice ne la discrédite en rien. Nous devons ici renvoyer aux degrés de la mise en forme qui hiérarchise les étapes. Nous croyons avoir exposé ici que l'art n'est pas une affaire de goût (comme nous en discutions au § 1), car il consiste en la formation d'une *totalité réelle, organique et nécessaire* : il s'agit, en la matière, d'une action gestaltique exercée sur une somme d'expériences vécues par des moyens et des matériaux spécifiques.

Une revendication découle alors nécessairement de l'*universalité* de la mise en forme absolue : il faut qu'une évaluation universelle de l'œuvre d'art soit possible. Si nous avons raison, la maxime de Kant est définitivement incorrecte. Bien que, comme le dit Hume, « les critiques sachent tous en apparence mieux disserter que les cuisiniers, ils en partagent toutefois le destin. Ils ne peuvent obtenir la raison qui déterminera leur jugement par la seule force des arguments, elle ne découle que de la réflexion du sujet sur son propre état (le plaisir ou son contraire), abstraction faite de tous préceptes et de toutes règles[1] ». Et, en effet, de tels fondements de preuve peuvent se trouver dans les principes de la mise en forme : le *degré de mise en forme* et le *spectre des expériences vécues* sont comme deux aspects de la même pulsion, deux unités de mesure complètement objectives. D'emblée, il va de soi pour nous que ces deux aspects résident dans l'œuvre elle-même, aussi pourrions-nous dire que l'œuvre qui a le plus de valeur est celle qui a la plus grande amplitude émotive et cognitive : celle qui fournit le plus grand approfondissement des expériences vécues dans la mise en forme absolue.

Pour évaluer une œuvre qui se dit artistique, il faudra donc avoir répondu à trois questions : 1/ celle de la situation de l'œuvre en rapport avec la mise en forme absolue – ce qui confère la valorisation [*Wertung*] *absolue*. 2/ Vient ensuite celle de savoir quelle position est adoptée relativement au degré de mise en forme dans sa propre définition – ce qui donne l'évaluation *relative*. 3/ Il y a enfin, la question de la position retenue par rapport à l'art en général. Cela constitue la valorisation minimale ou l'*évaluation seuil* de ce que l'art peut être. C'est un tel traitement méthodique appliqué aux affaires de l'art

1. E. Kant, *Critique de la faculté de juger*, trad. et intr. Alexis Philonenko, Paris, Vrin, coll. « Librairie philosophique », 1993, p. 175.

qui importe le plus de nos jours, et c'est aussi cette valorisation qui paraît la plus incertaine. Nos esthéticiens les plus renommés n'ont-ils pas été jusqu'à considérer la photographie comme un art ?

D'un point de vue psychologique, le processus de la prise de position évaluative ne s'épuisera pas vraiment dans la valorisation mise en œuvre selon ces principes objectifs[2]. Une évaluation d'intensité inconsciente précèdera plutôt cette évaluation qualitative consciente. Nous disons que nous trouvons une chose bonne ou mauvaise bien avant que les raisons soient parvenues à notre conscience. Il n'y a là nulle contradiction. Cet état de choses correspond plutôt de façon très heureuse avec, d'un côté, la percée représentée de la pulsion créatrice vers la dématérialisation, et de l'autre, le recours à la pure intensité de la contrainte créatrice intérieure. Un tel jugement, toutefois, nécessite un fondement concret, et nous savons quelle est la seule façon de le trouver.

Mais où est donc le sujet du goût qui peut prononcer un tel jugement de valeur pur, et de plus universel dans sa pureté ? Est-ce le contemplateur qui devant le tableau – oubliant tout ce qui l'entoure – ne jouirait que de lui-même ? Est-ce celui qui, en quête de contenu, d'anecdote ou

2. Dans le monde de l'être réel, la relation existant entre l'œuvre d'art et le contemplateur forme une tout autre échelle de valeur : celle de l'utilité. Ce qui ne signifie pas seulement pour moi l'utilité extérieure comme décoration d'un mur ou comme objet de vente, etc. ; mais aussi l'utilité intérieure, la capacité de déclencher une atmosphère, de provoquer une sensation de plaisir harmonieuse, et même de contribuer à l'éducation. Ici l'échelle de valeur n'est plus immanente, mais dépendante du rapport au monde dans lequel elle est utilisée.
Cette échelle d'utilité ne peut aboutir à aucun résultat du point de vue de l'évaluation absolue. Ici c'est la validité générale trans-subjective qui règne de manière tout à fait indépendante de l'individu qui porte un jugement, là c'est l'arbitraire subjectif. C'est pourquoi nous ne pouvons penser qu'un seul critère d'évaluation soit universellement valable, quoique des centaines de possibilités permettent de surmonter l'arbitraire sur le terrain du subjectivisme. Et comme le besoin d'évaluation vis-à-vis de l'art ne s'est jamais assouvi, l'esthétique psychologique a délivré à foison ses réponses (Müller-Freienfels, 1912 ; Meyer, 1901). L'autre voie qui consiste à prendre comme critère le degré d'universalité du jugement se révèle aussi impraticable que la tentative de partir du jugement individuel et subjectif pour aboutir à une échelle de valeur. Comme nous l'avons vu, ce n'est pas l'universel, l'être ou le concept qui donne le sens de la mise en forme absolue, et de la même façon le jugement proclamant le recours à l'homme universel n'est pas non plus un jugement d'évaluation universellement valable.

d'analogie avec la nature, cherche le symbole de l'invisible ? Est-ce le gourmand qui se repaît goulûment de la beauté d'une couleur comme d'un vin classé ? Ou sinon, est-ce le formaliste qui n'admire que les relations ? Parmi ces contemplateurs, quel est celui qui a été visé par l'artiste dans son acte créateur ? Du point de vue de la critique de la connaissance, ce ne peut être aucun d'entre eux : il ne pourrait s'agir que d'un sujet créé de toutes pièces, un sujet noétique idéal, qui sur le plan de la contemplation possèderait exactement les capacités qui étaient actives dans l'acte de création, pouvant se libérer de toute matérialité et comprendre à son tour ce qu'est la totalité. Ce contemplateur – en ressentant en écho le devenir de l'œuvre – s'interrogerait sur la visée interne qui a présidé à sa réalisation. C'est pourquoi la jouissance artistique varie selon chaque niveau de *Gestaltung* et, pour chaque contemplateur, elle sera à son paroxysme au niveau adéquat pour lui.

On ne peut nous faire grief de l'inexistence d'un tel contemplateur, puisque dans notre réflexion nous ne voulions pas constater quelque chose d'existant empiriquement, mais en exhiber le sens relationnel : ce qui importait était de montrer cette part du spectateur pour qui il est inhérent et nécessaire d'appréhender l'œuvre de cette façon. Pour l'art et pour l'artiste – en effet, où une profession et une vocation sont-elles plus proches que dans ce cas ? — cela ne produirait probablement (si l'on cherchait en vain l'avatar psychologique correspondant dans le public) qu'une discrépance douloureuse, comme un dualisme de plus, ainsi que nous en avons trouvé de multiples exemples sur la voie de la pulsion créatrice.

L'artiste qui est en butte à l'hostilité du monde social n'est-il pas en effet inadapté en tant qu'homme, étranger à tout sur cette terre ? À ses yeux, le monde est un spectacle, une non-réalité de maquette. Or c'est lui qui porte comme nul autre le fardeau de l'absolu, mis à l'index sur le bûcher ou sur la croix tel un mécréant ; c'est lui qui constitue le monde dans sa totalité, et se résigne à voir toutes les petites choses auxquelles son cœur est attaché lui échapper. Il est à la fois le plus acharné des travailleurs et le roi : prêtre et martyr, le plus fanatique chercheur de vérité et saltimbanque. Et, nonobstant ce faisceau grotesque de contrastes, l'homme créateur est bien le seul qui donne un sens à notre existence à l'intérieur de ce qui est fini, le seul qui nous libère à la fois du désespoir du scepticisme et du quiétisme religieux, et, de cette façon, le seul à rendre possible pour nous une existence véritablement humaine.

« Ils veulent nous faire croire que les beaux-arts sont nés de la tendance, qui supposément nous animerait, à embellir les objets de notre environnement. Il n'en est rien. Car le sens dans lequel cela pourrait être vrai découle de la manière dont le bourgeois et l'artisan emploient les mots, mais non pas les philosophes.

« L'art est déjà créateur longtemps avant qu'il ne devienne beau, et pourtant cet art-là est vrai et grand, souvent même plus vrai et plus grand que le bel art lui-même. Car la nature créatrice de l'homme se montre agissante dès que son existence matérielle est assurée. [...]

« Cet art caractéristique est le seul art véritable. Lorsqu'il agit à travers un sentiment intime, uni, personnel et autonome, ne tenant aucun compte de ce qui lui est étranger, l'ignorant même, il constitue un art vivant et formant une totalité ; peu importe qu'il soit né d'une âpre sauvagerie ou d'une sensibilité cultivée. Lorsque ces conditions sont réunies on découvre des échelons innombrables chez les nations comme chez les individus isolés. Plus l'âme s'élève au sentiment des harmonies qui seules sont belles, qui existent de toute éternité, dont on peut certes démontrer les accords principaux mais dont les secrets, au milieu desquels seule la vie divine du génie se love en des mélodies bienheureuses, ne peuvent qu'être ressentis ; plus cette beauté pénètre l'essence même de l'esprit, de sorte qu'on dirait que les deux sont nés ensemble et qu'elle seule peut le satisfaire, alors que lui n'agit que par elle ; plus l'artiste est heureux et munificent – plus nous nous inclinons devant lui et adorons celui qui est béni par le Seigneur[3] ».

3. J. W. Gœthe, *Écrits sur l'architecture allemande*, in *Écrits sur l'art*, Intr. Tzvetan Todorov, trad. et notes Jean-Marie Schaeffer, Paris, Klincksieck, 1996, p. 84-85.

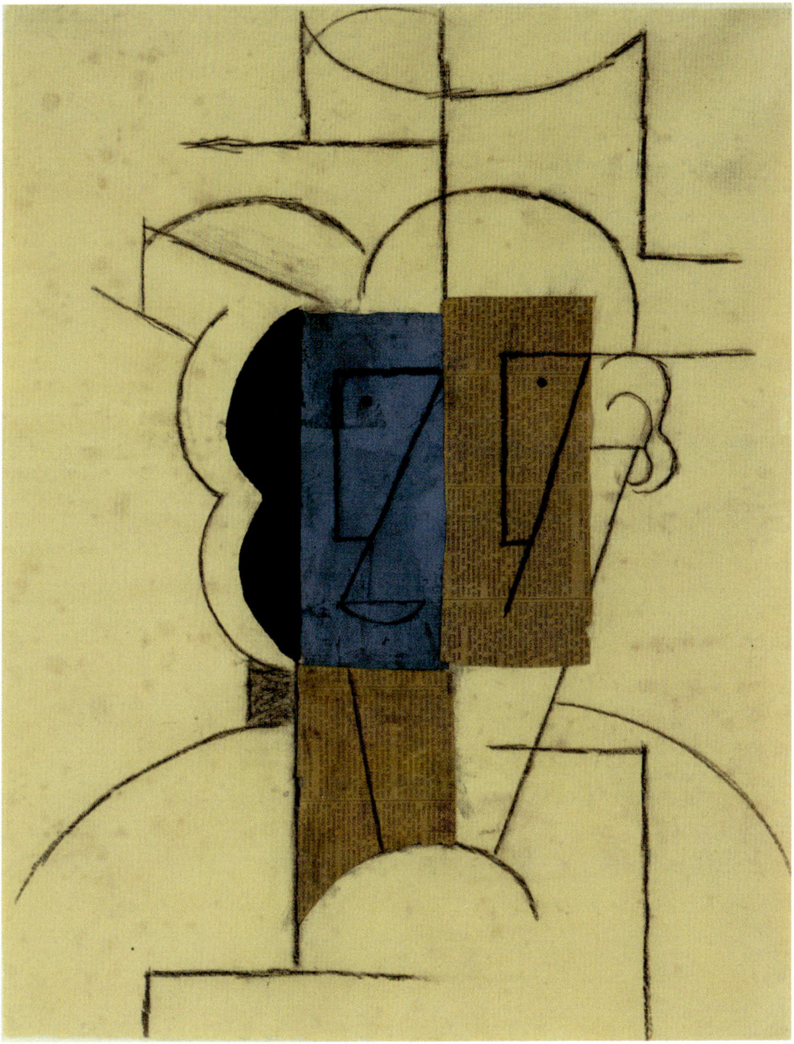

1. Pablo Picasso, *Homme au chapeau*, 1912, Papiers coupés et collés, encre et charbon de bois sur papier, 62,2 × 47,3 cm. New York, The Museum of Modern Art.

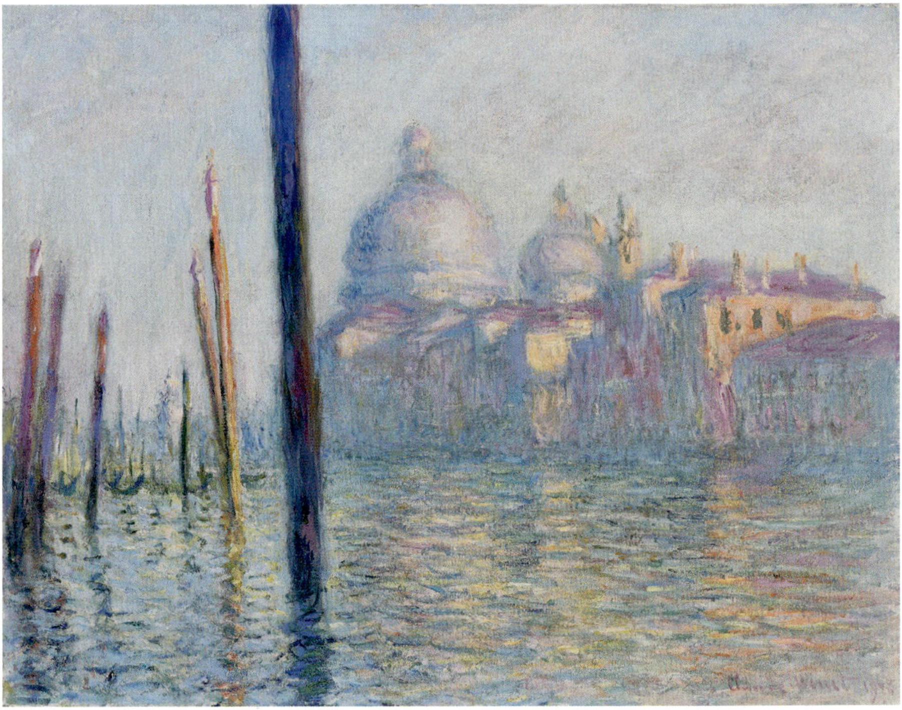

2. Claude Monet, *Le grand canal, Venise*, 1908, huile sur toile, 73,7 × 92,4 cm. Boston, Museum of Fine Arts Boston.

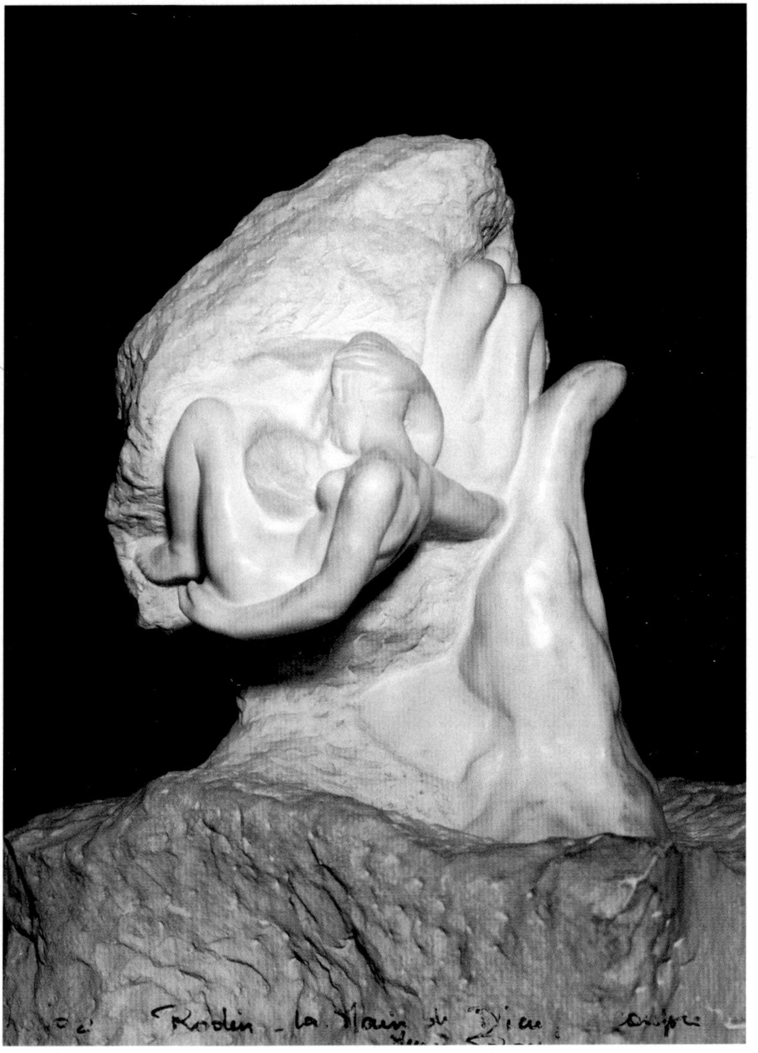

3. Auguste Rodin, *La main de dieu ou la création. Le couple*, 1902, marbre. Paris, musée Rodin.

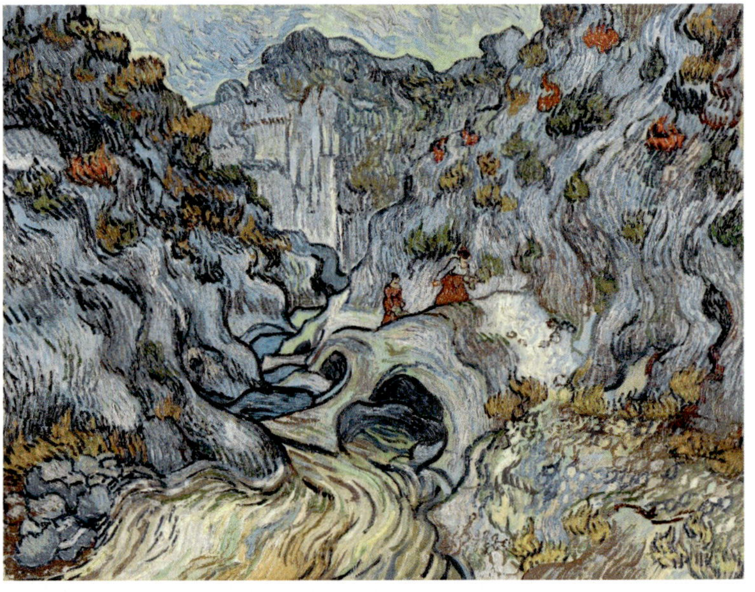

4. Vincent Van Gogh, *Le ravin des Peyroulets*, 1889, huile sur toile, 72 × 92 cm. Otterlo, Rijksmuseum Kroller-Muller.

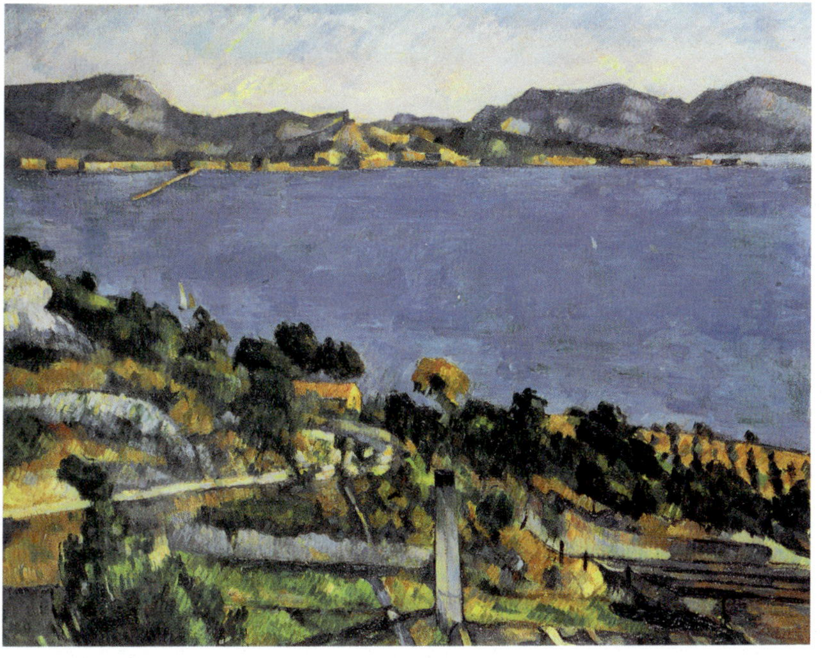

5. Paul Cézanne, *Le golfe de Marseille vu de L'Estaque*, c. 1878-79, huile sur toile, 59,5 × 73 cm. Paris, musée d'Orsay.

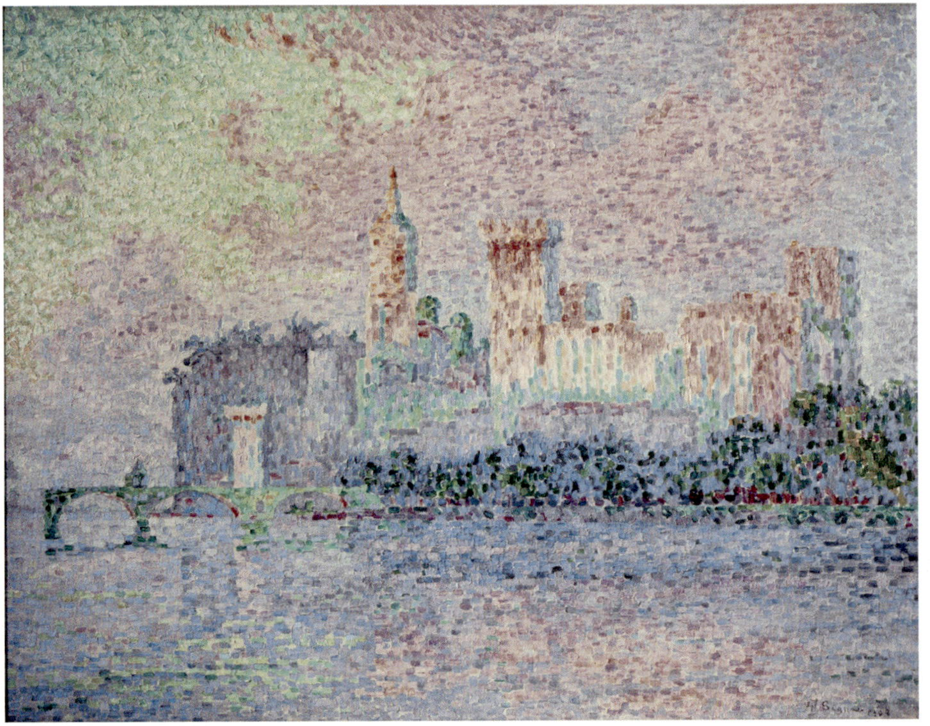

6. Paul Signac, *Le château des Papes à Avignon*, 1909, huile sur toile, 73,5 × 92,5 cm. Paris, musée d'Orsay.

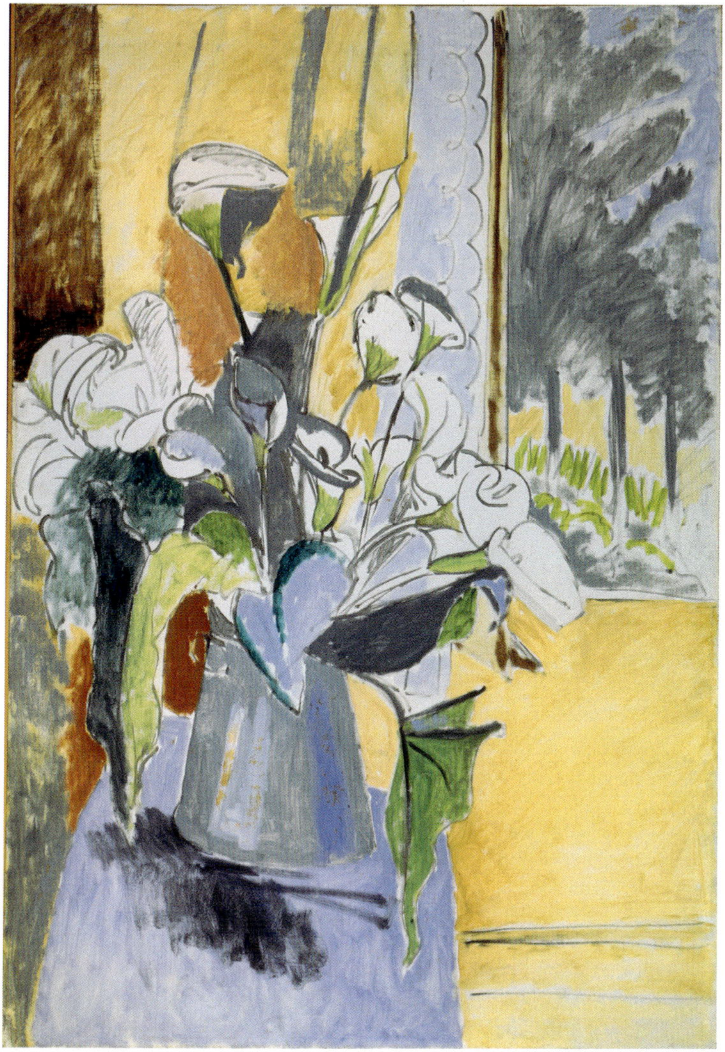

7. Henri Matisse, *Bouquet de fleurs sur la véranda*, c. 1912, huile sur toile, 146 × 97 cm. Saint-Pétersbourg, musée de l'Ermitage.

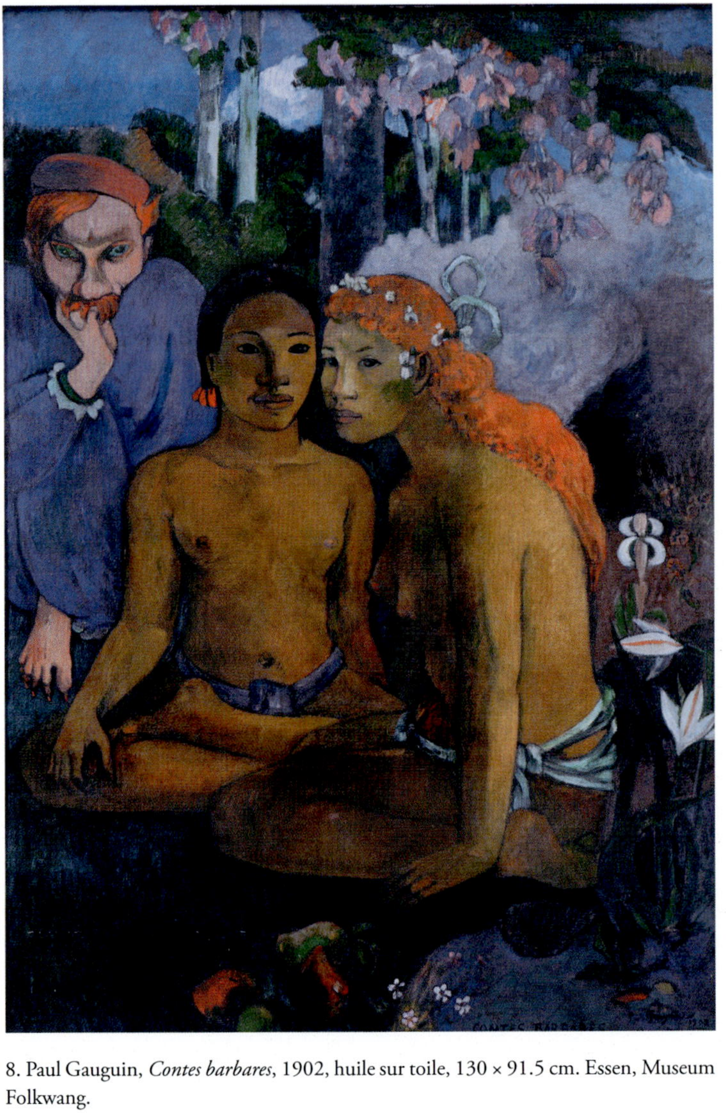

8. Paul Gauguin, *Contes barbares*, 1902, huile sur toile, 130 × 91.5 cm. Essen, Museum Folkwang.

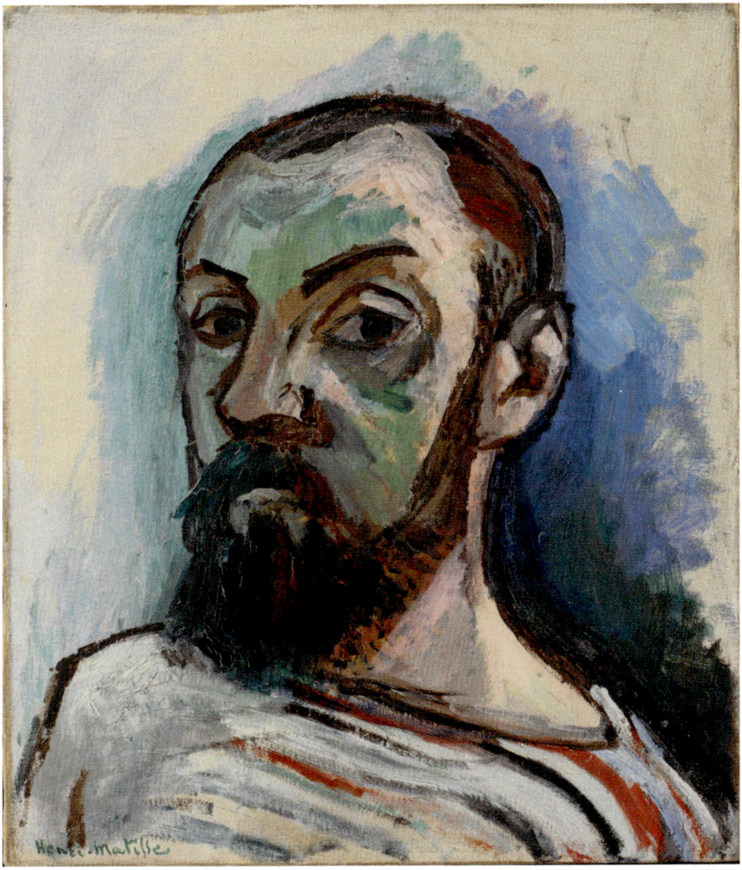

9. Henri Matisse, *Autoportrait*, 1906, huile sur toile, 55 × 46 cm. Copenhague, Statens Museum for Kunst.

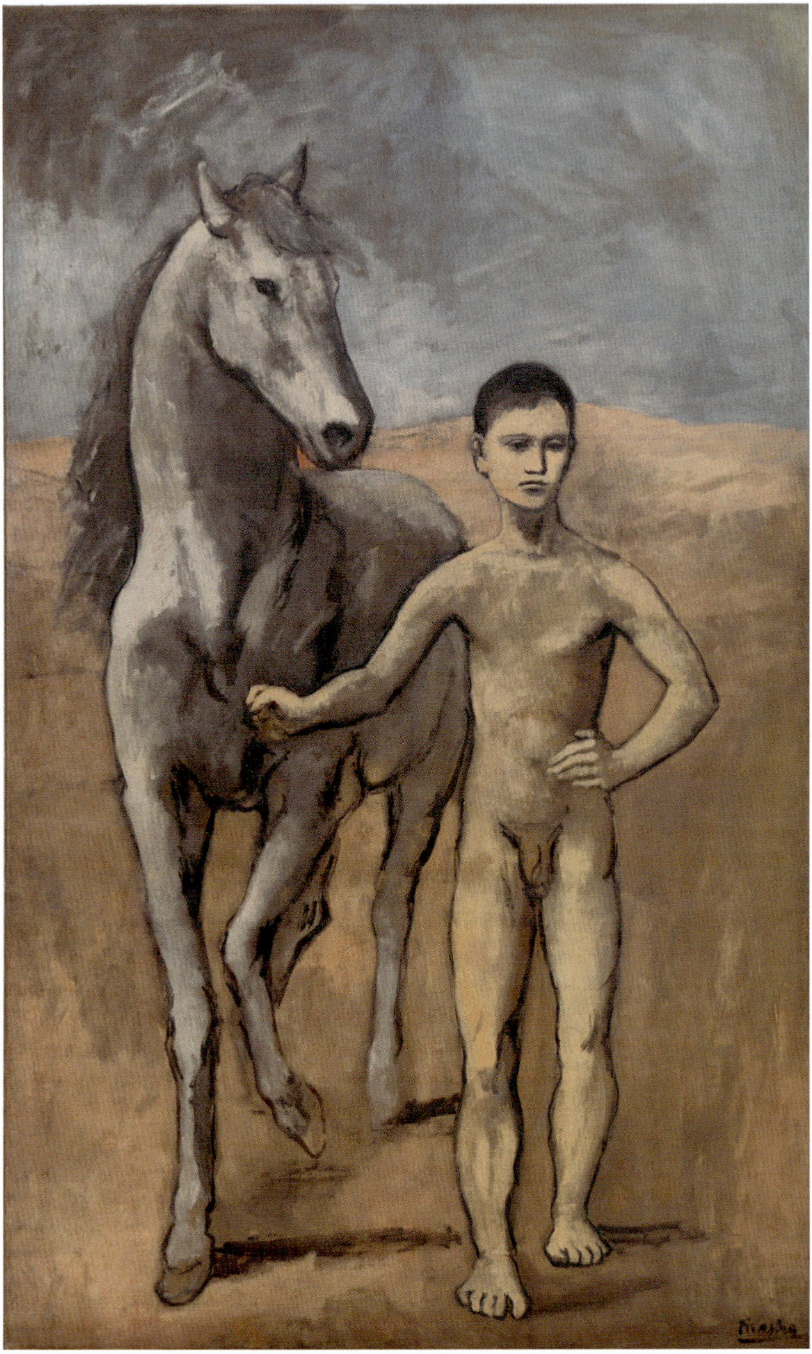

10. Pablo Picasso, *Meneur de cheval nu*, 1905-1906, huile sur toile, 220,6 × 131,2 cm. New York, The Museum of Modern Art.

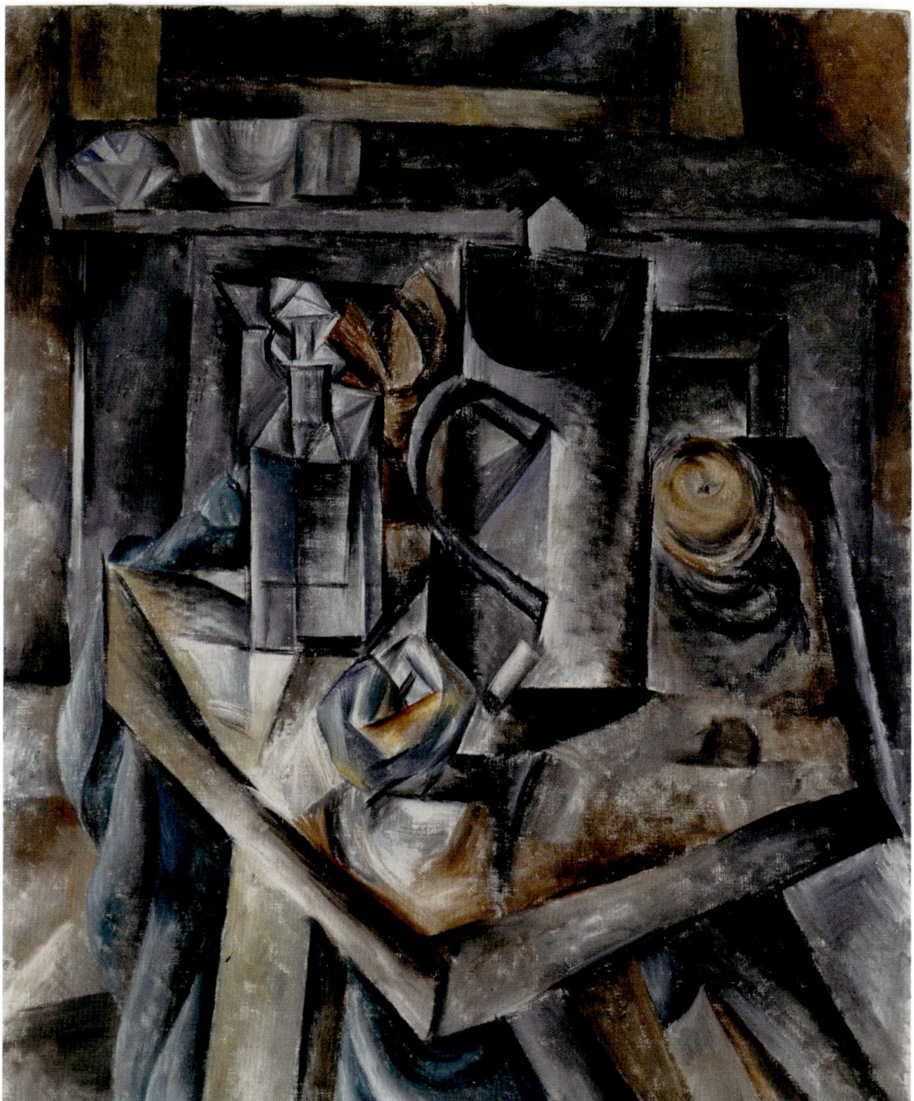

11. Pablo Picasso, *Le Boc*, 1909, huile sur toile, 81 × 65,5 cm. Lille Métropole, Musée d'art moderne, d'art contemporain et d'art brut.

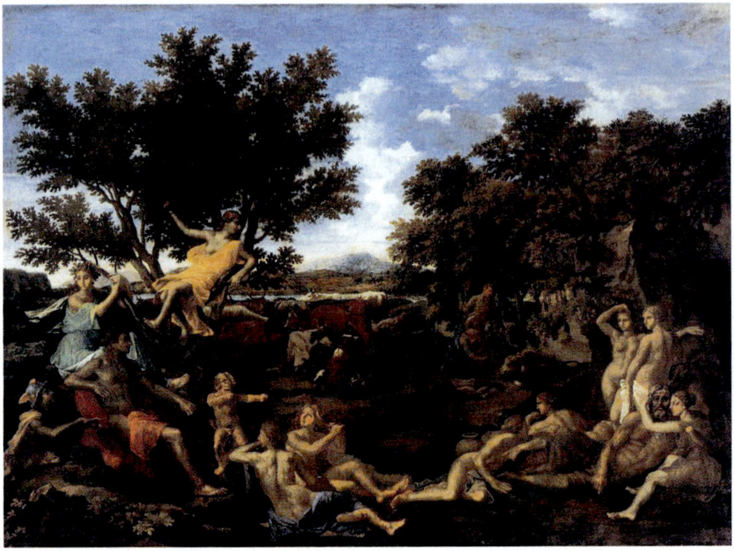

12. Nicolas Poussin, *Apollon amoureux de Daphné*, c. 1664, huile sur toile, 155 × 200 cm. Paris, musée du Louvre.

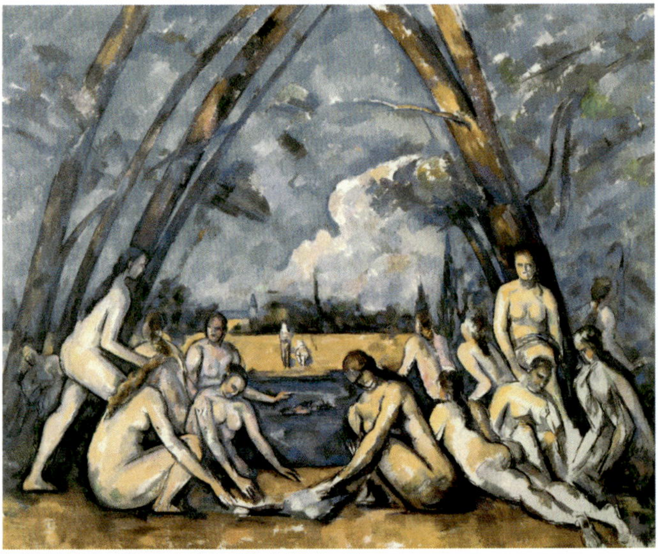

13. Paul Cézanne, *Les grandes baigneuses*, 1900-1906, huile sur toile, 210,5 × 250,8 cm. Philadelphie, Philadelphia Museum of Art.

Seconde partie pratique

La mutation de la peinture moderne

Chapitre 1
La conquête du nouveau sentiment de la vie

L'art n'est rien d'autre que l'étude de la nature ; nous n'inventons rien, nous ne créons rien de nouveau.

Auguste Rodin

Il faut observer, ni de trop près, ni de trop loin. On brouille la vue de l'œil, que ce soit en prenant l'objet trop près des yeux ou en le tenant hors de portée de la vue. Ce n'est pas parce quelque chose est éphémère qu'on peut en tirer la conclusion qu'il n'est rien. Tout est éphémère, mais l'éphémère est parfois divin.

Ernest Renan

L'impressionnisme

> *L'impressionnisme n'est pas une tendance,*
> *mais bien plutôt une vision du monde.*
>
> Max Liebermann

Depuis que Copernic a réfuté la croyance en la position centrale de la Terre – le géocentrisme – et a fait d'elle une partie d'un système dotée d'un mouvement déterminé, la science physique n'a cessé de travailler dans cette direction. Au cours de son évolution, elle est parvenue à priver également l'homme lui-même de sa position centrale, en minant le caractère nommément anthropocentrique de son sentiment de la vie, jusqu'à lui faire prendre conscience qu'il n'était qu'un maillon déterminé d'une chaine bien agencée sur l'ordonnancement de laquelle ses possibilités d'intervention étaient fort restreintes. De manière concomitante, la Révolution et ses conséquences ont détruit la construction hiérarchisée de l'ordre social, laissant cet homme comme isolé, livré à son sort. Avec ses trois critiques, Kant a néanmoins attribué à cette humanité dégradée et élargie la responsabilité de l'ensemble du monde : du monde intellectuel, moral et esthétique. Ses principes ont dominé le monde de l'Europe occidentale avec une tyrannie démesurée, grandiloquente et pour ainsi dire napoléonienne.

Mais le subjectivisme a immédiatement opposé une forte réaction à cette tension idéaliste extrême. Tandis que la métaphysique et la psychologie un siècle durant avaient travaillé à saper l'unité de l'homme, le dissolvant sous l'empire d'une loi impersonnelle, ce subjectivisme est toutefois parvenu à intégrer cet homme lui-même – non seulement en tant qu'être physique, mais aussi comme entité spirituelle – bien qu'il fût desséché, décortiqué et dépourvu de toute force créatrice propre, dans la grande structure d'une légalité supérieure. La vision du monde des trois dernières décennies du siècle précédent (vision que l'on a qualifiée d'impressionniste[1] et dont nous voulons analyser l'expression en peinture) représente pour ainsi dire une phase ultime de ce processus.

On se propose ici de suivre ce processus par étapes. Car, en toute logique, révéler par le menu l'évolution historique d'une pensée ou la forme d'un style ne saurait aboutir qu'à une régression, à son tour infinie, et nous conduirait inévitablement à des considérations métaphysiques. En outre, la tâche principale de cette partie pratique doit être de montrer comment, à partir de la vision du monde impressionniste, des germes nouveaux se sont développés ayant conduit peu à peu à une autre vision, ce qui confirme cette loi fondamentale de la vie selon laquelle le début et la fin d'un processus sont intimement mêlés l'un à l'autre.

De l'impressionnisme, nous nous contenterons donc d'une présentation la plus complète possible de son essence. Nous croyons toutefois que nous ne pouvons saisir cette dernière autrement qu'en nous interrogeant sur les formes de son déploiement, c'est-à-dire en prenant pour guide nos déductions théoriques. Il nous importe par conséquent de suivre le chemin parcouru à l'âge impressionniste en vue de créer un monde et de l'exprimer en peinture, d'examiner comment – en réagissant à des faits prétendument donnés – l'être humain a créé et représenté leur existence homogène. Il s'agira moins dans un premier temps de s'interroger sur les contenus de ce processus de création que de se concentrer sur ses organes et la façon dont ils fonctionnent. Tout en établissant leur caractère typique, soit leur validité pour toutes les manifestations de la vie, de la science et de l'art, il sera plus aisé de constater leur lien étroit avec le degré de mise en forme. Une telle observation de la fonction de la pulsion créatrice, loin de la présenter dans son déroulement psychique temporel, assurera à cette présentation une unité sur le plan méthodique qui nous fera pressentir l'entrelacement étonnant de toutes les fonctions humaines dans l'acte créateur, comme il pourrait se voir dans un miroir sans tain.

1. Richard Hamann, *Der Impressionismus in Leben und Kunst*, Cologne, éd. Dumont-Schaubergschen, 1907. Ce livre est à la base de l'exposé qui va suivre, en particulier la façon de traiter l'impressionnisme non comme style, mais comme vision du monde et comme conception de la vie, que Hamann toutefois ne limite pas à la fin du XIXe siècle [note de K. Binder].

L'organe avec lequel l'impressionniste s'est créé son monde était double et contradictoire : l'organe sensoriel qui analyse, atomise et qui est englué dans le matériel et le concret, et d'autre part l'intuition qui débouche sur le Tout et requiert l'homme tout entier. Comme peintre, l'artiste part de l'œil, il s'accroche à l'objet, et plein d'étonnement, ce sens visuel se met pour ainsi dire à s'éveiller, tandis qu'il prend conscience d'un monde nouveau. Oui, les sauces brunes de l'Académie – c'était la mort. Mais l'ombre bleutée sur la neige, le ciel vert du couchant, les reflets colorés, le jeu de lumière sur la robe d'une femme – c'était la vie ; la vie à laquelle il fallait aspirer avidement, la vie pleine de richesses insoupçonnées.

On vit – et dans la plénitude de son contenu, chaque acte du voir devint apparemment un monde. Telle était la réalité ; telle la vérité. Plus on isolait l'acte de voir et plus on le restreignait à la pure perception, plus grande était l'expérience pure, la certitude immédiate, la réalité de l'objet. Qu'il y eût un monde derrière ce qui était vu, une essence derrière le phénomène – un tel scepticisme n'était que plate métaphysique, élucubrations de gens manquant tout à fait de sens pratique et dépourvus de vertu biologique, des gens qui ne pouvaient rien voir. « La nature (aurait dit Rodin) [...], je sais maintenant l'admirer, et je la trouve si parfaite que si le bon Dieu m'appelait à lui et me demandait ce qu'on peut améliorer chez elle, je répondrais que tout est bien et qu'il ne faut rien changer[2]. » Ces facultés et ces possibilités de mise en forme créatrice ne se sont-elles pas accrues au fur et à mesure que ce nouvel organe de la connaissance s'aiguisait, se nuançait et devenait plus réceptif aux impressions ? « La sensibilité de chacun, c'est son génie[3] », soutient de son côté Baudelaire.

Mais que contenait donc cette perception ? Pas la réalité de l'objet. Le simple fait que dans la masse des organes, le toucher et le sentiment statique y sont absents (c'est-à-dire les deux sens qui statuent sur la concrétude de l'objet) nous contraint à une mise à l'épreuve de cette idée. La réalité n'était pas attribuée à la chose isolée, mais au contenu de conscience, à la sensation, comprise comme un point d'intersection entre l'esprit et la matière[4]. Or le sujet – qui d'un point de vue gnoséologique est toujours indispensable

2. Judith CLADEL, *Rodin. L'homme et l'œuvre*, Bruxelles, G. von Oest & Cie, 1908, p. 58.
3. Charles BAUDELAIRE, *Journaux intimes (posthumes), Fusées*, Arvensa, 2014, p. 16.
4. Raphael fait référence aux écrits de Bergson parus en allemand jusqu'en 1912 ; à propos de la critique de Kroner par Bergson en 1910 [note de Klaus Binder].

pour saisir l'objet[5] – n'est plus ici la conscience en général, mais le sujet psychique : ce n'était pas le sujet qui prend position, comme nous l'avons vu plus haut, lequel est doué de la faculté d'un savoir *a priori*, mais le sujet réceptif du contemplateur, en cela qu'il est lié à l'objet de sa contemplation, et ceci dans sa forme la plus individuelle.

C'est ainsi qu'une image du monde tout entière fut projetée sur une base absolument différente de l'entière théorie de la connaissance qui prévalait jusque-là : sur le plan même du psychologisme. Le sujet et l'objet ne se faisaient plus face l'un à l'autre comme des entités concurrentes qui devaient s'unir jusque dans leurs plus profondes racines dans l'acte de la création. La raison n'était plus de sensibiliser dans ses dernières conséquences le conflit qui les opposait ; désormais, ils passaient pour ne faire qu'un dans une relation d'immanence réciproque. C'est pourquoi, d'un autre côté, tout ce qui ne pouvait devenir contenu de conscience ne devait pas nécessairement posséder une réalité effective, pas même la chose en soi, ou la conscience, et, par voie de conséquence, rien même de ce qui allait au-delà de l'acte de perception isolé. Mach en a tiré une leçon magistrale.

Le Moi qui lie la diversité des représentations et crée leur unité, Mach en fait une fiction insignifiante. « Ce qui est primaire, ce n'est pas le Moi, ce sont les éléments qui constituent le Moi[6]. » L'expérience pure, la valeur d'expérience d'Avenarius[7] signifiait donc une restriction de ce que le Moi avait vécu, un renfermement du Moi en soi-même, dans son propre monde, en sorte qu'un élargissement éventuel n'était possible que par une scission. La réflexion du Moi sur le Moi donna un Moi-complexe (qui n'est plus un centre unitaire), donc une série infinie de situations qui, une fois de plus, caractérise nettement la position du Moi impressionniste comme celle d'un moi passif et observant.

Ainsi la concentration sur le *seul* organe du voir conduisit-elle les artistes impressionnistes à un démantèlement complet du monde avec ses concepts

5. Concernant les réflexions qui suivent voir Wilhelm Dilthey, *Beiträge zur Lösung der Frage vom Ursprung unseres Glaubens an die Realität der Außenwelt und seinem Recht In: Sitzungsberichte der Preuß. Akademie d. Wissenschaft*, Berlin, 1890, II, p. 977 *sq.* ; Heinrich Rickert, *Der Gegenstand der Erkenntnis. Ein Beitrag zum Problem der Philosophie der Transzendenz*, Fribourg, éd. C. A. Wagner, 1892.
6. Ernst Mach, *Analyse des sensations*, *op. cit.*, p. 25.
7. Richard Avenarius, *Kritik der reinen Erfahrung*, Leipzig, éd. Fuess, 1888.

constitutifs (comme ceux du corps et du Moi), à l'individualisation de l'acte de voir singulier, qui ne contenait que la donnée unique chaque fois psychologique et particulière, et finalement à la reconnaissance de celle-ci comme « vérité ». En conséquence, ce qui est vu s'oppose à ce qui est non vu, et ne s'oppose plus à ce qui est vu de façon juste ou fausse.

Pourtant déjà, l'organe unique va bien au-delà de sa fonction d'éparpillement, en complétant son activité à l'aide des autres organes sensoriels, et il s'unit à eux en une nouvelle unité. C'étaient avant tout les sens prétendument inférieurs qui s'unissaient à l'œil en une grande fête jubilatoire faisant pénétrer dans les secrets les plus profonds de l'existence. On les mélangeait, on parlait d'audition colorée ; Baudelaire écrivit son fameux hymne :

Comme de longs échos qui de loin se confondent
Dans une ténébreuse et profonde unité,
Vaste comme la nuit et comme la clarté,
Les parfums, les couleurs et les sons se répondent[8]

L'unité des sens fut alors érigée en exigence : l'homme tout entier avec ses sentiments, sa volonté, sa pensée devait participer à la création de la réalité. Et Bergson créa pour cet homme-là un organe unitaire : l'intuition[9]. Elle constitue le pôle opposé à l'œil qui analyse (à l'intellect). En effet, avant toute activité consciente de l'intellect, ayant nécessairement pour effet d'isoler et de séparer, elle immerge pour ainsi dire l'homme tout entier dans le Tout pris comme un tout, en le ramenant à ses sources primitives. Cette dualité contrariante, ce balancement entre deux pôles, celui de l'œil au repos qui analyse et celui l'intuition conduisant l'homme tout entier dans l'Absolu, montre clairement que la masse des organes n'était ni structurée ni homogène, parce qu'elle niait les racines les plus profondes du sujet.

Mais alors, quelle était cette Totalité mise en lumière, révélée par l'intuition sous la sensation émiettée, et qui dans son éparpillement sensitif était justement magnifiée ? Une unité qui n'avait pas trouvé place dans l'homme devait nécessairement être supra-empirique, métaphysique. C'était l'unité de la loi, l'unité de la destinée, celle du cosmos. C'était l'univers

8. Charles BAUDELAIRE, *Correspondance*, *Les Fleurs du Mal*, Paris, Michel Lévy Frères, 1868, p. 92.
9. Henri BERGSON, *Introduction à la métaphysique*, 1907; Richard Kroner, « Henri Bergson », in *Logos. Internationale Zeitschrift für Philosophie der Kultur*, t. I, cahier 1, p. 125-150.

comme mouvement. L'Absolu prenant la forme unitaire d'un flux, qui, en se déversant en un mouvement ininterrompu, non seulement emportait avec lui tous les concepts rigides, toute substance, mais déterminait et constituait à partir de lui-même chaque chose de la réalité. Cet Absolu n'est autre que le fleuve éternel, le grand mouvement qui va de l'amibe jusqu'à l'homme et au surhomme, de la matière à l'esprit ; destinée dans laquelle chacun était non seulement jeté, mais aussi à partir de laquelle il était fait. « L'homme est le produit du soleil », comme a dit Gustave Geoffroy.

Ce flux continu, ce temps devenu absolu contenait une force créatrice, et l'individu était son produit. Du fait de cette immanence, on pouvait à rebours « trouver dans chaque détail de la vie la totalité de sa signification[10] ». Et c'est ainsi que s'établit ce rapport entre l'homme (et l'objet en général) et une loi impersonnelle : par le nivellement de toutes les capacités créatrices spirituelles, les facteurs autrefois considérés comme influents sont devenus relatifs au regard de cette loi. C'est ici que repose le sens de ce combat contre la volonté, contre la conscience et la transcendance du sujet et de l'objet ; c'est là que nous reconnaissons la racine des romans de Flaubert, l'esthétique de Taine et la philosophie de Mach, en même temps que la naissance de la peinture impressionniste. Après une émancipation radicale de tout savoir préalable concernant le monde physique, après l'élimination de concepts de représentation figés et des vieilles habitudes, la reconnaissance d'une telle loi pour la peinture impressionniste signifie la dissolution de l'objet dans l'atmosphère, qu'il s'agisse de sa forme close ou de sa signification propre. Il se produit alors un dépassement de tous les concepts matériels dans la seule relation à la lumière (tels ceux de la couleur locale, de la ligne, de la forme tridimensionnelle) ; l'accentuation se porte sur l'apparition et l'effacement de l'arrière-plan ; l'espace est éliminé comme catégorie intuitive. La couleur, la forme, la configuration deviennent sensation, se muent en une manifestation phénoménale de la loi telle que nous l'avons décrite dans son unicité absolue ; aussi la perception nous la transmet-elle dans toute sa signification et son essence.

Cet acte de perception pure avait non seulement des unités fluides articulées en une fonction particularisée, mais proposait un type particulier de position prise à l'égard du monde. Avant tout, ce qui est remarquable

10. Georg Simmel, *Philosophie de l'argent*, Paris, PUF, 1988, p. 85-86.

consiste dans le fait qu'il était davantage réactif plutôt qu'actif, qu'il s'agissait d'un mouvement de réponse plutôt que d'une initiative propre. En tant que réaction, il signifiait un abandon passif aux objets, une disposition féminine éperdue à être fécondée, une immersion dans le réel ; et, en même temps, une réaction rapide, immédiate à la fécondation, une réponse immédiate à cette impression, sans que n'intervienne le souvenir de quelque chose de passé, sans que ne la perturbe une association avec quelque chose de semblable ou de contradictoire.

C'est de cette fixation de la fugacité du regard que résulte la méthode de travail impressionniste.

> « Monet commence à peindre par exemple un paysage au lever du soleil dans la brume matinale et fixe sur la toile les reflets caractéristiques que le soleil levant y projette. Et, comme il peint exclusivement ce qu'il a vraiment devant les yeux, il ne peut évidemment peindre qu'un temps limité sur le tableau ; il doit le ranger dès que le soleil monte plus haut et perce les brumes matinales, et il ne peut l'achever que lorsque la même ambiance atmosphérique réapparaît... Il s'est avéré qu'il est beaucoup plus facile de peindre différents motifs dans des conditions éphémères que de répéter le même thème et de le faire varier selon les influences extérieures. Saisir au vol les transformations, les rendre de façon vivante sur le tableau semble être un processus d'une extrême finesse de sentiment qui requiert une conception tout à fait exceptionnelle et une attention extrême. Pour peindre de tels paysages, on doit faire complètement abstraction de l'objet. On doit parvenir à dégager l'atmosphère du fond immobile de la scène à représenter, et ce dans une succession rapide, car il peut arriver que les différents effets que l'on peut saisir de leur apparition fugace s'entremêlent et deviennent facilement flous, quand les yeux ne les saisissent pas au bon moment[11]. »

Nous pouvons maintenant revenir brièvement sur la manière de déterminer le contenu de la sensation impressionniste – en lui-même objet de la mise en forme [*Gestaltung*], ainsi qu'il ressort de notre analyse. Pour les nécessités de l'exposé, nous serons certes fortement contraints de briser l'unité psycho-physique caractérisée plus haut, mais, pour autant, nous ne trouverons pas d'autres moments constitutifs du contenu que ceux qui sont fondés dans la tension des organes créateurs et dans le rapport mutuel entre le côté physique et psychique.

11. Théodore DURET, *Histoire des peintres impressionnistes*, Paris, H. Floury, 1906, p. 52 et p. 57-58.

Il est tout d'abord caractéristique que le facteur proprement objectuel du contenu [*das gegenständliche Moment des Inhalts*] : ce qui relève de la nature pure l'emporte sur le côté moral, et même l'anéantit. Un nivellement complet du contenu (associé à un élargissement du domaine matériel) s'opère à un niveau médiocre, insignifiant, futile. Voilà l'impressionnisme : c'est un nivellement non seulement de la matière – ne va-t-on pas prendre pour motifs des têtes de choux et tout dégrader au rang de nature morte, mais c'est surtout le contenu qui se trouve anéanti. Pour illustrer cela, je ne pourrais trouver de symbole plus clair que le modelé des bustes de Rodin : il s'interrompt habituellement au-dessus des yeux fortement soulignés, alors que le traitement du front est indifféremment lisse. Entre la grande idée et la complète banalité du réel, on a su trouver un stade intermédiaire. Dans le monde des objets, au lieu de s'intéresser aux lois de leur devenir, on peignit le fait qu'ils se fusionnent ou se fondent entre eux. Le ciel, la terre, l'eau se diluent en un seul élément et, selon Camille Lemonnier, Rodin lui-même « semble avoir participé au cycle de la métamorphose ».

L'unité totale intégrée du monde ainsi créé par cette articulation a fait distinguer de nouvelles étapes, de nouvelles transitions entre les concepts. Dans ces étapes intermédiaires, l'impressionniste trouva une matière nouvelle et inhabituelle qui lui avait résisté, puis qui avait perdu tout intérêt, après que se fut estompée l'excitation créée par la découverte de nouveaux modes de vision. Au lieu de peindre le concret et le chosique, on peignit l'illusion de la surface, la peau des choses. C'est sur elle qu'a lieu le jeu, le tressaillement de la lumière. Les choses ne représentent « rien de réel, elles sont seulement les supports expressifs du réel, ou des valeurs – elles tiennent lieu de ce qui est effectif[12] ». Tout ce qui était la charpente, et qui valait en tant que tel comme vecteur d'expression du spirituel, a été banni ; on s'en est tenu à ce qui est accidentel, à ce qui est matériel et inerte, ce qui amoindrit la résistance du réel, accroît la possibilité de l'arbitraire, et désarme la tendance de l'œuvre à toute animation. On a dédaigné l'assiette foncière de l'objet, fixée par ses qualités sensorielles. Celles-ci sont abolies dans leur nature physique et métamorphosées en qualités physiologiques : la chaleur, le froid du gel, l'odeur, la sensation de vent.

12. Camille Mauclair, *L'Impressionnisme. Son histoire, son esthétique, ses maîtres*, Paris, Librairie de l'art ancien et moderne, 1904.

La même sagesse d'esthète s'exprime nécessairement dans le contenu psychique : au lieu de la puissance d'expression, on privilégie l'excitation des sentiments abâtardis[13] ; au lieu de l'intellect et de la richesse de l'esprit, on préfère le bon mot ; au lieu de la volonté, on préfère l'abandon indolent et délicat du spectateur à une impression. C'est pourquoi aucun impressionniste, malgré la grande faculté d'endurer la souffrance qui caractérise surtout Rodin, n'est parvenu à dépasser la tristesse pour aboutir au tragique. De manière générale, tous les sentiments sont absents qui dérivent exclusivement du dualisme entre le sujet et l'objet et de l'exigence d'une unité à créer, tels le *pathos* et le sublime. Mais il manque aussi cette multiplicité de relations qui renvoient le Moi individuel à des contextes plus larges où il s'inscrit : le religieux et le social.

L'impressionniste est un panthéiste. En cherchant à connaître la loi qui a formé l'existence individuelle, il est en adoration devant chacune de ses formes d'apparition, mais il ne peut les sauver de leur inanité. On laisse cette apparition, ce phénomène, dans l'état de funeste solitude où il a été créé, et on l'enveloppe par un semblant d'articité [*Artistentum*]. Ce ne sont plus que des sédiments isolés et finis, mais en rien ils ne sont des supports assurés et éternels de l'absolu. Pourtant, là où une rédemption pourrait être exhibée (sauvant ces objets de leur apparition), perce une nostalgie envers cette rédemption plutôt qu'une rédemption authentique. Ces créations fermées sur elles-mêmes renvoient certes au-delà du monde trivial, tout droit à l'absolu. Mais elles n'ont jamais rien connu du monde, et par exemple le social n'a jamais trouvé de place dans ces créations. Le social n'y est apparu que comme l'élément asservissant et contraignant ; c'est ainsi qu'on ne voulait pas qu'un second Moi (un Toi) soit capable de ressentir quelque chose : et, si cela se produisait, on se vengeait par la représentation de ce qui est déterminé, aliéné dans sa solitude ; que ce soit en soulignant le manque de liberté de la volonté ; ou par l'ironie et la plaisanterie.

On se retira par conséquent – entouré tout au plus du « groupe » de ses fidèles – dans la tour d'ivoire de l'artiste, sans sentir que cette distance bourgeoise et aristocratique de l'esthète formait un contraste flagrant par rapport à la complète stupidité de sa conception du monde. Nietzsche et Wagner étaient d'accord dans leur haine de l'État. « Là où l'État cesse,

13. *Prickelnde Mischgefühle* : terme utilisé par Richard Baerwald dans *Psychologische Faktoren des modernen Zeitgeistes*, Leipzig, éd. J. A. Barth, 1907.

l'homme commence, ce qui n'est pas superficiel : là commence la chanson de ce qui est nécessaire, de manière unique et irremplaçable. Là où l'État cesse – dressez-vous, mes frères. Ne les voyez-vous pas, l'arc-en-ciel et les têtes de pont qui mènent au surhomme[14] ? »

Aussi la sensation de l'existence impressionniste manquait-elle de réflexion ; elle se fondait dans la collusion d'un état momentané de l'existence réelle avec le sentiment psychique que cet état procure. Or, il ne faut nullement attribuer à ce fondement[15] une force créatrice. Elle est la base sur laquelle l'acte de création s'exerce ; elle subit une transformation dans l'acte créateur. L'artiste dépend d'elle dans la mesure où elle est engendrée par lui. Par ailleurs, il peut agir avec elle à sa guise, selon ses forces. Il s'agit d'abord de fusionner les parties qui la composent, de leur donner un contenu et de créer une expression en accord avec leur expression phénoménale. Historiquement, la progression se fit pas à pas. Les étapes principales de ce procès, on pourrait les retrouver à la base de chaque création particulière d'un maître ayant atteint la maturité.

Dans un premier temps, il n'y a pas d'unité entre le contenu psychique, la forme incorporée de l'objet et le matériau. L'expression de la spiritualité n'a pas encore contraint la forme substantielle [*die stoffliche Form*] à entrer dans une unité avec elle, en sorte que cette expression spirituelle ait une vie matérielle propre qui s'imprime, qui s'impose et s'extirpe de la forme phénoménale du seul matériau [*Erscheinungsform im Material*]. Ce matériau n'a d'ailleurs de signification que parce qu'il n'exprime pas encore la valeur substantielle de la forme [*formstofflich*]. La vie psychique a besoin de quelque chose de fixe et de conceptuel. Or, ici, on s'emploie systématiquement à atomiser tout ce qui est substantiel. Tout ce qui est peut-être appréhendé

14. Friedrich Nietzsche, *Ainsi parlait Zarathoustra,* trad. Georges-Arthur Goldschmidt, Paris, Le Livre de poche, 1972, p. 69.

15. Il devrait d'abord être thématisé dans sa totalité par la science ; une exigence à laquelle ni Margis (1911) ni Lewin (1913) n'ont satisfait. Le schéma de l'analyse individuelle est complètement inutilisable parce qu'elle établit une séparation entre l'homme et l'œuvre. Vis-à-vis de l'homme, il reste dans quelque chose de très général, très insignifiant, très banal et, en ce qui concerne l'œuvre, il ne va pas au-delà du commentaire philologique depuis longtemps en usage. La totale disproportion de la répartition du contenu (chez Margis : 3 pages concernant la mise en forme interne, 57 pages ayant trait à la création littéraire, 119 pages sur la personnalité) devrait pour un psychologue soulever la question méthodologique de savoir si la méthode d'interprétation de la psychologie analytique est capable de poser le problème essentiel.

de manière chosique et conceptuelle, suivant l'analyse différenciante des organes, ne fait qu'aboutir à une fusion totale entre l'expression interne et le moyen d'expression, se suscitant même une étoffe matérielle inédite : celle de l'atmosphère. En tant qu'expression directe, cette atmosphère a incorporé en elle l'unité de sensation psycho-physique et détermine à elle seule l'objet qu'elle enveloppe par une sorte de réduction au minimum de ce qui est signifié par lui. Par exemple, la tache de couleur n'est plus qu'un outil de suggestion pour évoquer dans la représentation cette dilution de l'atmosphère.

On ressent évidemment tout d'abord une certaine anxiété à l'égard de cet objet nouveau. Une nervosité féminine s'accroche à chaque détail et chacune des parties est considérée comme coordonnée avec les autres, d'une égale valeur. Plus croît l'assurance, plus la composition des éléments change en proportion : les choses passent au second plan derrière l'atmosphère ; ainsi force-t-on délibérément le trait pour lui donner une expression qui irait au-delà de ce que propose la nature. Sous l'influence des artistes japonais, on s'émancipe de l'objectivité de la structure, toujours afin de pouvoir représenter d'autant plus précisément – pour un même objet – les modifications progressives de l'atmosphère. On pouvait ainsi maîtriser le statut de l'ontologie matérielle et subordonner dorénavant les parties et ainsi les envelopper dans ce même tout qui se rapprochait de plus en plus d'une vision aveugle à la réalité de la matière. Le chant de la terre dans le ravissement des sens, c'est cela, un Monet ou un Rodin de la maturité.

Que cette voie aboutisse à une théorie de la vision n'a rien d'étonnant. Comme nous l'avons noté en effet, l'impressionniste, en raison de sa négation du dualisme entre le sujet et l'objet, n'a pu saisir que l'apparence de ce dernier. L'unité à laquelle il parvenait était condamnée à demeurer de la même étoffe que l'objet[16], imprégnant une atmosphère ou une configuration

16. Je ne nie donc absolument pas qu'il y ait un acte créateur, mais je démontrerai qu'il ne s'agit que d'une amorce qui n'a aucunement une valeur universelle. On ne peut souligner assez la différence essentielle, puisqu'une autorité qui n'est pas des moindres, H. Cohen a tenté de l'effacer. Il faut donner raison à Cohen en ce que le mot d'impression est source de malentendu : « D'ordinaire, l'impression émane de l'objet. Ici, par contre, il ne doit pas y avoir de réception de l'objet. Ici, on prend position contre une telle conception réceptive de l'objet qui produit un effet, plus que ce n'est le cas dans l'art en général. L'objet est si peu présent qu'il n'est même pas problématisé ; il doit d'abord être fondé dans une unité ponctuelle, être construit à partir de cette dernière. C'est justement le

toute prosaïque, soit une unité en soi non vivante. La peinture impressionniste n'a pas su trouver l'essence de la spiritualité, ce qui est antithétique dans ce qui se pose en face d'elle sur un mode conflictuel, et elle n'a donc pu atteindre le caractère vivant ; la productivité aussi lui a manqué. L'unité dans l'œuvre n'est pas une organisation découlant des lois de l'esprit et de la matière, mais une unification des deux dans le matériau pictural ; et cependant, en tant que telle, elle reste justement contraire au processus de constitution de la forme signifiant toujours une dématérialisation et un dépassement de la pure étoffe matérielle [*reine Stofflichkeit*].

Si nous considérons ensuite les différents éléments reconnus par nous comme constitutifs de la forme dans leur présentation phénoménale impressionniste, la première chose qui nous frappe est la totale disproportion des relations qui les lient les uns aux autres et le caractère purement sensitif par lesquelles elles sont appréhendées. Ainsi le temps a-t-il acquis une priorité sur l'espace, qui est néanmoins le facteur de réalisation incontournable des arts plastiques. Mais de quel type de temporalité s'agit-il ? C'est le flux pris dans l'absolu, tel que nous le percevons quand nous nous abandonnons purement et simplement à ce qui arrive ; le temps perçu comme un déroulement. N'était que ce déroulement a été fixé et immobilisé par l'acte de voir – un acte sensoriel – qui procure une vision focalisée par l'attention. Tandis que le cosmos vibre, que le mouvement se déploie, à l'inverse le moment du focus est fixe, c'est le motif du mouvement figé dépourvu de vie.

contraire de l'impression ; c'est une pensée productrice ; et donc une création productrice. » Il faut remarquer que, pour un idéaliste, il ne peut au fond y avoir qu'une création productrice. Mais Cohen pense différemment : « Se plonger dans le jeu multicolore des phénomènes naturels quotidiens est désormais l'objectif unique de la peinture à l'exclusion de tout autre » (Ästhetik des reinen Gefühls, t. 2, p. 204). L'autonomie de l'air et de la lumière doit donc contourner la transmission de la mise en forme de l'espace, si elle veut conquérir la spécificité propre au paysage. Toutefois, la nature est toujours le corrélat du Soi ; on ne peut pas l'éliminer. Sauf que la vraie question, la voilà : la lumière et l'air ne peuvent-ils pas en soi absorber la marque et le contenu de la nature. Qu'est-ce que la nature en dernier lieu, sinon de l'air et de la lumière ? (*ibid.*, p. 405). On doit réfuter énergiquement de tels propos, non seulement parce qu'ils rendent méfiants vis-à-vis des fondements de l'esthétique de Cohen, mais aussi parce que, s'ils étaient valables, ils conduiraient toute la gnoséologie idéaliste *ad absurdum*. C'est sur ce point, il est vrai, que réside sa limite jusqu'à présent : déduire l'universalité et la vérité d'une pensée à partir d'une faculté isolée et de son fondement apriorique, et non à partir de la pulsion créatrice en général dont ces deux éléments ne constituent qu'une partie.

Ainsi Rodin, dans ses *Bourgeois de Calais*, a-t-il voulu représenter comment le cours de certains événements (depuis le siège jusqu'à la remise des clés au vainqueur) se reflète chez différents sujets humains à l'individualité bien déterminée – ou encore, comment le déroulement d'expériences vécues d'un individu particulier se concrétise en un moment particulier de ces expériences ; et dès lors, la totalité des événements individuels trouve son expression dans ce moment. Ce qui doit retenir notre attention, c'est que tout ce qui extérieurement exprime l'universel est écarté de la conception. Les hommes ne font pas l'expérience de la nature d'un siège subi, d'une décision, d'un objectif, mais de leur siège, de leur décision, de leur objectif.

On pourrait penser qu'un artiste aurait rassemblé les six hommes dans une succession typique d'un déroulement homogène et aurait ainsi caractérisé (et agencé de façon plastique et spatiale) chaque individu différent en mouvement, le dotant d'un degré spécifique, plus ou moins prononcé, de détermination courageuse ou d'hésitation. Mais, pour Rodin, rien n'est universel ; il n'y a pas quelque chose d'exalté dans la conscience commune que l'on pourrait décomposer *a priori*. Chacun des six hommes représente une qualité particulière : celles-ci toutefois, ne sont pas représentées comme le seraient les différents degrés d'un cheminement vers une action héroïque. Le déroulement du temps et la différence individuelle sont absolutisés et ne peuvent pas être décomposés. Ce qui est représenté est donc la condensation d'un déroulement à un point précis de ce dernier. Et celui-ci, à son tour, n'est ni universel, ni saisissable conceptuellement, mais fluctuant et différent selon chaque individu. Il n'existe pas plus de nécessité incoercible pour le choix de ce moment que pour le choix des six personnes. Le premier est relatif au regard de l'artiste ; le second l'est au regard de l'histoire.

La malédiction de toute réalité saisie à travers la seule immédiateté des sensations, c'est qu'elle oscille nécessairement entre les deux pôles de l'absolutisation métaphysique et de la négation, entre l'univers et le néant.

De même que le temps absolu se ramène à un point, de même l'infinité des trois dimensions de l'espace naturel se résume à une élimination complète de la surface[17]. Pour les impressionnistes, l'espace était pour ainsi dire un réceptacle sans limite à travers lequel se déversait comme un flot

17. La position exceptionnelle de Renoir et son importance viennent du fait qu'il a su réunir à la surface du tableau un contenu cubiste [*sic*] extraordinairement important. Et il dépasse également les autres impressionnistes en ce qui concerne le rendu des couleurs, où il va plus loin qu'eux dans l'homogénéité chromatique.

le déroulement de la vie atmosphérique. Ce qui comptait uniquement, c'était de restituer la particularité momentanée de l'atmosphère dans sa corrélation nécessaire avec une quelconque partie de l'espace. Les impressionnistes n'avaient absolument pas conscience de la tâche qui consiste à créer l'espace comme une entité unitaire qui a sa propre légalité, de par la fonction qu'ils lui attribuaient. Il n'était aucunement question d'opérer une mise en forme de l'espace.

Dès lors aucune voie ne menait à la mise en forme absolue parce que l'unité illusoire de la continuité de la substance matérielle avait introduit des catégories, (demeurant comme enferrée en elles), des catégories qui sont complètement opposées à cet objectif. Rien n'était plus éloigné de l'impressionnisme pur que la volonté de la nécessité. « Une réflexion impartiale nous apprend que tout besoin pratique ou intellectuel est satisfait, dès lors que nos pensées sont capables de reproduire complètement les faits sensibles [...]. Les lois n'ont de valeur que pour autant qu'elles nous fournissent une aide qui va dans ce sens[18] », ou en s'exprimant de manière plus subjective qu'E. Mach chez Simmel : « La forme de l'unité personnelle par laquelle la conscience réunit à elle le sens spirituel objectif des choses est pour nous d'une valeur incomparable[19]. » La catégorie impressionniste n'était autre que celle de la description et de l'ordre qui permet d'aboutir à une relative unité de l'œuvre.

À la place de la constitution de la forme qui avait pour fonction de représenter une totalité et de la restaurer, c'est la tache de couleur qui est apparue chargée de fixer l'expression matérielle et de restituer la sensation de la façon la plus immédiate, de la façon la plus ajustée et la plus harmonieuse. La phrase descriptive prévaut sur la forme reconfigurée. De cette façon non seulement les matériaux, mais aussi surtout le métier et la technique acquièrent une valeur énorme, puisqu'ils sont en effet les moyens d'expression les plus directs et aussi les seuls mis à disposition. Ils sont toutefois réduits de façon très frappante à un minimum expressif. La lumière laisse s'éclabousser la ligne et les couleurs sont rapportées à celles du spectre. On est loin de l'unité des moyens, loin du continuum à trois dimensions. Ce n'est qu'en étant dépourvu de forme au contraire et seulement à cette condition : être tache,

18. Mach, cité d'après Hamann.
19. Simmel, cité d'après Hamann.

pigment, virgule, comme seraient des demi-voyelles – qu'il peut se donner de signifier un mode d'expression originaire.

Ce que Wagner a formulé pour le vocable est valable *mutatis mutandis* pour la peinture. Si le poète recherche la nature du verbe dont il fait usage, alors « il reconnaît cette force de contrainte dans la racine du mot. [...] S'il plonge plus profondément dans l'organisme de cette racine [...], alors il finit par percevoir la source de cette force dans le corps purement sensible de cette racine, dont la substance primaire est le son ouvert [*der tönende Laut*] [...], ce son qui devient entièrement par soi-même un son musical dans la manifestation la plus parfaite de la plénitude qui réside en lui[20] ». La façon dont l'artiste impressionniste dispose et ordonne la matière était soumise à de très fines réflexions du même genre, et il n'est pas rare sans doute que les taches de peintures isolées dans leur structure et leur beauté matérielle aient pu être le point de départ d'une conception dont le seul contenu était l'enivrement procuré par cette matière [*Materie*] prise comme fin en soi.

Mais selon quels points de vue était disposée cette matière ? En principe, tout acte de la vision est valable. « Monet pense que tout ce qui existe est beau, et qu'on peut le peindre », affirme T. Duret. Or, par rapport à la réalité, seule une infime partie de cet objet devient objet de l'art. La proportion entre les organes de l'action et de la perception avait créé des limites par-delà toute formulation dogmatique. Quoi qu'il en soit, l'impressionnisme signifie par son principe même un élargissement du cercle de l'étoffe matérielle. De même que le credo d'un naturaliste moderne pourrait, selon la formulation finement satirique de Münsterberg, être le suivant : « Si tous les mouvements et processus de la conscience se déroulant dans l'espace et dans le temps pouvaient être connus et expliqués, comme le sont les phénomènes atomiques, la science n'aurait plus aucun problème à résoudre[21] », de même le peintre pourrait déclarer que tous les objets que l'on peut peindre seraient épuisés si l'on avait peint dans leur totalité toutes les secondes les changements atmosphériques qui se produisent sur tous les continents. Que l'on ne puisse pas compléter ce magnifique lexique, remplir ce réservoir d'« analyses

20. Richard Wagner, *Opéra et drame. La poésie et la musique dans le drame de l'avenir*, partie III, chapitre 2, trad. J. G. Prod'homme, Paris, éd. Delagrave, 1913.
21. Hugo Münsterberg, *Grundzüge der Psychologie, Allgemeiner Teil: Die Prinzipien der Psychologie*, Leipzig, éd. J. A. Barth, 1900, p. 10.

concernant les altérations de la lumière solaire » paraissait ne devoir être imputé qu'à la regrettable faiblesse des forces humaines[22].

Si, de par les fondements mêmes, et en considérant que l'objet est nécessairement le support le plus approprié de la substance de l'atmosphère, il fallait procéder à un choix limité face à l'infinité de la nature, toute partie de n'importe quel acte de vision que l'homme a vue serait-elle pour autant suffisante ? En effet, voudrait-on alors ne pas manquer l'expérience pure dans toute sa réalité, comment opérer une sélection de ce qu'il fallait écarter et que fallait-il écarter ? La science peut « être considérée comme une tâche minimale qui consiste à représenter les faits de la manière la plus complète possible en mobilisant le moins de concepts possibles[23] ». En peinture aussi, il est manifeste que ce principe d'économie ne peut rien signifier d'autre qu'un ordre apporté ultérieurement en tant que principe régulateur, et il n'a rien de commun avec ces principes constituants et normatifs exigés par nous ; il n'y a en lui aucune force créatrice et fondatrice. Pour cette raison même, le moment objectif en est complètement absent. Le principe d'économie d'Ernst Mach appliqué à cette peinture se détermine dans le rapport des parties au tout parce que cette économie se fonde uniquement ici sur la sensation de plaisir ou de déplaisir.

Dans le cadre de la description, les principes d'ordonnancement étaient incontournables pour les impressionnistes. Mais, comme il ne s'agissait pas de principes constitutifs et gnoséologiques qui seuls comptent, la pulsion créatrice et la peinture en particulier dans l'articulation que leur confèrent les impressionnistes n'avaient rien de logiquement organique aux fins de structurer l'image : ils ne s'occupaient que de cette substance matérielle d'atmosphère. La multiplicité n'était pas la vraie totalité – c'est-à-dire la continuité des relations formelles –, mais une libre différenciation issue de la possibilité infinie de décomposer et de diviser l'objet. La richesse de l'impressionnisme, qui relie les éléments de l'image en une extrême intimité, repose ici dans la façon dont est imbibé chacun des points de la même sensation, lui prêtant une sorte d'animation, et de sorte qu'en chacun de ces points on fasse varier la vie.

22. Théodore Duret, *Les Peintres impressionnistes*, Paris, Floury, 1906 ; sur Monet, voir p. 17-19.

23. Ernst Mach, *Erkenntnis und Irrtum*, Leipzig, éd. J. A. Barth, 1911, p. 268, voir *La Connaissance et l'Erreur*, trad. M.Dufour, Paris, Hachette Bnf, 1908.

La vie, ainsi portée aux nues, ne réussit pourtant pas à se reproduire. Car l'unité n'étant pas l'unité organique objective, elle est celle d'un état de choses tout entier matérialisé en une substance lumineuse. On avait nié l'organisme du corps naturel comme support de la forme [*Formträger*] et on l'avait dissous dans l'atmosphère. Sans pouvoir produire une nouvelle forme artistique à partir de ce processus, on l'a conclu par l'instauration d'une forme choséale inédite [*Dingform*]. Cette dernière partage le destin de n'importe quelle autre chose n'ayant pas de justification d'une existence par soi, et qui donc se dilapide dans l'espace.

Toutefois, il serait injuste de ne pas reconnaître qu'il y a une sorte d'unité dans l'œuvre impressionniste. Elle est d'ordre musical et atmosphérique, portée par la totale harmonisation de la lumière due à l'harmonie des couleurs. Celle-ci dépend de l'adaptation des couleurs les unes par rapport aux autres. Sa tonalité principale était la série jaune-vert-bleu, résultant vraiment de façon continue de la progression de la série où l'on intégrait ensuite avec beaucoup d'ironie piquante le contraste du rouge. Mais elle se caractérise également par l'atténuation des couleurs qui tendent vers le gris, ou par leur harmonisation en un violet résultant logiquement de la relation entre le bleu et le rouge. C'est la seule signification du violet ; ce n'est qu'un artefact, il reste tout d'abord quelque chose qu'on a créé de toutes pièces et, en ce sens seulement, il est quelque chose qu'on peut visualiser. L'homogénéisation ne dédaigne évidemment pas non plus le rythme, surtout chez Monet, mais c'est le rythme ouvert, dépourvu d'espace tangible – le mouvement sans césure, tel qu'on le devine à distance ; c'est une mélodie plutôt qu'une réalité plastique strictement formée.

Sur le plan optique, l'unité n'est qu'ornementale, elle se donne tel un aperçu ou une vue de biais, qui remplace le tableau comme unité organique dans le même sens que la tache de couleur remplace la forme. La différence consiste dans le fait que cet aperçu est quelque chose de fini, d'indépendant de ses parties, alors que le tableau suppose, pour être produit, la totalité de ses parties. Le rapport strictement logique qui préside ici, est remplacé par un rapport tout sentimental, l'unité organique du tableau par une unité d'atmosphère ou d'ambiance. Mais les impressionnistes ont toujours traité cette découpe de l'aperçu de telle sorte que les limites de cadre soient abolies, que ce soit par l'irruption abrupte de fragments d'objets dans l'intérieur du tableau ou encore par un chevauchement d'objets agencés arbitrairement, à croire qu'il faudrait qu'on les complète en dehors des bords du tableau, et ceci d'autant plus que les directions principales : la verticale et l'horizontale n'auront pas été utilisées. Ainsi l'œuvre d'art rejoint-elle la nature, parce qu'elle n'est pas suffisamment achevée en elle-même pour avoir un statut autonome.

C'est à cet endroit que nous touchons de plus près les limites de l'art impressionniste. Non pas que, pour provoquer la sensation, il remette en place les choses comme elles sont, sans les exagérer ou sans les transposer dans quelque chose d'universel – là n'est pas le reproche que nous exprimons à son égard –, mais il consiste en ce que ce réalisme ne lui a pas permis d'aboutir à une mise en forme ; au fond, il est demeuré un naturalisme. Aussi neuve qu'ait pu être historiquement la sensation de l'existence expressionniste et quelle que soit la valeur propre de ses conséquences, elle a laissé l'art complètement dans le vide – elle ne parvient pas à être de l'art. Toute toile impressionniste est une ébauche. On a tenté de contrer ce reproche par une comparaison très grossière avec Meissonnier, contre l'académisme duquel on défendait la supériorité de ce procédé naissant et d'une technique nouvelle. À cela j'oppose la ferme conviction que les œuvres impressionnistes, du point de vue de la mise en forme, ne sont que des esquisses, des fragments d'ébauche de mise en forme, autant d'étapes hasardées sur la voie qui mène du néant, du chaos vers la mise en forme absolue. Rien n'exprime plus clairement le déficit et la fragmentation de la mise en forme que le caractère inachevé sur le plan optique d'un tableau impressionniste, puisque sa complétion reste toujours tributaire de l'acte de voir du contemplateur.

On peut en apporter la démonstration grâce à la sculpture de Rodin intitulée *La Main de Dieu*, une œuvre qui symbolise le processus créateur de l'impressionnisme, et à la fois révèle le complet relâchement de liens entre matériau, créateur et objet créé, en rapportant l'articulation interne de l'œuvre à l'espace qui l'entoure et où elle se tient, de telle sorte qu'un flux homogène relierait la nature de l'œuvre avec l'espace environnant, et donc la pierre avec l'air. Pourtant, l'œuvre elle-même, qui devrait être la manifestation de ce flux, n'est pas en elle-même visible comme une œuvre accomplie. Notre reproduction donne le point de vue le plus fermé sur soi qu'on peut en avoir. Il y a donc une tension expressive dans cette ébauche. Sans parler des éléments figuratifs qui, ici aussi, s'enfoncent dans l'obscurité de l'espace, on regrette surtout l'absence de la main, qui n'est pas entièrement formée, qu'on ne devine qu'à travers la taille du pouce. Tout en la cherchant, on découvre les aspects les plus étranges. Plus la main devient complète, plus ses parties qu'on dirait coupées d'elle et s'entrecoupant les unes sur les autres, pendent abruptement dans l'air. Ainsi, quand nous la voyons trôner grande et puissante au-dessus de la cavité sombre de la paume, une jambe pend entre le pouce et l'index. Et en tournant davantage encore la sculpture, ce même point de vue esquissé devient absurde. À gauche les doigts et les bouts de doigt se cramponnent à la pierre, à droite les membres et les fragments de membre ballottent de manière indéfinissable comme s'ils étaient projetés dans l'air autour de la pierre.

Rodin appelait ce sentiment provenant du mouvement de rotation subi « le trouble apporté par le regard dans la chose vue ». Il n'est pas expurgé par une plus grande subordination des points de vue singuliers à un point de vue principal, puisqu'il est le résultat d'une mise en forme de l'espace complètement défaillante. Les différents plans ne sont pas organisés et structurés, leur continuité est uniquement celle du matériau – ici la pierre – et de la concordance existant du fait même du voile de la lumière qui estompe les contours. L'espace situé entre l'avant-plan et l'arrière-plan est pour ainsi dire un espace creux qui n'oppose aucune résistance à la mise en forme, lequel, pour cette raison, peut être rempli de n'importe quelle façon, mais pas de façon nécessaire. Le problème de la constitution de l'espace artistique n'a pas encore été abordé jusque là. On a démontré seulement que ce qui fait la nature propre de la sensation de l'existence impressionniste propose une étoffe matérielle tout à fait inadaptée à la mise en forme de l'espace. Comme nous l'avons vu, l'individualisation de l'expérience vécue n'a pas suivi ce qui serait seulement réel, mais la loi considérée comme absolue. Cette individualisation, devenue objet de l'art, a certes purifié la pulsion créatrice de tout savoir préalable concernant les choses, tel que le souvenir auquel on s'attache : elle a ainsi donné à la pulsion son fondement sensoriel, mais en même temps elle l'a dégradé à son niveau descriptif le plus bas. L'instant et l'ivresse de pouvoir le peindre n'ont pas pu satisfaire la fonction créatrice dans sa tendance à la mise en forme absolue, et il n'est pas étonnant qu'à la place ce soient des pensées faustiennes qui aient pris le dessus.

Van Gogh

> *Vite, vite à la hâte comme le faucheur, qui sous un soleil de plomb, se tait et se concentre pour couper le blé.*
>
> Van Gogh

On a vu en Van Gogh, tout particulièrement en Allemagne, le protagoniste d'une mise en forme faustienne de la totalité. On a ainsi commis la confusion d'ailleurs facilement possible entre individualité et personnalité. On a vu en lui une force qui (frustrée par la sensualité objective de l'apparence impressionniste) pénétrait au fond des choses avec toute l'incandescence du cœur et les faisait renaître à partir de ce feu, purifiées de leur matérialité, imbibées du sang de la vie humaine, souffrant et se redressant avec la volonté de l'homme. On a vu comment cette force pénétrait tout du même amour : arbre et buisson, ciel et terre, calme et fluctuation ; parfum et vide. Le monde tout entier semblait vécu comme un cosmos qui se trouvait dans une croissance incessante, comme un cosmos grandissant consciemment avec la sensation humaine. Et puis, il y avait ces lettres[1], qui évoquaient une lutte implacable, emplies d'une sincérité amère, qui parlaient aussi de symboles…

1. Il s'agit des lettres de Van Gogh à Émile Bernard et à son frère Théo, parues en 1893 et 1894 au Mercure de France, traduites et publiées par Cassirer en Allemagne en 1911, puis en 1914. Dans l'édition Suhrkamp de *Von Monet zu Picasso*, ces lettres, citées en français par Raphael, sont retraduites car leur traduction en allemand, de 1911, avait été critiquée par Raphael. L'éditeur allemand indique par ailleurs que les citations n'ont pas toutes pu être retrouvées dans les différentes éditions françaises. Ceci explique l'absence partielle des références aux pages dans notre édition (*NdT*).

Le vitalisme de Van Gogh, son aspiration à saisir la loi impersonnelle du mouvement et de la création comme une force vivante qui agirait à partir de soi, constitue un élargissement considérable du sentiment de la vie dont nous lui sommes redevables. Tandis que la loi impersonnelle devenait vie, elle n'abolissait pas seulement l'abîme entre son activité de peintre et la passivité des objets, mais elle surmontait en même temps le contraste entre le mouvement personnel et la ponctualité objective de la loi artistique. Force vivante, mouvement, la vie alors se mue en fonction. Comme chaque ébauche était encore mouvement, processus en cours, devenir fugace, on devrait croire que c'était désormais la fonction même du devenir, de la croissance vitale, qui était représentée.

Le temps acquiert ici pleinement sa signification de fondement originaire du monde. Le *panta rei* d'Héraclite (*tout s'écoule*), la nature toute-puissante et agissante a trouvé, grâce à Van Gogh, son expression optique dans la représentation du paysage : ainsi, pour le tableau *Le Ravin* (1889), on voit fuir le champ et la route, briller le soleil, vibrer les cyprès, scintiller l'herbe, se tordre les branches et leurs rameaux, et pour finir la lumière rayonner sur le champ, dans l'espace ; on voit cela aussi dans la représentation de l'homme que Van Gogh appréhende comme actif socialement – et pour qui l'activité est un faire – ou comme une créature issue de son milieu. La tendance de Van Gogh à faire du mouvement une expression permettant de consigner directement la fonction psychique récuse toute contrariété d'un effet-retard. Il a la forme ouverte de ce qui n'offre pas de résistance et n'a pas de limitation. Ses rues fuient sans cesse devant nous ; un mur tenant lieu de limite ne ferme pas la perspective, le mouvement de la lumière le dépasse facilement. Ses soleils tournent en des cercles toujours plus grands et s'ouvrent en pulvérisant l'étendue du ciel. C'est là le mouvement le plus élevé qui puisse être atteint dans le monde matériel : le mouvement comme fonction métaphysique-matérielle.

Van Gogh pousse sa singularité jusqu'en ses ultimes conséquences, par exemple lorsqu'il représente la progression du mouvement de la lumière comme constitutive de l'espace : ainsi lorsque la progression du crépuscule coïncide à tel point avec l'étirement de l'espace en profondeur qu'ils se fondent l'un dans l'autre. La description de l'espace naturel comme d'un espace en mouvement devient le contenu de la donation de l'espace tel qu'il la comprend : elle demeure donc naturaliste dans son expression et ses moyens – que ce soit par la mise en perspective et le rehaussement de l'horizon –, des moyens qui oscillent entre les deux pôles de l'espace :

l'illusion de l'extension sans limites de la nature et celle de la pure surface. Or, pour donner l'impression d'un maximum de mouvement, tous deux sont soumis chez Van Gogh à l'optique destructive du sujet, c'est-à-dire à cette faculté qui lui est presque idiosyncrasique, consistant à s'éloigner des conditions structurantes de toute expérience optique pour la détourner en une interprétation exceptionnelle et souvent très bizarre qui serait propre à la personnalité de l'artiste.

Van Gogh abandonne la superposition spatiale parallèle en profondeur, ou bien il crée conjointement une superposition latérale qui fait se briser les surfaces à angle aigu. Ce découpage d'une surface se disposant de manière effective au nom d'une surface idéelle, qui viendrait la prendre en ciseaux, abolit la force organisatrice de la première. Van Gogh souligne cette abolition aussi fortement que possible en utilisant le contraste direct et – en profondeur – il laisse filer le point de fuite spatial de biais par rapport à l'horizon du plan, et donc à angle droit par rapport à la surface idéelle. Ou encore, il applique un contraste ayant un effet indirect et croisé, comme lorsqu'il souligne violemment les directions et les points immanents à la surface par des couleurs très vives, afin d'accentuer cet effet.

Comme l'espace est maintenant entrecoupé de tous côtés, de toutes nouvelles possibilités de distribution asymétrique s'ouvrent à l'agencement des masses, que ce soit en surface ou dans l'espace en général : d'un côté l'accumulation des masses vient jusqu'au bord du tableau, de l'autre un affaissement profond le creuse en son sein ; il compense une rue plane fuyant en profondeur avec une masse de maisons de taille élevée, repoussée en biais dans l'espace ; ou encore il met en contraste une masse imposante et structurée d'une part, annulant l'organisation par la surface du tableau, et d'autre part une juxtaposition de petites parties qui, à l'arrière-plan, accentuent au contraire l'horizontalité de la surface. L'essence de cette optique destructrice très personnelle semble consister en un refus de Van Gogh de donner à une masse quelconque sa contre-masse nécessaire à l'harmonie de l'espace. Ou, pour être plus précis, il y répond en forme de paradoxe, c'est-à-dire avec une masse opposée d'un type dissimilaire et d'une valeur inégale. Cette façon de voir et de mettre en forme s'étend naturellement aussi au coloris et à la conduite de la ligne.

Van Gogh dynamise ainsi l'espace *par la matière* au lieu de lui conférer une mise en forme. La conséquence de son vitalisme est qu'on obtient une matérialité picturale particulièrement intéressante dans la représentation du rapport entre cause et effet. Si, par l'absolutisation d'un élément contribuant à déterminer le résultat, l'impressionnisme avait éliminé le jeu de la cause et de l'effet dans un nouvel objet (l'atmosphère), pour Van Gogh, le flux lui-même qui allait de la cause à l'effet devenait l'objet de la représentation. De là vient chez lui la nécessité d'intégrer les astres eux-mêmes dans le cercle de ses matériaux de prédilection. Le soleil, la lune et les étoiles deviennent eux-mêmes non seulement des êtres vivants, mais des forces vivantes, qui, en se déployant sans cesse, se déversent dans l'espace, et, par ce moyen, produisent terre et mer, prairie et jardin. Il faut oser l'impossible ; pour celui qui veut attirer le soleil sur la terre, même la mort doit devenir vivante. Le traitement de l'ornement par Van Gogh en témoigne aussi.

Le vitalisme, qui produit ici son effet dans la dissolution de tout ce qui est choséal-optique [*optisch-dinghaft*], se formule traditionnellement comme une fonction du devenir de la peinture : celle de l'ultime individuation du monde réel. Mais il n'est cependant absolument pas ce que nous avons appelé le recours nécessaire aux fonctions de la conscience et aux fondements du devenir de l'objet. Il est en tant que force quelque chose de tout fait, qui ne se discute pas, alors que la véritable dynamique de la pulsion créatrice doit d'abord se constituer par le dualisme du sujet et de l'objet, et aussi par l'étroite imbrication des deux en chaque point de la mise en forme, de telle sorte que le sujet lui-même porte la forme dans ce qui lui est antithétique et l'impose à l'objet sous la forme du conflit auto-posé. Mais le vitalisme de Van Gogh nie cette dualité dans son fondement même en éliminant l'objet, et il nie par là même simultanément le caractère antithétique de la conscience. Le flux unitaire de subjectivité qu'il en retire ne peut être rien d'autre que le devenir purement végétatif qui existe de façon banale, et qui peut être perçu métaphysiquement, mystiquement ou de façon purement sensorielle, peu importe. Pour cette même raison, elle ne peut plus être accessible à la mise en forme, mais uniquement à la description.

Ce défaut s'extériorise chez Van Gogh en un instant, dès lors qu'il passe à la représentation. Il doit immédiatement singulariser son thème ou son sujet, et se lier au moment isolé. Alors que la mise en forme a comme unique signification de concrétiser tout le chaos comme totalité dans une forme unitaire et ainsi de renoncer à la confusion de l'existence, Van Gogh doit – selon ses propres termes – se contenter de « peindre un atome du chaos […], car c'est précisément un chaos, parce qu'il n'entre pas dans un verre de notre calibre[2] ». La plus grande partie du monde demeure ainsi à l'état de choses anomique qui n'a pas de forme. Aucune addition d'« atomes peints » ne peut le faire sortir de cet état, parce que chaque atome dans son irrémédiable isolement est demeuré contingent, arbitraire, en un mot chaotique. Van Gogh en était lui-même bien conscient. Il pensait que la raison en était son manque d'imagination, qui ne lui permettait pas de travailler de mémoire. Mais cela est dû aux limites du don qui était le sien – il était uniquement capable de trouver des succédanés et non des formes : le symbole ou le caractère emphatique de l'expression.

La corrélation entre le vitalisme et la tendance à l'interprétation symbolique du monde relie Van Gogh et Ruysdael[3]. Leur comparaison révèle combien Van Gogh est limité au regard du premier. Si la pulsion créatrice de tous deux est une lamentation sur la destruction des cathédrales gothiques, Ruysdael a érigé à partir d'elle un édifice sublimant tout changement de l'être naturel à travers l'organisation spatiale du tableau et le caractère définitivement fermé de sa confrontation avec l'absolu. La plainte de Van Gogh est un cri sonore modulé par des accès de terreur qui se perd dans la diversité indéfinie de l'être réel. La contrariété dialectique, l'objet et l'absolu demeurent extérieurs à sa conception et à sa mise en forme. Aussi sa symbolique signifie-t-elle soit une limitation de la mise en forme par l'intellect, et donc une finition insuffisante, soit un sentimentalisme qui, dans la banalité dégoulinante de son ancrage littéraire ou de l'atmosphère purement personnelle ne le cède en rien à Böcklin, ce peintre exécrable.

2. Vincent Van Gogh, *Lettres à Émile Bernard*, éd A. Vollard, Paris 1911, p 102. La citation est partiellement fausse. Van Gogh écrit : « Or les Hollandais, nous les voyons peindre des choses telles quelles, apparemment sans raisonner. [...] Si nous ne savons que faire, mon cher copain Bernard, alors, nous, faisons comme eux, si ce n'était que pour ne pas laisser s'évaporer notre rare force cérébrale en de stériles méditations métaphysiques qui ne sauraient mettre en bocal le chaos, lequel est chaotique pour cela même qu'il ne tient dans aucun verre de notre calibre. Nous pouvons – et voilà ce que faisaient ces Hollandais, désespérément malins pour les gens à systèmes – nous pouvons peindre un atome du chaos, un cheval, un portrait, la grand'mère, les pommes, un paysage. »
3. La parenté de vitalité est particulièrement nette si l'on compare les dessins de Ruysdael avec des dessins de Van Gogh. Gœthe a déjà mis en relief l'intention symbolique de Ruysdael concernant le tableau *Le Cimetière juif* (Gemäldegalerie, Dresde). Mais ici justement la solution est insatisfaisante, car elle reste du domaine de l'objet.

> Ce n'est pas seulement la symbolisation, c'est aussi l'outrance de l'expression qui est un succédané. C'est ce que révèle la description que nous fait Van Gogh de la façon dont il travaille : « Je voudrais faire le portrait d'un artiste ami, qui rêve de grands rêves, qui travaille comme le rossignol chante, parce que c'est ainsi sa nature. Cet homme sera blond. Je voudrais mettre dans le tableau mon appréciation, tout l'amour que j'ai pour lui. Je le peindrai donc tel quel, aussi fidèlement que je pourrai commencer. Mais le tableau n'est pas fini ainsi. Pour le finir je vais maintenant être coloriste arbitraire. J'exagère le blond de la chevelure, j'arrive aux tons orangés, aux chromes, au citron pâle. Derrière la tête, [...] je fais un fond simple du bleu le plus riche, le plus intense que je puisse confectionner, et par cette simple combinaison la tête blonde éclairée sur ce bleu riche, obtient un effet mystérieux comme l'étoile dans l'azur profond[4]. »

Il en ressort clairement qu'un tel procédé n'est pas apte à créer une forme totalement libérée de l'arbitraire de la subjectivité, ni non plus de la relation à la naturalité de l'existant. Il est évident qu'elle ne peut être qu'une description d'un contenu psychique (arbitraire) grâce à des moyens (arbitraires). En lieu et place de la forme, c'est la déformation opérée consciemment qui apparaît : la recherche d'une formulation expressive. Celle-ci est entièrement déterminée par le besoin de donner la description la plus frappante de l'expérience vécue et elle est portée par l'activité du tempérament de Van Gogh, par le *pathos* de la conscience de soi. Se servant de l'une et de l'autre, il obtient pour l'impression optique une formule personnelle à côté de laquelle la tache de couleur impressionniste paraît bien plus faible et dépourvue de tempérament, falote et générique.

La formule optique de Van Gogh recourt davantage à ce qui est spontanément surgissant, et qui dans l'apparence lui est essentiel, du fait même qu'elle élimine tout ce qui lui fait obstacle et en expurge l'impression pour la transformer en une expression claire. Derrière cette ascèse personnelle, il y a une part de caricature, qui a son fondement dans ce qui est social. L'expérience vécue a toujours été un vrai Van Gogh. Multatuli[5] présente une certaine similitude : le même ressentiment provenant de l'amour, la même éthique issue de la compassion contribuait à lui faire trouver sa forme d'action et d'expression. Mais qui pourrait prétendre que le contenu de ses œuvres était toujours très profond ?

4. Vincent VAN GOGH, *Lettres de Vincent van Gogh à son frère Théo suivies de Van Gogh le Suicidé de la Société*, Paris, Club Français du Livre, 1952, trad. G. Philippart, p. 252.
5. Pseudonyme (signifiant « j'ai beaucoup porté ») du fonctionnaire colonial et écrivain Édouard Dowes Decker (1820-1887).

Ainsi, dans l'effort de Van Gogh, le poids principal était-il mis sur les moyens au service de la description. Tout le cours de son évolution se retrouve dans l'acquisition de ses moyens d'expression : il les développe en ajoutant la couleur autour du noir et du blanc ; leur force augmente par la suppression des reflets et des variations d'éclairage, puis par l'abolition des valeurs en général. Il en va de même pour le traitement de sa palette : il privilégie un modelage plastique par un épaississement en relief de la peinture sur la toile blanche, jusqu'à produire une crête de couleur pressée hors du tube, unifiant la couleur et la ligne et absorbant le dessin lui-même. Les premiers et les derniers dessins ne se distinguent pas tant par la sensation que par les moyens d'expression qui rendent la sensation plus radicalement. Dans les premiers, on pressent Van Gogh seulement dans l'universalité du trait et des taches ; dans les derniers, il n'y a plus que du Van Gogh à l'état pur : forme, taille, épaisseur, densité, relation discordante entre le trait et les taches de couleur – tout est pris en considération dans la formation de cette signature entièrement personnelle, qui ne connaît qu'un seul sens pour désigner de manière expressive l'objet dont il est chaque fois question.

Ce qui conduit cette signature, n'est rien que le tempérament du sujet, ce type de tempérament explosif qui ne témoigne pas nécessairement que nous sommes en présence « d'une grande surabondance de passions, d'impulsions et de pensées ». « C'est l'absence de scrupules, de pensées réfléchies et de souci des conséquences, c'est la simplification extraordinaire de chaque instant de sa vie mentale qui permettent à cette individualité explosive de faire preuve d'une telle mécanique d'énergie et d'aisance.[6] » Van Gogh a offert à une époque iconoclaste l'émouvant spectacle d'une quête désespérée de l'absolu. Il brassait toutes sortes d'excitations toujours plus exacerbées par son tempérament pour s'emparer du monde, dans l'espoir de découvrir l'absolu au fond même de l'individu totalement individualisé. Toutefois, selon le principe d'identité, le subjectiviste n'a fait que se retrouver lui-même et pour le reste s'est entiché de symboles situés à l'extérieur de lui. Il n'a cessé d'augmenter l'intensité de ses moyens d'expression colorés et linéaires, mais, en dépit de ces variations, il est resté suspendu à l'unique sensation physiologique.

6. William James, *Précis de psychologie*, Paris, Marcel Rivière, 1909, p. 508, traduit de l'anglais par E. Baudin et G. Bertier. Cette citation est extraite du chapitre XXIV intitulé « L'émotion ». Elle concerne la description de la volonté « explosive » par manque d'inhibition (*NdT*).

Ce fossé montre que Van Gogh avait davantage de tempérament que de caractère, plus de capacité nerveuse que de contenu, en sorte que son art est resté pauvre et condamné à se mouvoir dans le cercle de l'absolu, au lieu de construire un monde en lien avec cet absolu. Le tempérament est le seul trait qui s'exacerbe et rend les choses plus animées, qui les dissout en une forme ornementale énervée, et finit par basculer dans cette excitation extrême du cauchemar, créant des œuvres qui restent complètement en marge de leur temps. Tout l'art de Van Gogh repose sur ce tempérament s'exacerbant toujours davantage, et qui de façon logique se termine dans la folie : de façon logique, car, en prenant la voie directe de cette stimulation nerveuse, on ne peut jamais trouver l'absolu recherché, mais seulement le doute, le néant. Tout ce que Van Gogh pouvait se représenter comme souhaitable, c'était non pas un approfondissement de la mise en forme, mais une augmentation du cercle de la substance matérielle. « Si j'avais eu la force de continuer à travailler, si j'avais peint les saints et les femmes saintes d'après nature, qui auraient eu l'air d'appartenir à une autre époque, elles auraient été des citoyens d'aujourd'hui qui auraient eu toutefois des points communs avec les premiers chrétiens. Les sensations qui sont éveillées par là sont cependant très fortes. J'en reste là. Mais plus tard, plus tard, je ne dis pas que je ne reviendrai pas à cette tâche. On ne devrait pas penser à tout cela, mais travailler, ne fût-ce qu'à des études de têtes de chou ou de salade, pour se calmer, et une fois calmé, alors… créer ce que l'on peut[7]. »

Ce à quoi Van Gogh a abouti, c'est une force suggestive accrue, poussée à son niveau le plus haut – non point à une nécessité figurale. Il ne s'agit pas non plus sur le plan optique d'une vision ample et homogène : les parties du tableau ne sont pas reliées entre elles de manière ample et organique. La vitalité de Van Gogh est en opposition radicale avec la vie de l'organisme artistique. Il a lui aussi ressenti ce manque et cru pouvoir le combler par l'idée grotesque de la division du travail[8], de la communauté de travail des

7. Vincent VAN GOGH, Raphael cite Van Gogh, en allemand, mais l'édition Suhrkamp ne donne ici aucune référence. Il s'agit sans doute également de la traduction allemande des Lettres à Emile Bernard : *Briefe an Emile Bernard und an seinen Bruder Theo*, Berlin, Cassirer, 1914, que cite Raphael par ailleurs. [*NdT*]

8. Stern a formulé le même principe comme exigence pour le progrès de la psychologie individuelle (William STERN, *Die Differenzielle Psychologie in ihren methodischen Grundlagen* [La psychologie différentielle dans ses fondements méthodiques], Leipzig, éd. J. A. Barth, 1911, p. 320). La différence des niveaux de mise en forme montre bien le caractère inconcevable de ce principe pour un travail gnoséologique et normatif, c'est-à-dire un

artistes. Lorsqu'il a compris que l'absolu de la mise en forme ne peut pas être atteint en additionnant les individus (parce que ceux-ci, dans la mesure où ils sont des individus, sont étrangers les uns aux autres et sont en soi tous arbitraires), lorsqu'il a compris cela – par l'entremise de Gauguin –, cela lui a coûté la raison. L'égarement est le fondement ultime de son art.

Je suis Saint Esprit
Je suis sain d'Esprit[9]

Ainsi, l'œuvre de van Gogh signifie-t-elle un enrichissement qualitatif du sentiment de la vie par rapport à l'impressionnisme. Mais le fait qu'il obéisse à la loi avec une ardente vitalité, l'extrême exacerbation dans la force expressive de ses nouvelles expériences vécues n'y changent rien : il n'a pas su faire approcher de sa forme absolue la fonction de la pulsion créatrice plus avant que ne l'avait fait l'impressionnisme.

travail créatif. Par ailleurs, c'est un problème humain de la génération précédente qui se manifeste dans ce contexte ; il est intéressant d'observer quelle voie a empruntée Hauptmann pour résoudre le drame depuis *Einsame Menschen* (1891) jusqu'à *Gabriel Schillings Flucht* (1912). Dans l'un « le héros se suicide parce qu'il ne peut pas vivre *sans* la femme qui le comprend, dans l'autre, parce qu'il ne peut pas vivre *avec* la femme qui prétend le comprendre ».

9. Paul Gauguin, *Oviri. Écrits d'un sauvage*, Paris, Gallimard, 1974, p. 287.

Chapitre 2
Sur la voie de la mise en forme absolue

Nous devons trouver dans ce qui doit être
la raison de ce qui est.

Lotze

Crée artiste, ne parle pas.

Gœthe

Le néo-impressionnisme

> *Exiger de la poésie de l'émotion, il ne s'agit pas de cela. Des mots rayonnants, des mots brillants, des mots phares avec du rythme et de la musique – voilà la poésie. Elle ne prouve rien, elle ne transmet rien…*
>
> Théophile Gautier

De tout temps, on trouve en histoire de l'art la même confusion opérée par des esprits médiocres, et sanctionnée par les théoriciens, entre la conformité à la loi des sciences de la nature et la légalité qui est propre à l'art. Celle-ci concerne le moyen correspondant à chaque forme d'expression, et, dans l'art moderne, ne pouvait donc concerner que le matériau chromatique lui-même. Le dogme impressionniste était le suivant : dans les sept couleurs du spectre on trouve contenue la lumière à tous les degrés possibles, et ces nuances permettent de peindre la lumière naturelle dans toute son illumination, à condition d'apposer les couleurs pures et de s'en remettre à l'œil du contemplateur pour les réunir. Mais ces artistes, totalement emportés par leur sensualité visuelle et leur volonté d'expression, ont de temps à autre mélangé les couleurs et ils les ont harmonisées par des valeurs.

Une génération plus jeune et plus rationnelle a voulu non seulement l'application stricte de l'axiome de l'identité des couleurs du spectre et des degrés de lumière, elle s'est aussi posé la question de savoir s'il n'y avait pas de lois immanentes aux relations entre les couleurs qui soumettraient la distribution de la lumière à une légalité nécessaire. On a recherché des principes qui débarrassent l'analyse de la lumière de l'acte de perception unique (servant l'arbitraire de l'interprétation personnelle), et qui devaient statuer sur un ordre irréfutable. Le néo-impressionniste se défie déjà de la toute-puissance des éléments qui est le fondement de la conception des impressionnistes : de la nature, et aussi de l'analyse instinctive puis routinière des moyens. Il exige quelque chose de plus sûr au sein de ce mouvement général qui caractérise l'art impressionniste. Ou, en d'autres termes : le néo-impressionnisme établit une différenciation entre le tableau et l'ébauche. Dans l'ébauche, le fondement de l'impressionnisme s'appuie sur le sentiment de la nature. Il note une impression momentanée qui, dans une petite esquisse, peut rendre le contraste entre la lumière et la couleur de façon simplifiée, plus concentrée, ou plus claire. À partir de ces esquisses, le néo-impressionniste fait un tableau (ou ce qu'il nomme ainsi) en reliant ces masses de couleur principales selon des lois immanentes à la matière. On élabore une conception à partir de l'objet, et on parachève d'après une théorie des couleurs ce que l'on a ressenti.

« D'après la technique néo-impressionniste, la lumière jaune, orangée ou rouge, selon l'heure et l'effet vient s'ajouter à la couleur locale, la réchauffer ou la dorer dans ses parties les plus éclairées. L'ombre, fidèle complémentaire de son régulateur la lumière, est violette, bleue ou vert bleuâtre et ces éléments viennent modifier et refroidir les parties sombres de la couleur locale[10]. » Partant de cette observation du rapport de complémentarité entre l'ombre et la lumière, Signac formule en ces termes comment on peut s'assurer les bénéfices de la luminosité, de la coloration et de l'harmonie : « 1/ Le mélange optique de pigments uniquement purs (toutes les teintes du prisme et tous leurs tons. Et par conséquent, leur recombinaison sur la rétine. 2/ La séparation des divers éléments : soit la couleur locale, plus la couleur due à l'illumination, leur réfraction et leur contraste. 3/ L'équilibre de ces éléments et leur proportion (selon les lois du contraste, de la dégradation et de l'irradiation). 4/L'utilisation de touches de petite dimension, afin que les divers éléments puissent, au recul nécessaire, reconstituer la teinte voulue et non être perçus isolément[11]. »

Cet impressionnisme « érigé en méthode[12] » conduit l'entendement à agencer le tout, en même temps qu'il met un ordre dans la matière. En prenant conscience de la décomposition de la couleur, il a pris conscience

10. Paul SIGNAC, *D'Eugène Delacroix au néo-impressionnisme*, Paris, E.Floury, 1899, p. 11-12.
11. Paul SIGNAC, *ibid.*, p. 5-6 et p. 9. Raphael cite librement Signac en recomposant différents éléments de son texte (note du traducteur).
12. Maurice DENIS, « Cézanne », *L'Occident*, Paris, n° 68, 1907, p. 118-138.

de la valeur directionnelle de la ligne. Seurat, le cerveau du groupe d'artistes et son représentant le plus important, a parlé de sa grande soif d'harmonie, « créée par la ligne, la lumière et la couleur. Nous pouvons les rassembler en harmonie calme, gaie ou triste. L'éclat des rayons de soleil donne la gaieté de la lumière, les couleurs chaudes la gaieté de la couleur, celle des lignes provient de leur orientation vers le ciel. L'équilibre de l'ombre et de la lumière confère le calme à la lumière, les couleurs froides et chaudes apaisent les couleurs, la ligne devient calme quand elle s'oriente vers l'horizon. Et enfin la tristesse de la lumière vient de l'ombre, celle de la couleur de la prédominance des couleurs froides, celle de la ligne provient de son orientation vers le bas. Notre composition doit se créer en harmonie avec notre vision[13] ».

Mais les éléments restent séparés les uns des autres, ne parviennent pas à une forme unitaire étant donné que leur sens et leur importance résident là encore dans le fait de décrire une réalité psychique par le biais de la réalité de la lumière. La touche de couleur impressionniste peut certes s'être fixée en une *Gestalt* ferme et en relation avec le tout, la succession des taches de couleur peut certes obéir à des principes théoriques, le néo-impressionnisme ne fait guère que procéder à un inventaire du matériau pictural, rien de plus. Et sans l'acte de mise en configuration de la forme [*Formgestaltung*], tout arrangement manque d'organicité ; il demeure intellectuel et de mauvais goût. La production des relations n'est pas une mise en forme proprement dite : pondérer les masses en faisant intervenir les sens n'aboutit qu'à un succédané de ces masses. Tout cela reste superficiel, anecdotique. C'est pourquoi les contrastes n'ont pas de force productive susceptible de construire quelque chose de nouveau qui soit un tout véritable ; ils restent sans médiation effective l'un à côté de l'autre : ils n'ont de richesse que dans l'incessante répétition de parallèles et il faut que des courbes filent la ligne. L'harmonisation des couleurs est remplie de ruptures linéaires abruptes ou d'ennuyeuses répétitions à l'infini. Mais on est confronté à une confusion complète dès que l'on prête attention à la mise en forme de l'espace. Là où cette mise en forme n'est pas esquivée par une surface purement décorative, on reste dans l'espace créant l'illusion de la nature. Cette discrépance n'apparaît clairement que là où une force plus puissante confronte durement la perspective spatiale à la planéité de la surface comme dans le *Chahut* de Seurat.

13. Raphael cite Seurat d'après Bela LAZAR, *Die Maler des Impressionismus*, Leipzig et Berlin, Teubner, 1913, et dans *Natur und Geisteswelt*, n° 995, Leipzig, Teubner, 1919, p. 74.

La substitution d'une théorie scientifique n'a pas réussi à surmonter le fossé entre la nouvelle volonté rationnelle de créer un ordre et l'attachement à la sensation momentanée et individualisée. On a matérialisé la lumière, tout comme les fonctions de la mise en forme. Le néo-impressionnisme représente toutefois un premier pas – même s'il s'agit en fait d'un pas de côté – pour s'écarter du pur naturalisme de la mise en forme. Dans ce qu'il a créé, il a mis l'accent sur l'importance du sujet, bien qu'il ne s'agisse que de son aspect rationnel, calculateur, conscient de lui-même. Et, dans son œuvre, il a mis l'accent sur le rapport du tableau au mur[14].

14. « Même les plus petits travaux des néo-impressionnistes peuvent être considérés comme décoratifs [...]. Exemples d'un art d'un grand épanouissement décoratif [...], ces tableaux qui donnent à nouveau de la lumière aux murs de nos appartements modernes [...] ne sont-ils pas eux aussi décoratifs ? », Paul SIGNAC, *op. cit.*, p. 100.

Cézanne

Cézanne paraît être un élève accompli de César Franck. Il joue du grand orgue constamment, ce qui m'a fait dire qu'il était polyphonique.

Paul Gauguin

Je progresse dans l'étude de la nature, en développant de manière logique ce que nous voyons et ressentons.

Paul Cézanne

Tandis que Signac enjolivait au nom du bon goût une conception scientifique cousue de fil blanc, un géant portait dans une solitude héroïque le fardeau écrasant de la connaissance de la mise en forme absolue. Elle tournait au-dessus de toutes ses représentations avec la magie démonique d'une constellation fatale et contraignit le rêveur aux quarante ans sonnés à se prêter à cette tension inouïe de sa volonté : relier les pôles opposés du monde dans un travail harassant, à la fois interminable et incommensurable.

Toute immanence du Moi, du monde et de Dieu, toute harmonie préétablie, tout ordre s'étaient évaporés devant son scepticisme épuisant sur le plan nerveux et surgi d'un décalage vécu en profondeur, d'une dualité de son existence. Or, de ce désespoir naquit en lui – qui avait dû éprouver très intimement l'unité du monde – la force d'accomplir un acte créateur. Sa volonté adhéra à cette distorsion vécue, il la mit en évidence avec énergie et avec force ; il isola les hommes les uns des autres dans leur être et dans leurs pratiques, les plongeant dans une solitude radicale, et il accula chacun d'entre eux avec une énergie spirituelle digne du corps-à-corps contre le mur infranchissable de l'Absolu. La volonté *voulait* cette solitude, la volonté voulait cette tension nerveuse, et, par-dessus tout : la volonté *voulait* la mise en forme absolue. Plus elle était envahie de cette conscience, plus elle remettait en question l'immédiateté de l'atmosphère créatrice. Car la volonté, qui est cette tension active, trouve finalement toujours sa rédemption au détriment de ce qui est passif.

Cézanne présenta ce qui est au repos comme quelque chose de continu et d'articulé, bien qu'accompagné du frisson de la mort, du sentiment du néant ; et ce qui est actif, au contraire, comme étant versatile, déchiré, discontinu. Il s'agit bien là de conflits typiquement cézanniens : quand la lumière active est absorbée dans le calme de l'obscurité ou qu'une volonté déchaînée fait irruption dans un monde au repos mis à l'abri dans une réclusion remarquable, c'est pour obtenir de force une unité absente. Ainsi la volonté elle-même acquiert un contenu matériel, au lieu d'être une pure fonction.

La qualité la plus spécifique de cette volonté, c'est qu'elle est en soi *duale*, tant son destin la voue à être dissociée en de violents contrastes. La faculté créatrice de Cézanne voulait faire se rejoindre deux éléments dont les développements respectifs étaient dissociés : le premier moderne et destructeur, qui aime la contraposition équilibrée des masses les plus opposées, donc un découpage de l'espace en diagonale et des lignes morcelées et cisaillées, une vie dense et concentrée dans ce qui est mis en forme – des moments dont on pourrait faire remonter les origines au gothique en passant par le style romantique et baroque. Ces moments ont cette note spécifiquement moderne de la mise en forme de la nature, telle qu'observée intimement, et animée d'une pensée créatrice agissant directement au sein de la matière. Mais ils ont secondement quelque chose de classique, de structuré, qui privilégie l'harmonie des masses et la tectonique de surface dans l'espace, la volupté de la courbe et des contours dont le tracé ne se chevauche pas. C'est le second élément de composition. Le gothique trouve la rédemption de l'Individuel dans le suprasensible, l'optique le trouve dans la verticalité ; le style classique dans l'universalité de ce qui est fini et la vue à l'horizontale.

Ces deux fonctions opposées du vécu humain, Cézanne a cherché à les appréhender en une unité. Mais ce troisième domaine n'est pas chez lui une synthèse littéraire. Il n'a pas exacerbé le facteur de la douleur sur le mode de

Prométhée ou de la Vierge compatissante, mais a trouvé un rythme fait de formes, de couleurs et de lignes qui ont constitué un objet, et qui dans cet objet ont aboli la matérialité des contrastes : en d'autres termes, Cézanne a justement fait jaillir sa vision hors de la réalité optique.

Cette tension des contrastes, observable dans toute sensation singulière caractérise l'optique cézannienne[1]. Nous pouvons dire que chez lui une sensation surgit aussi peu sans son contraste qu'elle ne le peut hors de la totalité formée des autres organes sensoriels. Qu'une bacchanale soit rendue avec des couleurs froides, que la lumière soit souvent ressentie comme froide, cela pourrait à la rigueur apparaître comme un contraste statique. Mais déjà le coloris typique de Cézanne – où l'ocre répond au bleu et au vert, mais par contre seulement de façon idéelle avec le rouge dans l'ocre et le violet – nous montre que nous sommes ici en présence d'un processus dynamique. Ce caractère dynamique et moteur devient particulièrement net en ce qui concerne la sensation pondérale. Elle ne procède pas sur le mode de l'inertie, de façon à ce qu'une répartition égale des masses ait lieu des deux côtés, mais contrapose des masses entre elles inégales. Cézanne fait tout pour rendre une moitié du tableau plus lourde que l'autre.

De façon générale, l'étendue de la surface occupée est plus grande, la substance est plus lourde, la lumière plus sombre, les couleurs moins chaudes. Il parvient néanmoins à obtenir un équilibre grâce aux moyens suivants : le plus grand espace va du côté le plus léger, la pondération opère de manière diagonalement symétrique et l'activité motrice de la ligne fait de la tension interne un jeu de forces plein de vie. Toutefois Cézanne tente toujours de concentrer la dynamique pure de la sensation, son flottement, en rapprochant la nuance individuelle que lui a transmis la sensibilité de la perception d'un concept existant, ou en la condensant en une forme universelle inédite et signifiante par sa netteté. Il arrive à de multiples reprises, par exemple, qu'il exprime avec du violet le goût de ce qui n'est pas encore mûr (la phase de transition entre ce qui n'est pas encore mûr et ce qui l'est), et quelque chose

1. Sur ce point, voir Émile Bernard, « Paul Cézanne », *L'Occident*, vol. 5, n° 32, p. 17-30, Paris, 1904, et « Souvenirs sur Paul Cézanne et lettres inédites », *Mercure de France*, n° 247, p. 385-404 et n° 247, p. 606-627, Paris, 1907 ; voir aussi Maurice Denis, « Cézanne », *L'Occident*, n° 68, p 118-138, Paris, 1907, et *Von Gauguin und van Gogh zum Klassizismus. In Kunst und Künstler*, Berlin, 1910, p. 92-101. Les citations des expressions écrites ou orales de Cézanne proviennent de ces essais – Raphael s'inspirant de très près des essais susnommés. [note de Klaus Binder]

de morbide (le passage de l'état de maturité à celui de pourriture) avec un ton ocre très caractérisé.

Mais surtout la sensation de contraste concerne prioritairement l'espace, de sorte qu'à chaque vecteur de l'espace correspond une direction opposée, ce qui donne une vitalité interne à ce qui est vu ; en tant que tel, ce caractère vivant trahit déjà le fait que le voir de Cézanne est un processus complètement différent de l'acte de perception impressionniste. L'analyse impressionniste résulte de l'œil lui-même, auquel vient s'ajouter la sensibilité de tous les organes des sens, celle de Cézanne résulte de l'union de l'œil avec l'intellect. Tous deux doivent se soutenir l'un l'autre de façon volontaire, ce qui apporte déjà un élément d'organisation dans l'impression optique. D'un autre côté, sans cela, l'intellect menacerait de se matérialiser en concepts visuels, ce qui mettrait un terme au processus de création.

L'exigence de Cézanne, qui revendique que le mode de perception nouveau et spécifique du peintre soit porté et accompagné par une logique interne, comporte le danger de toute logique : celle de s'affranchir, et de se placer ainsi en dehors du processus créateur. Pour l'acte créateur, toutefois, il n'existe ni concept juste, ni jugement correct en dehors des principes lui appartenant. Tant que la logique de Cézanne s'insère dans la volonté de mise en forme comme une pure fonction, elle dénote qu'un pas énorme est accompli, qui consiste en ce que le facteur analytique soit porté et déterminé par une totalité. « Lire la nature, c'est la percevoir sous le voile de l'interprétation par taches colorées se succédant selon une loi d'harmonie[2]. »

De là découle la méthode de travail de Cézanne : « D'abord une soumission complète au modèle ; avec soin, l'établissement de la mise en place, la recherche des galbes, les relations de proportions ; puis, à de très méditatives séances, l'exaltation des sensations colorantes, l'élévation de la forme vers une sensation décorative, de la couleur vers le plus chantant diapason. Ainsi plus l'artiste travaille, plus son ouvrage s'éloigne de l'objectif, plus il se distance de l'opacité du modèle lui servant de point de départ, plus il entre dans la peinture, sans autre but qu'elle-même ; plus il abstrait son tableau, plus il le simplifie avec ampleur, après l'avoir enfanté étroit, conforme, hésitant.

2. Cité d'après Émile Bernard, *Conversations avec Cézanne*, éd. critique présentée par P. M. Doran, Paris, Macula, 1978, p. 36.

Peu à peu l'œuvre a grandi, est parvenue au résultat d'une conception pure. Dans cette marche attentive et patiente toute partie est menée de front, accompagne les autres, et l'on peut dire que chaque jour une passion plus exaspérée vient se superposer à celle de la veille, jusqu'à ce que l'artiste lassé, sente fondre ses ailes à l'approche du soleil, c'est-à-dire abandonne, au point le plus haut où il a pu l'élever, son travail ; en sorte que s'il avait pris autant de toiles [à peindre] qu'il a passé de séances, il résulterait de son analyse une somme de visions ascendantes, graduellement vivantes, chantantes, abstraites, harmonieuses dont la plus surnaturelle serait la plus définitive ; mais en ne prenant qu'une seule toile pour cette lente et fervente élaboration, Paul Cézanne nous démontre que l'analyse n'est pas son but, qu'elle n'est qu'un moyen, qu'il se sert d'elle comme de piédestal et qu'il ne tient qu'à la synthèse des éléments épars qui se veut conclusive[3]. »

C'est le chemin qui mène du démontage d'un fait constaté en ses parties constitutives jusqu'à la connaissance des causes de ce fait, qui a donné forme à la vie des objets ; c'est la voie qui mène de la matérialité du vécu (au regard de l'objet et dans le sujet) à l'énergétique du conflit. Tel est le chemin de tout art visant la mise en forme absolue. Ce chemin qui va du sujet au motif est déterminé chez Cézanne par sa tendance à viser l'essentiel. Son art rature l'absolutisme de l'individualité et du processus de différenciation. Au-delà de ce qui est unique, inexprimable et flatteur pour l'esprit, Cézanne a cherché dans la nature l'éternisation de l'universel, et donc souvent ce qui est le plus banal. Si le sujet, par exemple, était une vue de côté sur une rue, il soulignait le mouvement de fuite de la rue, l'angle aigu au point de rencontre idéel, l'immobilité des frondaisons et la courbe de leur voûte. C'est comme cela qu'il parvient aux éléments artistiques de la forme.

Cézanne extrait, pour ainsi dire, à partir du sujet naturel, les possibilités les plus générales données de façon immanente, et en fonction d'elles élabore de nouveau tout ce qui constitue l'œuvre d'art. Comme ces possibilités n'étaient pas acquises par une séparation virtuelle ou par abstraction, mais par le réquisit d'une densité nouvelle et donc par le fait de remonter aux fondements du devenir même de l'objet, Cézanne ne demeura inhibé à ce stade de l'universalité du banal que dans des œuvres médiocres. Ce dernier n'est d'ailleurs en soi pas moins éloigné de l'effectivité de la réalité réelle que l'on cherche à atteindre que ne l'est ce qui est unique au plan

3. Maurice Denis (1907), pp.23-24, *op.cit.*, p. 34.

subjectif. Cézanne est parvenu au fond des choses : perçant à jour les lois de leur devenir, il bâtit sur elles le nouveau monde de l'art. Le sujet devint *motif*, autrement dit une forme plastico-énergétique, un monde renouvelé, parachevé selon ses propres lois.

Mais sa manière de procéder comportait des risques : non seulement cet enlisement dans le général mettait fin au processus artistique, mais il alimentait aussi une tension entre ce processus et la nature. Tandis que Cézanne commençait par reproduire la nature, le même Cézanne s'éloignait d'elle en créant, de sorte qu'il est arrivé à plusieurs reprises que l'œuvre achevée à partir de la description de la nature s'abolisse d'un coup, comme si la totalité obtenue par cet effet de silhouette en partant de la nature ou de la vision, était entrée en contradiction avec l'unité organique artistique[4]. Cette unité a été comme entravée par des éléments descriptifs ou décoratifs fixés d'emblée pour des raisons liées à la sensibilité ou au goût. C'est le rapport que Cézanne établit entre le sujet et l'objet qui explique ce recul. La totalité générée par cette relation qui faisait se souder entre eux des contrastes polaires n'était pas le produit de la réalité concrète. Et quand cette relation qui partait de la réalité concrète voulait revenir à cette totalité, une tension en résultait. Cézanne lui-même l'a exprimé de la façon suivante : « L'étude d'après nature modifie notre vision à tel point que l'humble et colossal Pissaro se trouve justifié dans ses théories anarchistes[5]. » Ces mots pourraient mettre en péril les principes de la mise en forme absolue, s'ils ne signifiaient pas la carence de tout don personnel chez l'artiste. Au point que la volonté de réunir le sujet et l'objet était si forte chez lui qu'elle ne

4. Cézanne a essayé de résoudre de toutes ses forces le problème spécifique de l'art moderne : comment faire se rejoindre l'unité organique naturelle de l'objet et l'unité organique artistique résultant de la mise en forme ? Finalement, il a dû se contenter d'une forme de compensation de type atmosphérique. D'où la fréquence de grandes masses de feuillage, de robes et costumes unis – ces costumes modernes dont personne avant lui n'avait pu faire quoi que ce soit –, d'eaux miroitantes, de champs tout en longueur. Il s'en servait comme d'un matériau docile qui lui permettait de déterminer la forme objective des objets du tableau. Comme ils n'étaient plus tirés de l'Être naturel, ils devaient être recréés selon les principes de la mise en forme : par les tonalités dominantes de la conception, par la façon de modeler et de constituer l'espace, par la position particulière adoptée dans le déroulement du nouvel organisme, par la valeur de sa fonction pour l'ensemble de l'œuvre. Une forme vient-elle à se répéter, elle se détermine alors dans la variation de sa *Gestalt*, mais à partir de la valeur de chaque partie de l'espace qu'elle occupe.

5. Émile Bernard, *Conversations avec Cézanne*, *op. cit.*, p. 45.

s'en affranchissait pas ; elle ne parvenait pas à être une pure fonction, mais au contraire gagnait en contenu matériel.

Toutefois, la véritable grandeur de Cézanne est qu'il n'a pas renoncé à l'étude de la nature. Plus sa vision restait suspendue dans le vide en raison de la tension existant entre les contrastes, plus il s'obstinait à en chercher la réalisation, c'est-à-dire à transformer cette vision en un corps vibrant tel un idéal en suspens dans une pureté inessentielle. « Le plus fort sera celui qui aura vu le plus à fond, et ce qui a été vu, qui le réalisera pleinement comme les grands Vénitiens[6]. » Mais réaliser ne peut vouloir dire qu'une seule chose : soumettre ses sensations aux principes de la mise en forme absolue et en particulier à ceux de l'art. Pour nous, cela signifie réunir le sujet et l'objet dans le conflit auto-instauré et l'achever dans un organisme ; chosifier la vision dans la concrétude des objets et dans leurs valeurs spatiales et, au-delà, matérialiser cette dernière – en un mot : réduire en poussière l'esprit et à sa place créer un corps immobile, stable mais habité par une âme prenant part à la vie infinie.

Cézanne savait, que sans cette incarnation objective, il n'y a pas d'art et que l'on n'y parvient jamais par le biais d'une description directe. « La nature, j'ai voulu la copier, je n'y arrivais pas. Mais j'ai été content de moi lorsque j'ai découvert que le soleil, par exemple (comme tout autre objet) ne se pouvait reproduire, mais qu'il fallait le représenter par autre chose [...], par de la couleur[7]. » Ce que l'artiste exprime ici au travers du matériau pictural est valable pour tout le domaine du psychique. C'est l'essence de l'art de ne pas pouvoir rendre le vécu directement, sans détours, mais seulement par l'intermédiaire d'un corps, et donc indirectement. Ce qui fait le charme moderne et particulier de l'art de Cézanne et ce qui le circonscrit de façon caractérisée, c'est que l'on peut déceler dans l'œuvre les traces de cette réalisation et son cheminement.

Cézanne voulait quant à lui être un homme créateur, avec toute l'énergie de sa volonté consciente[8]. L'ensemble de son évolution artistique peut être

6. *Ibid.*, p. 36.
7. *Ibid.*, p. 173.
8. C'est donc de façon tout à fait indue que l'on a qualifié Cézanne de mystique (ainsi que l'a fait Émile Bernard que Raphael contredit sur ce point). [Note de Klaus Binder.] Comme tout artiste, il l'a été au début de sa vie. Car comment la pulsion d'unir le monde déliquescent en une création eût-elle pu se former chez lui, s'il n'avait déjà ressenti préalablement et de façon mystique l'unité du monde ? Pour lui, en tant qu'artiste, elle était

comprise comme le processus par lequel il acquiert et affine les moyens de cette réalisation. Dans ses œuvres de jeunesse, un besoin d'expression pathétique se satisfaisant à provoquer des contrastes fortement marqués, entrave l'évolution claire de la forme et l'univocité du déroulement dans l'espace : des éléments de l'art romantique, empruntés surtout à Daumier, composaient le succédané psycho-substantiel de l'adaptation de la volonté, telle qu'elle s'est exprimée plus tard dans la mise en forme elle-même. On le voit bien dans la brusquerie avec laquelle s'interrompt soudain une direction, dans la violence avec laquelle il introduit une forme contraire dans un ensemble de formes paisibles, mais surtout dans l'installation inopportune des relations formelles ou le recentrement autoritaire du processus optique en un acte de voir singulier.

Le progrès essentiel qui est le sien, Cézanne le doit aux impressionnistes. Leur insistance à travailler directement face au monde naturel lui a fourni

une dualité infiniment embrouillée, exclue depuis longtemps des entrailles divines. Maître Eckhart a défini ainsi la quintessence du mysticisme dans sa prédication de la pauvreté en esprit. Il y est dit : « Nous disons donc que l'homme doit être si pauvre qu'il ne soit pas lui-même "un endroit où Dieu puisse agir" ni même qu'il ne l'ait en lui ! Aussi longtemps que l'homme garde en lui de l'espace, il garde de la différence. C'est justement pourquoi je prie Dieu qu'il me rende quitte de Dieu ! Car l'être qui n'est pas est au-delà de Dieu, au-delà de toute différence : là j'étais seulement moi-même, là je me voulais moi-même et me regardais moi-même comme celui qui a fait cet homme ! Ainsi suis-je donc la cause de moi-même, selon mon être éternel et selon mon être temporel. Ce n'est que pour cela que je suis né. Selon mon mode de naissance éternel, je ne puis non plus jamais mourir : en vertu de mon mode de naissance éternel, j'ai été de toute éternité, et je suis, et demeurerai éternellement ! Ce n'est que ce que je suis en tant qu'être temporel qui mourra et deviendra néant : car cela appartient au jour, c'est pourquoi cela doit, comme le temps, disparaître. Dans ma naissance toutes choses sont nées ensemble : j'étais en même temps ma propre cause et la cause de toutes choses. Et le voulus-je : ni moi ni toutes choses ne seraient. Mais si je n'étais pas, Dieu ne serait pas non plus », MAÎTRE ECKHART, *Sermons-Traités*, traduit de l'allemand par Paul Petit, Paris, Gallimard, 1942. Ces mots résument ce que tout mystique a de présomptueux et de tragique. De présomptueux parce qu'elle incorpore la réalité tout entière et le Dieu transcendant de toute religion dans l'âme vivant un isolement absolu ; de tragique, parce qu'elle ne peut pas en toute logique parler de ces expériences vécues sans se renier elle-même. En effet, le mot, le concept sont déjà l'action de l'homme créateur. Mais comme son essence réside dans le fait qu'il pose une réalité, et qu'il aspire à atteindre l'Absolu en mettant en forme cette réalité de manière organique, il est impossible de définir l'homme créateur par l'homme mystique. On peut avancer cette proposition : *l'artiste n'est mystique qu'aux dépens de sa force créatrice*, le mystique ne peut être un homme créateur qu'au détriment de la pureté de son expérience mystique. Ce passage de M. Raphael a été mis en note par Klaus Binder [N.d.T.]

un nouvel objet de réalisation, et Cézanne n'a jamais cessé d'insister sur l'importance de cette démarche. Le développement de chaque œuvre singulière, de même que l'évolution globale de son œuvre, se présente comme le pur aboutissement du processus artistique de réalisation. À mesure de la maturation de sa conception, tout ce qui relevait encore de l'interprétation naturaliste disparaît au profit de l'organisation logique de la mise en forme.

Par quelle voie et sous quels modes Cézanne l'a-t-il obtenue ? Il a commencé par la constitution des moyens spécifiques. De même qu'un mot du langage scientifique n'a rien de commun avec un mot de la langue courante, de même le matériau de la couleur et de la ligne n'est pas en soi un matériau artistique. Cézanne a compris que le matériau ne peut en rien se rapporter de lui-même à la nature, mais qu'il faut d'abord le constituer en un instrument homogène qui, justement, de son côté à lui, sert de transcription à la sensation. Dans ce processus constitutif qui transforme le matériau en moyen [*Bildungsprozess des Materials zum Mittel*], tout le processus de mise en forme est déjà contenu en germe.

La lumière n'est donc plus un but en soi, mais elle doit s'associer à la matérialité de la couleur. Entre ligne et couleur, il n'y a pas de différence essentielle quant à leur signification comme éléments constitutifs, puisque toutes deux doivent être au service de la forme. « Le dessin et la couleur ne sont point distincts ; au fur et à mesure que l'on peint, on dessine ; plus la couleur s'harmonise, plus le dessin se précise. Quand la couleur est à sa richesse, la forme est à sa plénitude. Les contrastes et les rapports de tons, voilà le secret du dessin et du modelé[9]. » Certes, le moyen d'unification de Cézanne était fortement axé sur la couleur (il répondait à la couleur par la couleur et n'a paraît-il jamais utilisé le terme de *valeur*), mais c'était loin d'être de la pure couleur et exclusivement de la couleur.

Cézanne inventa avec ce moyen : il pensait avec lui. Là où, avant Cézanne, des artistes avaient dirigé la composition à partir des objets et réalisé ce qui était mathématique, Cézanne apporta des césures, des ruptures, des accentuations que son outil pictural l'autorisait à pratiquer. Cela n'a été possible que parce qu'il travaillait avec une palette très riche. Voici sa composition dans son assemblage et l'explication qu'y a jointe Émile Bernard :

9. Émile BERNARD, *Conversations avec Cézanne*, p. 36.

« **Les jaunes**
Jaune brillant
Jaune de Naples
Jaune de chrome
Ocre jaune
Terre de Sienne naturelle

Les rouges
Vermillon
Ocre rouge
Terre de Sienne brûlée
Laque de garance
Laque carminée fine
Laque brûlée

Les verts
Vert Véronèse
Vert émeraude
Terre Verte

Les bleus
Bleu de cobalt
Bleu d'outremer
Bleu de Prusse
Noir de pêche

« L'arrangement de la disposition des couleurs est ici dépendant du cercle chromatique, de la manière la plus large ; de telle sorte que, du blanc d'argent, qui en forme le sommet, jusqu'à la tonalité fondamentale, qui en est le noir, elle passe par une parfaite gradation des bleus au vert et des laques aux jaunes. Une telle palette a l'avantage de ne point pousser à trop de mélanges et de donner beaucoup de relief à ce que l'on peint, car elle permet les écarts du foncé et du clair, c'est-à-dire les contrastes vigoureux[10]. »

Cézanne maîtrise la vigueur d'une telle gamme de couleurs, d'une part en la rapportant à une *tache dominante*, en se concentrant sur elle, et d'autre part en la réunissant en une surface colorée vibrante et comme en suspens. Celle-ci ne fait que dérouler logiquement toutes les possibilités immanentes résultant d'un accord chromatique fondamental, conçu en vertu d'une harmonie établie au préalable par l'imagination. Tel est bien le résultat effectif de la mise en forme [*Gestaltung*]. Sa clarté, elle la doit à la nécessité logique avec laquelle les éléments artistiques conquis au gré d'une optique personnelle sont réalisés ; et son calme, elle le doit à l'objectif préétabli par l'imagination.

L'outil ainsi créé mis au service de la forme [*Form*], est déterminé de manière concomitante par le modelé et la spatialisation [*Raumgebung*], soit à travers l'élaboration organique du cubique à partir de la surface. On sait que

10. *Ibid.*, p. 72-73.

le *modelé* s'effectue, chez Cézanne, *par la sphère, le cône et le cylindre*[11]. Mais, comme la valeur pure n'est pas permise par ce seul médium, le concept du *modelé* se transforme en une *modulation*[12]. Le dégradé de couleurs juxtaposées en surfaces isolées devait donner directement des valeurs cubistes. Cézanne expérimenta donc deux types de modelé. L'un, le *modulateur* proprement dit, disséquait l'objet en plans séparés se succédant de façon autonome, ces plans dont la succession en profondeur est atteinte par la seule différenciation des couleurs. Ainsi elle met en ordre la forme artistique comme une succession de contrastes réellement existants et logiquement reliés. L'autre type de modelé, le *modeleur* proprement dit (qui est d'inspiration impressionniste), est de facture illusionniste, à la mode ancienne : l'art ne sert qu'en apparence à créer une plus grande réalisation du tableau.

L'ambivalence et la discrépance du modelage [*Modellierung*] reposant l'une l'autre sur une conscience de soi elle-même exacerbée, et donc sur ce qu'on devrait appeler la « matérialité de la volonté », est peut-être la raison pour laquelle Cézanne, avec son souci de réalisation, n'a pas pu dépasser le niveau du concret, que ce soit du côté matériel ou du côté psychique. Son vœu le plus cher était d'atteindre le degré d'apparition illusionniste du peintre kitsch Bouguereau. Car, en supposant qu'on ait atteint une complète matérialisation, la vitalité de son optique en eût été rehaussée.

Toutefois, s'il ne lui fut pas donné d'atteindre ce but, toute son aspiration tendait à ne pas tuer la chaleur pleine de vie de la sensation : la vie psychique et celle des choses, gagnées par la mise en forme absolue, il ne pouvait l'abstraire. Il s'agissait au contraire de la préserver. Pour Cézanne, il n'y avait pas de mise en forme sans cette vie.

Assez significativement, le dualisme et la discrépance contre quoi la volonté créatrice de Cézanne s'affronte sans répit, apparaissent plus encore dans la formation de l'espace [*Raumbildung*] que dans le modelé. Ils dérivent en effet exclusivement de sa façon de modeler « d'après la sphère, le cône et le cylindre ». Mais ces formes géométriques sont infinies, et comme elles sont parallèles à la voûte céleste, aucune connexion ne peut s'établir avec elle. Ce n'est que par la relation entre ces deux mondes – céleste et terrestre – et par la médiation de la sphère [*Kunstform der Kugel*], justement, qu'un nouvel

11. En français dans le texte. Raphael renvoie à la lettre d'Émile Bernard d'avril 1904 (*op. cit.*, p. 36), aux *Souvenirs sur Paul Cézanne* de 1907 (*op. cit.*, p. 63) et au texte de Maurice Denis (*op. cit.*, p. 94). [NdT]

12. Émile Bernard, *Conversations avec Cézanne*, p. 36.

« espace de l'art » se trouve engendré comme forme artistique. Or, chez Cézanne, pour qui « modeler selon sphère, cône, cylindre » a une importance aussi grande que l'objectivité à trois dimensions, les deux moments contraires articulant l'espace sont dissociés, et c'est pourquoi ils font entrer l'espace naturel dans l'unité organique.

Les tentatives qu'il opère pour unir l'un et l'autre deux se manifestent à de multiples reprises. Nous avons d'abord la division bien connue et souvent reprise de la surface à l'horizontale en trois parties. Lorsque le sujet est un paysage, nous voyons un premier plan modelé de façon fortement cubiste, derrière lequel la mer, immense surface bleue, se dresse majestueusement, et crée une relation avec le ciel, comme on voit dans les tableaux de l'Estaque. La division en trois parties, dans une nature morte, souligne souvent un premier plan et un arrière-plan vertical, entre lesquels la table qui monte en diagonale, crée un lien. Si Cézanne voulait exploiter la force cubique impulsée par cette direction en biais jusqu'à la dernière tension de l'espace, il devait placer l'objet perpendiculairement par rapport à elle, ce qui a suscité ces perspectives qu'on a tellement critiquées.

Un autre signe caractéristique, c'est la vue fortement plongeante prise sur les choses dans l'espace, qui permet à Cézanne d'introduire pour ainsi dire une nouvelle couche spatiale (par exemple au niveau des toits) pour renforcer, et médiatiser ses propres tendances spatiales. Ce type de spatialisation – en quoi se constitue une manière de donation de l'espace tout entier [*Raumgebung*] – permet de se rendre très nettement compte de la difficulté que Cézanne éprouvait à délimiter l'espace dans deux directions : en largeur et en hauteur, principalement. Les tableaux commencent et s'achèvent de façon abrupte et dure, et plus il modèle « selon la sphère », plus il est contraint de remplir les parties existant entre la surface sphérique et le bord du tableau avec de vieux décors stéréotypés. Ces deux verticales du bord du tableau, qui se mettent ensuite en relation avec les lignes horizontales de la division de la surface montrent de manière frappante le rôle que joue la surface à partir de ses orientations fondamentales dans la mise en forme de l'espace cézannien. En tant qu'elle est un organisme nouveau, cette mise en forme est restée quelque chose de tout à fait étranger, de parfaitement extérieur ; il faut un effort concentré de notre volonté pour l'impliquer dans la donation de l'espace. C'est d'ailleurs ainsi que se comprennent tous les motifs qui présentent une telle obstruction de l'horizon par une surface impénétrable (tel un mur formé par un entrelacs de feuillages et de branchages). C'était sa façon de circonscrire l'espace et de le rapprocher de la figure. Le problème semblait pour ainsi dire diminué d'un cran.

Cézanne parvint à une tout autre forme de spatialisation en utilisant la diagonale comme élément destructeur. Dans un premier cas de figure, nous voyons à nouveau une division en trois parties, de sorte que deux des plans insérés en diagonale dans le tableau à partir des bords horizontaux se rencontrent sous la forme d'une tenaille ouverte. Ils sont fermés par un plan incliné vers le haut à partir du bord inférieur, sur lequel l'objet est posé à la verticale. Il en résulte une forte tension de l'espace qui a pour effet que rien ne s'échappe de la surface du tableau pour revenir dans un espace naturel.

De façon moins radicale, Cézanne a justement mis entre parenthèses la structure de la surface, quand il fait commencer une direction spatiale diagonale au bord – conservant de cette façon le plan – pour conquérir l'espace en profondeur en le pénétrant peu à peu. Ici, ce que la tendance spatiale a de très direct est arrêté par l'éclairage, qui en tombant dans la diagonale opposée, développe un conflit fécond. Pourtant, c'est justement dans ces tableaux que Cézanne a rencontré quelques difficultés pour fermer l'espace en hauteur. Il est clair que la forme classique fondamentale, l'ellipse, ou bien n'est pas trouvée, ou bien est écartée. En dépit de tous les problèmes non résolus, c'est en cela néanmoins que réside la grande leçon que nous donne Cézanne : *s'il veut une réalisation picturale de son expérience vécue, l'artiste doit tendre à une constitution de l'espace en adéquation avec elle*. C'est lui qui, le premier, a reconnu la différence entre l'espace donnant l'illusion de la nature et l'espace artistique [*Kunstraum*]. Évidemment, il n'a pas trouvé pour ce dernier une forme d'une pureté parfaite. Au lieu de cette unité spatiale du tableau organique qu'il a sans cesse recherchée, il n'aura laissé pour finir qu'un espace discontinu et composite.

Arrivé au point où il ne nous reste plus qu'à parler de l'achèvement, de la relation des parties avec le tout, nous devrions avoir le sentiment que plus rien d'incongru ne pourrait intervenir dans notre présentation, tout comme si ce qui restait à dire devait résulter fatalement de ce qui a été dit. Et en effet, comme l'espace entier est le résultat de toutes ses parties, et que chaque forme singulière est déterminée par le tout, la question se résorbe d'elle-même : car, où pourraient bien se trouver les forces qui les relient, si ce n'est dans ses formes elles-mêmes ? Le signe d'un art qui a accompli le dur chemin de la mise en forme absolue, c'est justement qu'arrivé à un certain moment dans l'acte de créer, l'arbitraire du créateur est destitué de toute possibilité, et qu'en réfléchissant librement il ne peut qu'accomplir les possibilités inhérentes à la conception et à la logique qui leur est propre pour en refléter la manifestation la plus parfaite. Il ne s'agit pas d'une variété de parties, ni de leur chatoiement ou de leur plénitude, mais seulement de cette richesse interne de variation qui se renforce avec la sobriété des moyens utilisés. Il n'est plus question de l'accumulation la plus grande possible de particularités dénotant la réalité ; il ne s'agit pas même de la joie suggérée par la pluralité existentielle de l'Être, mais de l'indication pertinente, comme de l'élaboration plus ou moins précise et signifiante, de ces cas singuliers tels qu'ils sont subsumés sous la loi de la mise en forme : il s'agit seulement en effet de l'épanouissement de sa validité quand elle acquiert une véritable ampleur.

Le déroulement du processus de mise en forme se caractérise chez Cézanne par la focalisation sur l'éclairage chromatique aussi bien que sur le modelé, tout autant que par l'accentuation et la connexion des points importants sur le plan fonctionnel du tableau, et donc sur l'ensemble de la composition. Ce qui est typique de Cézanne, c'est la manière dont ces points fonctionnels de la mise en forme oscillent et planent – à la fois proches et lointains – autour des lieux affleurant à la surface. Ce rapport, à la fois rigide et libre, apparaît plus nettement dans la relation existant entre figure mathématique fondamentale et rythme. Nous avons vu précédemment que dans une mise en forme parfaite ces deux éléments s'abolissent en s'enchevêtrant, suscitant par là même l'apparence de la nature. Chez Cézanne, ils sont soumis à une tension pleine de vie. La volonté de les relier dans une direction mathématique quasi statuaire est altérée par une autre, qui, elle, en tant que rythme libre, entrave cette liaison. C'est pourquoi les voix qui contribuent à la mise en forme se font entendre de manière particulièrement hybride : entre d'un côté un statuaire purement spatial et de l'autre, une dynamique purement rythmique, sans que jamais cette unité de l'espace unitaire, qui ne peut être que statuaire et dynamique à la fois, puisse être atteinte. Cela explique que Cézanne comprenne le déroulement du processus de mise en forme davantage comme une variation sur un thème que comme une construction homogène qui tendrait à se renforcer – compromis impossible, mais d'autant plus inacceptable que Cézanne était un caractère profondément dramatique.

Chez lui en effet, le contraste inhérent à chaque conflit évoluait vers une lutte de forces opposées, de mouvements de volonté qui entraient en collision, armés de durs boucliers et d'armures robustes comme celles du Moyen Âge, qui faisaient s'élever à partir de ce combat lui-même, un royaume tellement colossal, si puissant et si profond que nous allons sans cesse de surprise en surprise, de découverte en découverte. Tantôt nous trouvons le héros plein de ressentiment, tantôt le rêveur tendrement lyrique ; c'est le géant assaillant l'Olympe et c'est le Prométhée torturé à mort par la morsure d'aigle de l'Absolu – ce monde est celui d'un homme tragique. Sa force créatrice, en effet, était rongée par une force contraire qui l'habitait profondément ancrée dans son caractère, il y avait une impuissance ou une *surpuissance*, en tout cas un facteur qu'il devait surmonter en l'étourdissant de tout l'effort de sa volonté. « *Je me suis juré de mourir en peignant.* »

Ainsi la vie de Cézanne n'a-t-elle été qu'une lutte infatigable pour « faire de l'impressionnisme quelque chose de solide et de durable comme l'art des Musées[13] », ce qui signifie créer une œuvre qui crée de toutes pièces sa propre *Gestalt*, et se constitue comme *tableau*. On a fait valoir à son égard justement qu'il n'en avait jamais créé aucun. Mais il a été le premier à vouloir le faire, alors que la volonté de Renoir avait comme seul objectif de rendre de façon descriptive un moment de vie cosmique. Cézanne a unifié la lumière, la couleur et la ligne en un médium unique, dont le sens n'est pas de décrire la réalité, mais uniquement de consolider avec elles le conflit pour en faire un Tout et se laisser déterminer par lui. L'importance de Cézanne par rapport à Renoir et aux Impressionnistes réside dans le fait qu'il pouvait réellement émanciper sa volonté de mise en forme de la matérialité de l'expérience vécue, créant pour soi un conflit purement énergétique qui s'accomplissait d'après ses lois propres en un organisme. « L'exemple de Cézanne nous enseignait à transposer les données de la sensation en éléments d'œuvre d'art[14]. »

Cette exacerbation emphatique, qui seule permet de donner à l'art ce qui lui est propre – les principes de la mise en forme absolue –, n'est pas seulement un acte de volonté, comme on a voulu le faire croire. Tant qu'elle ne signifie qu'une effectivité matérielle, la volonté se confond avec l'arbitraire. Elle devient pure fonction ; elle ne devient la base d'une expression créatrice nécessaire que lorsqu'elle implique un retour aux fonctions de la conscience et aux fondements du devenir de l'objet. Autrement dit, lorsqu'elle

13. Théodore DURET, *Die Impressionisten*, Berlin, éd. Cassirer, 1909, p. 122. Nous reprenons les propos rapportés par Maurice DENIS dans *Conversations avec Cézanne*, *op. cit.*, p. 170. [NdT]

14. Raphael cite Maurice DENIS, *L'Occident*, 1907, p. 126. Nous citons Maurice Denis d'après l'extrait de l'article de *L'Occident* publié dans *Conversations avec Cézanne*, *op. cit.*, p. 174. [NdT]

tend à établir une connexion continue entre les deux pour parvenir à cet accomplissement dans les principes fondamentaux de l'art, qui sont ceux-là même de leur réalisation. Ces principes ne constituent jamais qu'une forme, nullement une formule, un organisme, jamais un schéma[15].

Seul Cézanne a voulu la voie pure vers la mise en forme absolue et son œuvre à elle seule constitue déjà un accomplissement qui toutefois n'est pas intégral. Notre exposé aura sans doute mis beaucoup trop en évidence la divergence interne et le caractère hybride de certains tableaux de Cézanne. Pourtant, ce n'est pas au regard des faux dieux, c'est au regard du pur objectif de la mise en forme absolue vers lequel a toujours tendu sa volonté, que nous devons convenir du fait qu'il n'a pas fait de tableau parfaitement accompli.

15. Raphael écrit ailleurs : « Par rapport à la vie de l'organisme, le schéma, c'est la mort. La dureté de ce manque de vie est le propre autant du dessin de Hodler que de sa couleur. On se serait rendu compte plus tôt que son œuvre n'est que l'illustration de ses pensées – qui ont comme contenu une biologie volontariste – si ses œuvres n'avaient pas la force de ce qui est monumental. La qualité qu'il faut leur reconnaître, c'est que, pour ainsi dire, elles construisent à l'intérieur du spectateur l'espace même auquel elles appartiennent. Cela montre leur force, mais ne change rien au fait qu'elles ne sont que des expressions impures de la pulsion créatrice. C'est là que réside la différence décisive entre Cézanne et Hodler. Hodler reste prisonnier de la matérialité de son vécu. Il limite la pulsion créatrice, non sur la voie de la constitution de la forme, mais par la construction d'un schéma. Si l'on représente l'éveil du jour à des degrés variés et successifs de l'éveil de l'homme, on fixe le contenu de façon tout à fait conceptuelle, on le dépouille de toute amplitude interne, et, par là même, de tout intérêt. Et, en agençant ces étapes en cinq figures dont les moitiés correspondent entre elles, on isole les parties, et on instaure un ordre qui n'a rien de la vitalité interne de l'organisme. C'est là un schéma qui vient se plaquer sur une pensée déjà schématisée et fait apparaître complètement sa finitude sur le plan optique. À l'encontre de F. Burger (1912), je voudrais insister sur le fait que j'ai établi cette comparaison entre Cézanne et Hodler dès 1911 ; j'ai écrit alors : “Quelle importance a Hodler pour la peinture du futur ? Dans les cercles académiques, on est en effet enclin à considérer qu'elle est très grande et l'on se réfère aux expositions d'artistes suisses dont le très haut niveau a attiré l'attention. Mais leur influence ne pourra pas aller au-delà des frontières nationales. Je crois plutôt que la langue de Hodler restera forcément tout à fait personnelle, parce qu'il y a chez elle une stylisation et qu'elle élabore un schéma tout fait. Mais les stylisations ne peuvent pas être la langue qui exprime totalement une époque, même si elles peuvent quand même englober un domaine remarquablement vaste et général de faits. C'est Cézanne et non Hodler qui a montré la voie vers laquelle l'art peut évoluer et a d'ailleurs déjà évolué” » (note de K. Binder).

Chapitre 3
Les héritiers de Cézanne

Gauguin ne m'a pas compris. Je n'ai jamais eu comme objectif et je n'accepterai jamais que l'on renonce à des objets ou à des nuances ; c'est de la bêtise.

Paul Cézanne

L'Expressionnisme

Depuis le jour où les tableaux du maître solitaire d'Aix furent recherchés par les jeunes artistes pour y trouver un soutien et leur permettre de dépasser l'impressionnisme qui était devenu pour eux totalement inadéquat et fade, l'influence de l'œuvre de Paul Cézanne s'est confondue avec le cours de l'évolution de la peinture moderne, provoquant des serrements de cœur désespérés et l'ivresse de perspectives extatiques. Il était là, tel un massif imposant, et il a fallu longtemps pour que quelqu'un trouve le courage ne serait-ce que pour commencer à s'élever en esprit vers le sommet qu'il constitue. D'ailleurs, qui parmi les artistes d'aujourd'hui pourrait dire qu'il ait atteint cet objectif ? Les premiers qui s'y risquèrent durent se contenter en longeant le bas de cette éminence, de piocher quelques bribes de sagesse et, avec elles, de commencer à naviguer hors des eaux stagnantes de l'impressionnisme pour trouver une issue dans une direction opposée. On déchira l'unité harmonieuse du Moi, du Monde et de Dieu, créée dans les tableaux de Cézanne, pour jeter des bases complètement nouvelles, mais contestables, loin d'atteindre à sa pure sagesse. On s'empara de ce côté négatif de sa pulsion créatrice, et, en l'absolutisant, on remplaça le naturalisme de la mise en forme par ce second degré (mais qui n'est pas nécessairement supérieur) de l'*idéalisme de la mise en forme.*

Ainsi s'exprime Maurice Denis à ce sujet : « Du point de vue de la subjectivité, nous avons pensé que la nature, *vue* à travers un tempérament, aurait été remplacée par la théorie de l'équivalence ou du symbole : nous affirmions que les émotions ou états d'âme provoqués par un spectacle quelconque comportaient dans l'imagination de l'artiste des signes ou équivalents plastiques capables de reproduire ces émotions ou états d'âme sans qu'il soit besoin de fournir la copie du spectacle initial ; de sorte qu'à chaque état de notre sensibilité devait correspondre une harmonie objective capable de le traduire. L'art n'est plus une sensation seulement visuelle que nous réceptionnons, une photographie, si raffinée soit-elle, de la nature, non, c'est une création de notre esprit dont la nature n'est que l'occasion fortuite. Au lieu de "travailler autour de l'œil, nous cherchions au centre mystérieux de la pensée", comme disait Gauguin. [...] et l'art, au lieu d'être la copie, devenait la déformation subjective de la nature.

« Du point de vue objectif, la composition décorative, esthétique et rationnelle à laquelle les impressionnistes n'avaient pas pensé, parce qu'elle contrariait leur goût de l'improvisation, est devenue la contrepartie, le correctif nécessaire de la théorie des équivalents. Elle autorisait au bénéfice de l'expression toutes les transpositions même caricaturales, les outrances les plus caractéristiques : la déformation objective obligeait à son tour l'artiste à tout transposer en Beauté. En résumé, la synthèse la plus expressive, le symbole d'une sensation se transfigurait en une transcription éloquente, en même temps qu'elle restait un objet composé pour le plaisir des yeux[1]. »

La mise en avant du sujet ! Voilà ce que Maurice Denis a retenu de la leçon de Cézanne : l'accent mis sur le Moi créateur qui nous libèrerait de la prééminence de l'objet. Au fond, on en avait assez de cet esclavage, on était insatisfait de cette fixation exclusive sur le stimulus de la sensation, on était fatigué de cette égalisation des nuances de cet esthétisme panthéiste. Voici qu'il fallait rassembler ses sensations singulières, les concentrer en quelque chose de plus essentiel, qui eût à la fois la force de nous libérer de la matérialité de la substance et de restituer l'expérience vécue – non plus directement, de façon réaliste, mais indirectement –, c'est-à-dire de façon symbolique. « Il y a deux façons d'exprimer les choses : l'une est de les montrer brutalement, l'autre de les évoquer avec art. En s'éloignant de la représentation littérale du mouvement, on aboutit à plus de beauté et de grandeur[2]. » L'équivalent symbolique et la synthèse expressive devinrent les deux concepts fondamentaux de cet art nouveau.

On pouvait essayer de deux façons de faire un pas pour stabiliser la force du stimulus et parvenir à quelque chose d'essentiel : ou bien la sensation se voit condensée, contractée, approfondie ; ou bien on la simplifie pour la purifier et revenir aux sources. Mais d'une part les deux procédés sont

1. Maurice Denis, « De Gauguin à Van Gogh au classicisme », *L'Occident*, mai 1909, réédité dans *Théories*, « 1890-1910. Du symbolisme et de Gauguin vers un nouvel ordre classique », p. 267-268.
2. Henri Matisse, *Écrits et propos sur l'art, Notes d'un peintre*, Paris, Hermann, 1972, p. 45.

en soi interminables, et d'autre part présupposent tacitement le principe selon lequel il faut procéder, à moins que ne s'imposent l'arbitraire complet du sujet et les associations contingentes de l'imagination (desquelles il faut prendre garde en les sollicitant).

Ainsi, la situation du sujet – il s'agit ici du sujet psychique dans ses fonctions cognitives telles que combiner, choisir, etc. – exige alors la substitution d'une mystique ou d'une métaphysique. Mais, de même que nous avons eu l'occasion de réfuter le mysticisme, nous ne pouvons pas non plus reconnaître dans la métaphysique un principe constitutif de l'activité créatrice : celle-ci tire plutôt sa substance de sources qui nient la pulsion créatrice. L'hypothèse métaphysique doit son existence au fait que l'on reconnaît le défaut d'une interconnexion causale dans l'Être, et que l'on comble ces lacunes en invoquant n'importe quelle force que l'on a sous la main. Or la mission de l'activité créatrice est justement de créer la cohérence causale des connexions de ce monde, à partir des fonctions de la conscience et des raisons fondatrices du devenir de l'objet ; non pas à l'aide d'une force extérieure au réel ou surnaturelle, mais par les forces de l'expérience elle-même. Ainsi métaphysique et action créatrice s'excluent-elles de la même façon que le mysticisme exclut l'art ; nulle profondeur supposée, nul éclat ne peut nous corrompre au point de considérer cette hypothèse autrement que comme un jeu creux de l'arbitraire subjectif, dépourvu de toute nécessité et de toute universalité.

Étant le corrélat d'une étape donnée de l'arbitraire subjectif, aucune hypothèse métaphysique ne peut surmonter un tel arbitraire. C'est pourquoi le concept de synthèse, fût-il débarrassé de toutes les interprétations portant à confusion, est très loin de représenter la totalité de la pulsion créatrice. Cette « synthèse » n'est pas ce que Kant a nommé le pur jugement de l'expérience. En dernière instance, elle n'est jamais qu'une relation sans raison d'être, qui n'est pas une vraie liaison, qu'invoque le sujet individuel comme s'il croyait qu'elle pourrait l'élever à l'universel (cette corrélation entre désir d'unité et élévation, entre abstraction et faux semblant est tout à fait typique). Puisque le résultat d'une telle synthèse s'effondre toujours dans le tombeau béant de la métaphysique, il ne peut nullement s'agir de la forme cézannienne, nécessaire et irréprochable, qui contient tout, et, pour cette raison, garde toute sa validité. Dans le meilleur des cas, ce n'est qu'un équivalent optique et dans le pire ce n'est qu'un équivalent littéraire. Son contenu dérive de l'accent mis sur les fonctions spirituelles du sujet. Provenant de l'impressionnisme, puisque ce contenu ne part pas de l'objet, mais plutôt de la sensation, et qu'au lieu d'être dirigé sur ce qu'il y a d'essentiel dans la chose il est ancré sur l'essence du stimulus, le contenu de l'œuvre expressionniste se caractérise par la mise entre parenthèses presque complète de la réalité de l'objet. Le ressenti psychique devient alors contenu immédiat de l'art. Nous avons dû rejeter comme insuffisant ce ressenti. En effet, dans la mesure où il se caractérise par le seul déroulement purement temporel, il ne peut jamais aboutir à un conflit auto-posé, que nous jugeons être le facteur indispensable de la mise en forme absolue. Du reste, voilà bien ce qui est signifiant pour tout contenu psychique quel qu'il soit : c'est qu'en principe un seul sujet peut en faire l'expérience, en vertu de quoi il n'est pas communicable, aussi longtemps qu'il se referme obstinément sur lui-même.

Un art qui se réclame d'un tel subjectivisme égocentrique se condamne pour cela à une totale pauvreté, puisque ce n'est pas le contenu qui compte, mais uniquement la fonction spirituelle. Cette dernière ne peut pas s'épanouir complètement sans s'opposer à l'obstacle que constitue l'objet physique réel [*real-physisches Objekt*]. La diversité du contenu, à vrai dire, n'en est pas amoindrie. On y trouve à la fois ce mélange de lyrisme et de *pathos* sur le plan sentimental, et une large gamme allant des plus vils instincts à une spiritualité mystique de somnambule en ce qui concerne le contenu substantiel. Cette variété accentue plutôt le côté arbitraire. Le mysticisme, la relation non causale de l'homme avec l'absolu, se mue en télépathie ; et ainsi, le cas problématique des relations inexplicables causalement est celui des hommes qui entretiennent des affinités électives. La puissance du sexe qui donne vie à tout est devenue une sensualité banale à quatre sous, celle des cabarets, partageant avec le nouveau mysticisme cette existence marginale et abstruse où se réfugient les sensations du peintre. Cette nouvelle tendance qui cherche à essentialiser se caractérise par deux points qui l'opposent à toute autre tendance semblable d'époques antérieures : l'individualisation complète ou la séparation radicale de l'expérience vécue, et la totale laideur de la configuration matérielle. Quand on force le trait sur de telles banalités, que l'on s'acharne sur ce contenu minimal, c'est bien le signe de l'esprit d'une époque au goût douteux[3].

3. Manifestement nous sommes en présence d'un type de personnalité qui diffère complètement de celle des impressionnistes. L'écart d'une génération qui sépare ces derniers des expressionnistes a apparemment provoqué un changement typique. Si je ne m'abuse, la différence est la même que celle qui existe entre les artistes de la dernière génération du XVe siècle italien et de ceux du XVIe, décrite par Wölfflin avec tant de clarté. On pourrait caractériser l'évolution de la peinture moderne avec les mêmes concepts formels : l'utilisation plus forte et exhaustive des moyens, la nouvelle clarification des relations entre la surface et l'espace, la plus grande fermeture de la forme, l'intégration plus forte de la partie

Comme le processus artistique et le type des formes qu'il fait apparaître correspondent uniquement aux forces contenues depuis le début par l'activité créatrice, chaque élément isolé, mais aussi l'ensemble de cet art nouveau, seront l'un et l'autre tout aussi éloignés de la tache de couleur impressionniste et de cette esquisse de tableau totalement ouverte et fragmentaire qui lui est propre qu'ils ne le sont de la forme et du point de vue organique du tableau chers à Cézanne. Par rapport à l'impressionnisme, cela signifie (tout au moins théoriquement) un grand pas en avant vers la fin recherchée qui consiste à ériger une totalité comme « régulative » pour l'expérience vécue qui a été intégralement subjectivisée. Car l'art n'est jamais uniquement arbitraire et subjectif, il est toujours issu d'une tension entre le sujet artistique et un obstacle objectif que la volonté artistique se crée pour soi.

Le nouvel idéal, c'était le tableau. On voulait de nouveau produire une formation artistique autonome, émancipée de toute relation étrangère et extérieure. Pour l'expressionnisme, ce n'était plus la nature qui était l'obstacle servant de régulateur et qui dictait à l'artiste les lois de la création, mais le tableau. Or ce qu'on appelait tableau n'était pas l'organisme instauré par la mise en forme absolue et issu de principes constitutifs ; il était dépendant d'un facteur d'ordre décoratif, ce qui signifie qu'il demeure subjectif, harmonieux et ornemental à la fois, et non point objectif, tel qu'il serait engendré de la chose même. « La composition est l'art d'arranger de manière décorative les divers éléments dont le peintre dispose pour exprimer ses sentiments. Dans un tableau, chaque partie sera visible et viendra jouer le rôle qui lui revient, principal ou secondaire. Tout ce qui n'a pas d'utilité dans le tableau est,

dans le tout, la simplification des représentations optiques en général. Seulement, il faut se garder de transformer ces différences de nature en degrés de valeur, en progrès. Aussi grands qu'aient pu être le travail et la performance de Matisse, avant qu'il ne parvienne à la simplicité, il ne m'appartient pas de dire que Renoir lui est supérieur comme le sont Mantegna, Signorelli ou Boticelli par rapport à Raphael ou Andrea del Sarto. Il s'agit de deux types de mise en forme tous deux également éloignés de la mise en forme absolue et qui n'autorisent entre eux aucune comparaison de valeur autre que celle qui a trait à la force de leur personnalité. Si Léonard de Vinci est parvenu à cette mise en forme absolue, le rapport qui existe entre lui et Raphael et del Sarto, d'un point de vie historique et évolutionniste est le même que celui de Cézanne à Gauguin ou Matisse. L'artiste de la mise en forme absolue se situe donc historiquement entre deux degrés de mise en forme : *naturaliste-descriptive* d'un côté, *idéaliste-abstraite* de l'autre, et il n'est pas rare qu'elle soit issue de l'un et ouvre la voie à l'autre. Cette forme de relation historique (manifestement typique) apparaît aussi dans la littérature allemande, par exemple dans la position de Gœthe entre la période du *Strum und Drang* et le romantisme.

par là même, nuisible. Une œuvre comporte une harmonie d'ensemble : tout détail superflu prendrait, dans l'esprit du spectateur, la place d'un autre détail essentiel[4]. » La relation des parties au tout ne consiste pas dans le fait que la touche de couleur est absorbée dans une totalité, comme pour l'impressionnisme, c'est une relation optique des surfaces qui la remplace. Toutefois, cette relation n'est pas organique, elle n'est pas autocréatrice ; plutôt est-elle intérieurement dépourvue de relations.

L'ordre optique décoratif se manifeste dans une direction du regard pleine d'assurance. En faisant glisser l'œil de ce qui est singulier vers l'ensemble, elle se limite à la taille de la surface. Le format de la surface dans sa forme figurative, autant que sa grandeur, semblent devenus des facteurs constitutifs de la mise en forme : un élément fondateur de leur conception. « La conception qui doit viser à l'expression, se modifie avec la surface à couvrir[5]. » Comme on n'avait pas pu aboutir à un conflit auto-posé et que les contraires restaient absolument séparés l'un de l'autre, le principe de répétition a pris la place du principe d'interpénétration des figures et des formes, en sorte que la limitation organique de la vision expressionniste était impossible. La limitation s'est donc opérée sur la *Gestalt* extérieure : celle du format.

Si tout changement dans le domaine cosmique déterminait une nouvelle conception pour les impressionnistes, eussent-ils à traiter le même sujet, chaque grandeur nouvelle de la surface peinte entraîne une nouvelle conception du monde chez les expressionnistes, comme s'ils devaient représenter un sujet tout à fait nouveau. « Je ne répéterais pas ce même dessin sur une autre feuille dont les proportions seraient différentes, qui par exemple serait rectangulaire au lieu d'être carrée. Mais je ne me contenterais pas de l'agrandir si je devais le reporter sur une feuille semblable, mais dix fois plus grande. Le dessin doit avoir une force d'expression qui vivifie les choses qui l'entourent. L'artiste qui veut reporter une composition d'une toile sur une toile plus grande doit, pour en conserver l'expression, la concevoir à nouveau, la modifier dans ses apparences, et non pas simplement la mettre au carreau[6]. »

4. Henri Matisse, *Notes d'un peintre, op. cit.*, p. 43.
5. *Ibid.*
6. *Ibid.*, p. 43.

Une telle conception signifie qu'il n'y a pas de relation causale assignable ; partout en elle il y a de l'espace favorable à l'arbitraire du sujet. Et, tout comme ce qui est singulier dépend de l'intention du peintre en raison de sa position dans l'ensemble, cet ensemble lui-même demeure dépendant du sujet, comme l'ébauche de mise en forme impressionniste [*Gestaltungsskizze*] l'était par l'objet.

Dans la mesure où l'ensemble figuratif manque de cohérence, il en va de même des parties dans leur relation avec le tout. La partie elle aussi n'est qu'un *Ersatz* de la forme, et s'appelle ici *couleur pure*. De fait, la couleur est devenue le support expressif direct de l'excitation interne ; non pas la couleur pure, très rapidement banalisée, plutôt la couleur très finement différenciée en gradients lumineux, de telle sorte que se produise malgré ces différences l'apparence d'une surface de couleur homogène. Il fallait intensifier le matériau chromatique si l'on voulait s'en servir comme moyen d'expression. Prenons pour mieux nous faire comprendre un exemple tiré de la littérature contemporaine. « [Heinrich] Mann est bouleversé par les mots. Ils ne sont pas pour lui de simples moyens servant un objectif qui leur est extérieur, ils sont une expérience littéraire vécue, profonde et lumineuse. Et, comme il y a chez cet auteur une fièvre de boire jusqu'à la lie tout ce qui est objectal, il choisit toujours le mot le plus fort, celui qui désigne l'objet ayant atteint son stade le plus intensif de vie incandescente. Il tombe ainsi dans un maniérisme de l'extrême, qui n'a rien à voir avec le formalisme stylistique, mais provient uniquement du désir dévorant de trouver le terme descriptif le plus percutant[7]. »

Il en va pareillement pour la couleur. En évitant toute stylisation vers le gris et en procédant à une recherche au sein de la couleur dans de subtiles différenciations, on intensifie au maximum sa force expressive et on ravive celle-ci en équilibrant les masses. Le facteur quantitatif est une composante très importante du calcul de l'effet chromatique. Plus on accentue la grandeur de la tache de couleur, plus la ligne s'impose pour la souligner et la rehausser. Il est tout à fait signifiant et caractéristique de l'art expressionniste que le dessin ne soit pas un moyen pictural primaire, mais lui reste secondaire. Que, pour le choix de la couleur, on s'en remette entièrement à l'instinct et au besoin d'expression de la sensation confusément ressentie, ou que par une opération intellectuelle hâtive sur le compte de ce qui est éprouvé on

7. Leo Greiner, *Heinrich Mann, Jagd nach Liebe*, Berlin, 1904, p. 117-119.

convienne d'une symbolique des couleurs, dans l'un et l'autre cas, la condition minimale pour que la couleur soit utilisable comme support expressif direct demeure l'hypothèse douteuse selon laquelle les couleurs susciteraient effectivement, ou devraient susciter les mêmes valeurs expressives chez tous les hommes[8].

À supposer que cette hypothèse soit étayée par le fait que la valeur atmosphérique psychique de la couleur devrait être nécessairement la même pour tous les hommes en raison de la relation à la lumière – et parce que la composition de toute couleur est faite de lumière et d'obscurité –, travailler directement sur et dans la couleur pure ne serait pas un moyen suffisant de la mise en forme : sa signification ne s'acquiert que par une abstraction arbitraire et non par la formation d'une unité gestaltique. Le corrélat de la couleur pure est la pure surface, et, par le biais de ces abstractions, nous reviendrions en arrière en plein classicisme, tel qu'il a déjà connu une renaissance triomphale avec Ingres et David. Ce qui distingue ce nouveau classicisme de l'ancien, c'est le fait que, dans ce dernier, la ligne, en tant qu'élément formatant le corps, était devenue par le biais de l'abstraction le moyen direct. Tandis que dans le nouveau classicisme, c'est à la couleur que revient ce rôle d'élément exprimant la sensation intérieure. Alors que la génération de David et d'Ingres s'est enlisée dans l'histoire, dans des fragments d'art ancien et dans le réalisme, c'est le panneau décoratif, le goût de l'affiche qui sonne le glas de la nouvelle génération, manifestant un vide abyssal de contenu. Il est indéniable que le classicisme ancien est d'une

8. Si les expériences que j'ai menées sur des enfants ont montré que les associations fortuites étaient tout à fait prédominantes, les opinions diffèrent y compris chez les hommes qui ont procédé à une abstraction *ad hoc*. Le jaune par exemple signifie la terre pour Léonard de Vinci, pour Gœthe une qualité gaie, dynamique, charmante, pour Kant un caractère amical. Pour Kandinsky le jaune se rapproche de l'homme insolent, c'est une couleur terrestre, une débauche de force qui ne va pas au bout d'elle-même ; pour Van Gogh, c'est la clarté divine ; pour Gauguin : cette couleur jaune suggère la nuit (!) sans toutefois qu'il l'explique ; dans le langage populaire, il est frappant que le jaune, de manière bizarre, suggère l'envie (*cf.* Th. Vollbehr, *Die Neidfarbe Gelb*). Mais même quand on est enclin à expliquer ces différences en faisant l'hypothèse d'associations personnelles et à expliquer les différentes valeurs expressives selon le degré de lumière, le parfait accord demeure plutôt un souhait qu'une réalité ; et même si cet accord était garanti par l'exigence que la valeur psychique devrait être la même – en raison des relations à la lumière et de la composition de lumière et d'obscurité entrant dans chaque couleur –, le travail dans la couleur pure ne serait pas un moyen suffisant.

spiritualité bien supérieure, comme nous pouvons le constater, non sans en éprouver une certaine honte, en comparant les portraits des deux époques.

Aussi le principe de l'expressionnisme est-il tout à fait contestable, c'est une ligne de crête cernée d'abîmes profonds, un chemin qui ne conduit pas vers la mise en forme absolue. Voilà bien pourquoi, pour une série d'artistes ayant commencé avec beaucoup de talent, il a suffi de quelques années et d'un peu de reconnaissance sociale pour que leurs œuvres atteignent au kitsch de celles qu'on expose au *Salon*. Le danger de ce principe se cristallise pour ainsi dire dans le concept de déformation, que nous avons vu plus haut avec Maurice Denis. On entendait par là une transfiguration de l'objet tel qu'il est donné dans la nature, pour le soumettre à des fins expressives.

Or, je suis loin de croire pour ma part que l'objet de la nature et l'objet de l'art se recouvrent et doivent être identiques, sinon même ressemblants. Car toute transfiguration doit répondre uniquement à une nécessité dictée par la mise en forme absolue, et non procéder de raisons subjectives et arbitraires quand ce n'est pas du simple besoin d'expression. Dans le premier cas, le gouffre existant entre nature et mise en forme est ressenti comme quelque chose de tragique, puisque l'essence même de la mise en forme est d'apparaître comme nature. Dans le second, elle est impuissance, ce n'est cependant point dans le sens où l'on ne peut pas dessiner la forme qui convient avec justesse, mais parce qu'on ne peut pas expressivement opérer une mise en forme organique. Aucune école ne peut remédier à cette imperfection du tempérament humain. Quel sens pourrait-il bien y avoir à remplacer la matérialité de la beauté par celle de la laideur ? Les prismes à travers lesquels nous voyons le monde sont différents, mais il n'y a pas de raison manifeste de supposer que la vision matérielle de l'un soit davantage artistique que celle de l'autre.

Gauguin

Parmi les artistes qui – presque en dépit de ces principes – ont créé des œuvres importantes, Gauguin fut le premier à établir et défendre l'éventail entier des nouveaux dogmes. Et, comme cela s'est produit non seulement dans ses tableaux, mais également avec les outils d'une rhétorique parfaitement assumée, sa funeste influence fut très grande, surtout en Allemagne.

Gauguin était au fond un réaliste : le besoin romantique d'avoir sous les yeux le monde auquel il aspirait le mena jusqu'à Tahiti. D'un intellect austère, il n'avait ni la force extatique de Van Gogh, dont le feu spirituel faisait jaillir des réalités effectives, ni la force supérieure de l'homme créateur capable de se servir de n'importe quelle réalité pour concrétiser son monde intérieur.

Constamment aiguillonné par le désir de paraître tel qu'il se pensait être, confondant monde intérieur et monde extérieur, il croyait se rapprocher quelque peu de l'art et de la mise en forme absolue, une fois à Tahiti, éloigné de la culture occidentale morcelée, divagante et moralement en ruine. Dans les tons assourdis de son imagination, et en même temps avec une grâce charmante qui constitue toute la légèreté de la sentimentalité française – si différente de l'allemande –, il croyait avoir trouvé là-bas le pays qui serait la patrie de son art et de sa vie. Car tout y était simple, calme et purifié de tout élément anodin, contingent et impur.

Gauguin lui-même a défini lui-même la simplicité qu'il recherchait dans une lettre à Strindberg, dans laquelle il comparait les langues européennes avec les langues maori. Dans les langues européennes, les préfixes et suffixes auraient selon lui complètement dissimulé et détruit la racine originaire des mots. Alors qu'au contraire « dans les langues océaniques ayant conservé leurs éléments fondamentaux, leur rudesse ou l'insouciance de leur style sans façon », au contraire, « tout est ouvert, frais et naturel[1] ». Mais cette simplicité, qui repose sur un calme statique, est très éloignée de la simplicité et du calme de la mise en forme absolue. Elle s'oppose même à celle-ci, dès lors qu'elle élimine ce qui est justement à construire : l'espace, le cube, la vie *a priori*. Elle présuppose que le néant est égal à l'éternité ou, si l'on s'exprime optiquement : je trouve la surface recherchée dans la mesure où je nie l'espace, c'est-à-dire que toute configuration tridimensionnelle est rayée du tableau pour devenir surface. Qualitativement, cette surface intensifie la couleur naturelle, quantitativement elle fait de la silhouette de l'objet un élément décoratif. De cette façon, toute vie disparaît de l'expression. Les moyens sont ternes et n'ont pas de timbre. L'articulation de ces surfaces peintes ne s'opère pas de façon logique, selon un déroulement dont la nécessité est immanente à la conception, mais selon les points de vue d'une harmonie extérieure et selon la recherche de l'effet décoratif désiré.

De même que Van Gogh donne la formule la plus évidente et la plus personnelle de son acte de vison, Gauguin donne celle de son goût décoratif qui est la plus simple et la plus apaisée. Ce qui lui plaît dans la nature n'est pas le vitalisme devenu fonction chez Van Gogh, mais l'effet : par la délinéation de la silhouette, avec le souci de la forme simple qui n'est jamais que surfacée, produisant quelque chose de fini et de tout fait, cet effet résultant d'un assemblage léger de sensorialité toute immédiate. Bien qu'il ait lui-même mis en avant sa façon de faire un tableau, Gauguin n'a jamais créé un tableau ; il a seulement mis les éléments de la surface en rapport les uns aux autres de façon harmonieuse et sensuelle, se fondant sur une sensation de goût qui fait ressentir la couleur.

Chez Gauguin, cette sensation a une note spécifiquement moderne, qui fait écho à la composition de l'espace destructrice et paradoxale de Van Gogh et qui pimente sa façon d'occuper la surface. Comme moyens, il utilise des formes opposées dans les deux parties du tableau, le changement rapide d'échelle, des contrastes de direction, des relations d'équilibres savants. Cette occupation paradoxale de l'espace s'accompagne d'une autre, destructrice celle-là. Souvent la composition ne se fait pas de place en place, une surface après l'autre, mais d'une surface contre une autre surface, et de la sorte l'espace y gagne une signification illusionniste. Finalement, il manquait à Gauguin, en dépit de son romantisme, ou peut-être en raison

1. Jean de ROTONCHAMP, *Paul Gauguin*, Paris, G. Crès et Cie, 1925, p. 153.

de celui-ci, le sens de ce qui n'est pas platement trivial, condition préalable de la composition d'une surface complètement fermée.

Par surcroît de ce substitut décoratif, Gauguin a plaqué sur le tableau un succédané spirituel, un moment festif religieux, puisant dans le mythe exotique d'une matière qui serait créée par enchantement. « Contes barbares », cela sonne comme une connotation étrangère, plus que Wotan ou Flora, mais dans le principe, c'est bien la même chose : un symbole littéraire, le mythe comme une atmosphère qu'on aurait poétisée, ce qui est à mille lieux de la fonction spirituelle impartie à la pulsion artistique. Se servant de tels moyens de suggestion extérieurs à l'art, il était possible de s'opposer à l'impressionnisme, mais non de le dépasser vraiment, car la formule de Gauguin contourne les problèmes de l'impressionnisme. Ses tableaux de bon goût n'en sont pas moins vides.

Matisse

Le Matisse auquel je pense, c'est celui de l'autoportrait de 1906 : à l'intersection de deux diagonales se combattant âprement, le peintre est dans une attitude de défi, jetant un regard dur sur la réalité qui, tombant sous le coup d'arguments de l'intellect et de visions mystiques, serait sur le point de se désagréger. Matisse a toujours été sceptique à l'égard de la réalité, il la regardait avec méfiance, tandis que son œil se tournait vers l'intériorité. C'est là qu'il se sentait chez lui, et il aiguisait tous ses sens, toute sa ferveur pour avoir une écoute plus fine, plus claire de ces voix qui l'habitaient. Seul ce qui résonnait au-dedans de lui devait se réaliser dans son essence : devenant l'abstrait *affectif*[1], Matisse a acquis les moyens d'exprimer ces sensations pures, directement venues du fond de lui-même en empruntant un chemin long et laborieux. Après s'être libéré des impressionnistes, il était devenu élève de Corot pour étudier les nuances de lumière sur l'échelle du noir et blanc. En même temps, il cherchait à pénétrer les lois statiques du tableau par toutes les voies qui y menaient. À cette époque, rien dans le tableau ne semblait laissé à l'instinct. C'est le socle solide sur lequel se fonde Matisse. Lorsqu'il commença ensuite à s'exprimer directement par la couleur, disposant encore, dans un premier temps, les zones colorées, il leur garantissait une vie dont témoignent également ses œuvres de qualité, plus tardives, où les couleurs deviennent davantage des surfaces peintes et où la dimension de ces surfaces augmente. Cette vitalité est le secret et la force de la création de Matisse ; elle résulte de la forte concentration de l'expérience vécue qui absorbe tout ce qui est singulier : sauf que, dans son cas, c'est sans tuer l'aspect singulier, elle le préserve plutôt de manière virtuelle. Il en va de même de la continuité de la vie sensorielle qui est capable de conférer à

1. En français dans le texte (note du traducteur).

l'accord harmonieux des couleurs un tel élan intérieur, que les différentes couleurs semblent procéder l'une de l'autre et s'engendrer mutuellement.

Cet accord des couleurs est comme renforcé par la sinuosité de la ligne. Elle vibre de la vie, du sang des choses qu'elle circonscrit et conforte le don de composition de Matisse dans la juste répartition des masses. La façon dont à une courbe répond une autre courbe et à la diagonale une autre diagonale, sans que les rapports dynamiques ne soient déchirés, témoigne d'une sensibilité très fine pour l'équilibre des valeurs. C'est cette sensibilité extrêmement différenciée pour les exigences de la cohérence décorative prise dans son ensemble qui est le don le plus fort de Matisse.

L'unité décorative du tout fixe avec une sagesse et une sobriété extrême la position et le nombre des formes singulières et leur représentation dans chaque détail. À un certain moment, il concentre sur un point le rythme purement ornemental, alors caractérisé par une insularité des objets, une sorte d'isolement de leur présentation empreinte de pessimisme ; et à un autre moment il atteint une taille architectonique capable de lui faire maîtriser le mur. Il s'agit ici quasiment d'une mise en forme obtenue de force par l'intellect, qui est très éloignée de la mise en forme organique de Cézanne. La totalité, la forme optique unitaire de la sensation de Matisse ne ressort pas du déroulement logique d'un conflit auto-posé. Les voix de la composition demeurent juxtaposées et séparées, elles ne s'interpénètrent pas ; leur mise en ordre est « psychique logique » et n'a pas de décence propre, on peut donc dire de cette composition qu'elle est psychologico-naturaliste : ce que j'entends désigner comme « décoratif ». De même, la tache de couleur qui chez Cézanne reliait entre eux, en tant que forme artistique, les pôles les plus opposés n'est ici que la reproduction de la sensation personnelle. C'est pourquoi la surface de couleur de Matisse est dans son essence même différente de la surface mouvante, et comme suspendue, de Cézanne. En effet, ce sont les lois de la rythmique conceptuelle, les exigences de la structure des plans et le besoin d'un outil tridimensionnel le plus fort possible (le cube) – c'est-à-dire quelque chose de purement formel –, faisant fi de la matérialité des sensations, qui donnent de la vie à la surface de Cézanne. Celle de Matisse (et là réside le danger) est foncièrement non tridimensionnelle et matérielle, une surface en à-plat, une surface seule dont la vie surgit d'une vibration que les mots ne peuvent décrire. Cette vibration contient toute l'intensité de l'optique qui lui est propre.

L'expérience vécue, Matisse la convertit en rythmes colorés ou linéaires. Mais il arrive souvent que la couleur appauvrisse la vie des lignes (dont il admire l'unité chez Ingres), ou que cette rythmique ne trouve pas de réalité adéquate pour se matérialiser ; ou bien encore que, là où elle en trouve une, celle-ci n'ait qu'une forme insuffisante. Pour éclairer et souligner ce point important par un autre aspect, qu'on nous permette de prendre un exemple tiré de la littérature moderne, deux versions du même thème, extrait des *Nouveaux Poèmes* de Wilhelm Scholz[2].

La nuit
Première version

Regarde comme la nuit grise flotte dans la chambre,
remplie d'un crépuscule intérieur semblable à un rêve,
un lac silencieux qui dans la pièce calme
nous submerge jusqu'au plafond.

Tu lèves ton bras blanc dans ses flots,
mais tu ne l'agites pas. Il reste immobile.
Peu à peu des ombres remplacent cette apparence,
comme si une brise fraîche les faisait entrer.

Ton bras flottant sans effort qui porte l'obscurité
retombe doucement sur ma poitrine. Et immobile
une nuit intérieure nimbée de nuit terrestre tombe
dans notre regard qui se remplit de sommeil.

Deuxième version

Je suis éveillé : la grisaille nocturne silencieuse qui m'entoure
Remplie d'un crépuscule intérieur semblable à un rêve,
un lac silencieux qui dans la pièce calme
me submerge jusqu'au plafond.

2. Wilhelm SCHOLZ, *Neue Gedichte*, Munich, éd. G. Müller, 1919, p. 168.

Le rideau s'écarte de la fenêtre dans les flots,
pourtant immobiles au dessus de moi !
Mais lentement des ombres les remplacent.
Il me semble qu'une brise fraîche les fasse rentrer.

Leur obscurité tel un ruissellement
me recouvre. Je respire leur fraîcheur,
et une nuit intérieure nimbée de nuit terrestre,
tombe dans mon regard qui se remplit de sommeil.

Ce qui a donné lieu à la seconde version, c'était de toute évidence le vœu du poète de créer pour la voix de l'émotion si forte, directement exprimée par des mots, une situation qui la soutient et en même temps qui l'abolit dans sa matérialité. Manifestement, il n'y est pas parvenu. La réalité n'a pas trouvé en soi le support qui aurait rendu possible sa continuité. Les motifs réels ne sont pas devenus des motifs formels, en sorte que le sujet n'accueille pas le contenu et ne le sauve nullement, mais le tue. Une des caractéristiques de toute cette génération d'artistes est qu'elle choisit comme motif quelque chose qui est tellement dépourvu de vie et banal que son aspect individuel rend complètement impossible d'y intégrer une dimension universelle. Voici à l'opposé un contre-exemple de complète réalisation dans un poème de Conrad F. Meyer[3] :

L'eau ruisselle le long des rames plongées dans l'eau.
Des gouttes tombent lentement dans les profondeurs.
Rien qui ne m'ait contrarié ! Rien qui ne m'ait réjoui !
Le jour s'est écoulé sans souffrance !
En dessous de moi – hélas enfuies de la lumière –
mes plus belles heures ne sont déjà plus qu'un rêve.
Des profondeurs bleues résonne l'appel des jours passés :
Certaines de leurs sœurs sont-elles encore dans la lumière ?

La différence entre ce poème et les deux précédents réside manifestement dans le fait qu'ici la situation est tellement animée de tensions internes qu'elle s'accomplit comme à partir d'une nécessité interne. Apparemment, il s'agit seulement de la description simple et sobre de cet état de choses. Mais, en réalité, entre le niveau de mise en forme descriptif et ce poème, un fossé décisif s'est creusé. La situation n'est plus passive, éprouvante – mais, active,

3. Conrad Ferdinand Meyer, *Gedichte*, Leipzig, éd. Haessel, 1922.

elle s'accomplit par soi. Dans son activité, elle est l'expression du contenu qu'elle a absorbé dans une forme énergétique qui lui est propre, tandis que chez Scholz le contenu reste extérieur à la situation.

Il en va de même pour la peinture. Le rythme pur, même s'il a trouvé une forme phénoménale dans le monde des choses, n'est pas une réalisation satisfaisante ; le moyen de la pure couleur est un équivalent, non une forme. Quand on n'intègre pas la troisième dimension, il est impossible de réaliser cette forme. Et il pourrait sembler que la qualité des œuvres de Matisse aille croissant au fur et à mesure qu'il oppose à sa propre nature l'obstacle du cubique et de la choséité. Dans ses œuvres récentes, pourtant, Matisse semble nier la justesse de cette déduction. Plus il appréhende avec sûreté ses expériences vécues et maîtrise ses moyens artistiques avec brio, plus il se libère de tout ce qui est concret et physiquement chosique afin de se laisser porter par ses sensations intérieures, par la résonance de leur langage spirituel et pour la reproduire. « Je vais vers mon sentiment, vers l'extase[4] », avoue Matisse.

Toutefois, si le vol de l'oiseau avait résolu le problème qui consiste à voler, nous n'aurions pas dû attendre des millénaires pour construire des vaisseaux aériens. Le mystique se perd dans les espaces vides de l'extase, mais le peintre n'y a droit que dans la mesure où il peut réaliser cette extase. Matisse, lui, se contente d'une signature décorative. Il a accepté la fausse vérité de Monet :

« Moins c'est ambitieux, plus c'est de l'art… Faisons des cartes à jouer » (Monet). Mais les cartes sont devenues un peu grandes, même si elles sont regardées comme affiches.

L'art de Matisse a accompli un long et important procès : il va de l'inconscient à l'inconscient, en passant par le conscient. Quand la conscience ne détruit pas la vie, le résultat possède ce calme voulu par Matisse. Mais ce n'est pas le calme de l'existant, C'est seulement le calme de l'âme qui parle, qui tient ce langage tranquille. Cette inadéquation entre l'être et le langage, voilà le défaut de Matisse. Son art colle au besoin qu'a le sujet de s'exprimer ; il en donne une signature directe et se dispense de la mise en forme. Quelque chose d'insistant se manifeste dans ses brusqueries de parti pris, ou même dans ses tendresses, que ce soit par la matérialité des moyens ou au gré de son mysticisme, mais cela ne donne pas un tableau au sens plein du terme.

4. *Notes d'un peintre*, *op. cit.*, p. 48.

Picasso

Il se trouva qu'une partie de la filiation issue de Cézanne, parce que fort éloignée de sa sagesse, aboutit à un absolutisme du subjectif et à une décoration en aplats (en raison du manque de mise en forme spatialo-cubique de leurs peintures). Jusque-là, ce fut le dernier mot de ce que les Français avaient à dire ; et en effet, ce fut un étranger qui reprit la problématique de Cézanne à la racine et tenta de la dépasser.

Picasso fit son entrée avec la démarche triomphale du mystique espagnol. Brûlant intérieurement d'un feu ardent, son âme noble, étrangère à toute forme de brutalité ou de méchanceté, vibrait comme un verre fin à peine fêlé, résonant d'une nouvelle sensibilité à l'excitation psychique. Il fait en sorte que les flammes de l'intériorité mystique entraînent la procession des Arlequins, des saltimbanques, ces sujets étranges de l'ancienne vie de l'homme, quand ce ne sont pas des exclus, des pauvres, des déclassés. Il ne s'agit pas là cependant de sentiment social ou de *pathos*, mais de vie religieuse. Les mystères de l'âme se parent d'une gestualité particulière chez ces pauvres, peut-être parce que Dieu, ayant renoncé à toute richesse et à toute pompe, est encore présent en eux, ce dont témoigne en eux la dévotion fervente qui leur est commune.

Déjà ces premiers tableaux de Picasso montrent que sa création était d'emblée une sorte d'extériorisation, de mise en évidence d'expériences vécues très intimes : tout ce qui tenait à la configuration corporelle prenait son sens à partir de la constitution formelle de la vision, depuis le début essentielle, en dépit de toutes les affabulations inopportunes, déchiffrables sur le plan littéraire. Mais Picasso n'a jamais connu (comme c'est le cas de Matisse) les affres de la mise en concordance du modèle et de l'expérience vécue. Il a pu se créer un monde aussi éloigné de la banalité de ce qui est platement réel que du sentiment flottant dans le vide : un monde qui exprimait de façon manifeste aussi exclusivement ce qu'il devait exprimer *parce qu'il avait été créé*, et non pas abstrait d'un objet naturel, ni réduit à un ornement.

L'ampleur et la vigueur de son intériorité se révèlent dans la mesure où Picasso a su faire que s'interpénètrent chaque point du corps et la surface entière du tableau au moyen de la même sensation. On n'a rien compris aux premiers dessins de Picasso si l'on parle d'une ligne abstraite. Elle est au contraire vibrante – tout à l'opposé de la froide ligne abstraite –, une vie condensée dont on sent la pulsation vibrant dans les contours anatomiques. Cet art du dessin, la fermeté et la sveltesse des lignes, leur tracé précis nous fait penser à ceux des miniatures persanes, tandis que les proportions sont tout à fait élevées à la gracilité de l'élan gothique. Ce qui frappe, c'est que la ligne, malgré la délimitation très fine de ses contours, est tout à fait capable d'exprimer des valeurs de lumière indéniables. Il faut voir d'emblée dans cette unité de la lumière et de la ligne la caractéristique de Picasso. En ce qui concerne la couleur, on pourrait dire aussi que la réduction à une seule d'entre elles, le bleu ou le rose, ne doit pas être vue comme une abstraction, parce que palpite tout autour d'elle une vie sous-jacente.

Avec ces moyens simples, mais cependant remplis d'une vie chaleureuse et intime, Picasso sait donner une forme (*Form*) à ses expériences vécues, qu'on devrait – au moins pour ces premières œuvres – caractériser comme habitées par une nécessité interne. Par-dessus tout, nous sommes captivés par cette partition de la surface qui a quelque chose de musical, par un rythme véritablement parlant. Ce qui est ici typique pour Picasso, c'est que dans le processus enveloppant du rythme en largeur, il commence et termine presque toujours par une partie non accentuée, et, par contre, dans le processus enveloppant en hauteur, il commence par une accentuation et termine sur un vide. C'est ce qui donne à tous ces hommes une apparence qui est à la fois solidement fixe et détachée en regard du médium du tableau : ils sont enracinés dans le sol et oscillent dans l'air, dans l'obscurité ou dans le vide.

À partir de 1907 environ, Picasso, entré dans une crise profonde, commence à renverser ce monde apparemment parfait et supérieur à toutes les œuvres de ses contemporains pour construire un monde nouveau en une quête progressive, mais ininterrompue. Peut-être a-t-il découvert que ce qui est unique dans le psychisme est tout aussi arbitraire que ce qu'on trouve dans la nature : le sens de l'art ne pouvait pas être de reproduire des expériences vécues, aussi fines fussent-elles sur le plan psychique. La pulsion créatrice devait ériger quelque chose de nouveau que la Psyché n'aurait jamais pu forger d'elle-même en tant que complexe expressif. L'expérience intimement vécue devait être contrôlée, choisie, compactée. L'égalité comparable de chaque moment vécu devait alors s'abolir dans la loi propre à ce déroulement intérieur. Il pressentait cette perspective immense : la peinture est la mise en forme plastique des lois du vécu psychique.

Au fur et à mesure qu'il prit conscience de la tendance qui pousse à la mise en forme absolue et qui est inhérente à la pulsion créatrice, Picasso se rendit compte que son art reposait sur un sol instable : certes, il avait chanté en consonance avec le monde, il s'était exprimé de manière rythmique, mais n'en avait pas fourni la *Gestalt*, il n'avait pas produit la forme structurée. Au bord de cet abîme vertigineux, il commença à détester le mystique en lui et écrivit au fronton de la porte de sa nouvelle vie ce mot dépourvu de mysticisme, cher à l'homme créateur : *la volonté veut la nécessité*[1].

Cette volonté remontait aux fondements les plus profonds. Picasso affranchit sa pulsion créatrice de tout contenu conventionnel et la saisit dans sa forme incontournable et ultime : dans la restructuration d'une réalité spatiale amorphe par un jeu nécessaire de formes. Et il commença à donner une architecture à ces formes pour son propre usage, à partir de ses propres expériences vécues, comme s'il apportait les pierres nécessaires à sa construction.

Voilà ce qui caractérise le chemin parcouru par Picasso : ce n'est pas l'objet qui est le point de départ de sa création, mais l'espace : ce qui signifie – si on le traduit dans le langage psychique – que ce n'est plus un facteur réel et physique qui est le point de départ et la seule certitude de sa création, mais un facteur subjectif mental et hautement cognitif. Car il ne s'agissait plus d'un espace considéré comme un continuum objectif de choses, ce n'était plus une intuition humaine *a priori* : l'espace se voit bien plutôt déterminé en chaque point par les rapports qu'il entretient avec l'expérience vécue de ses composantes. La façon dont Picasso aspirait à spatialiser ses expériences vécues ne signifie pas d'emblée une matérialisation au sens où nous l'entendons – c'est-à-dire développée à partir de la relation des fonctions de

1. Voir W. von SCHOLZ, *Kunst und Notwendigkeit, Vier Thesen*, 1906, dont la première thèse porte le titre « La volonté de l'astreinte ».

la conscience avec celles du devenir de l'objet –, mais seulement une réalisation du facteur mental ou psychique au travers des éléments de l'espace : moins sa mise en forme que sa description.

Le grand mérite de Picasso sur le plan de la création, c'est de nous avoir apporté une nouvelle conception de l'espace. Elle se caractérise par une tension interne : toutes les directions de l'espace sont pour ainsi dire rassemblées dans chaque point, de telle sorte que chacun d'entre eux est lourd de toute l'infinitude de l'espace. C'est ce qui lui permet de relier le facteur temps avec la pure statique de l'espace. L'espace renvoie à la *fonction du devenir espace* [*Funktion des Räumlichwerdens*], plus exactement au devenir de la totalité de l'espace. Il en ressort pour Picasso la tâche très féconde de « créer » la *Gestalt plastique* impartie à ce devenir spatial. La force causale est pensée comme reposant dans l'espace lui-même. Elle est la force opposée à la tendance principale de ce dernier. Dès lors le conflit ne se déroule pas seulement dans l'espace, mais il est au sujet de l'espace.

À partir de là, l'art de Picasso s'applique à déterminer le plus exactement ce devenir spatial [*Raumwerdung*], aussi bien dans la quantité des masses qui le constituent que dans la position des unes par rapport aux autres. Pour la partie de l'espace isolée, ce sont les formes mathématiques de base qui se présentent comme étant les plus déterminées et les plus mesurables pour l'œil. Mais la configuration des masses les unes par rapport aux autres et dans l'espace devait finalement rester le fait de l'unification des valeurs de forme et de lumière, en dépit de tout marquage et de toute mesure linéaire. Cette unification, Picasso l'a recherchée avec beaucoup de sérieux, et il semblait ainsi être parvenu à une congruence tout à fait nécessaire entre gradient de lumière et de forme. Mais, en dehors des oppositions entre le noir et le blanc, la lumière et l'ombre sont des facteurs non matériels – qui restent seulement qualitatifs. Picasso les a finalement ressentis comme un compromis. La dissolution totale de l'espace n'est possible que sur la surface.

Dans l'art de Picasso, la surface a depuis toujours joué un grand rôle. Il l'a toujours perçue comme le ressenti éternel, comme la limite de l'Être terrestre autant que comme la limite de la force qui s'applique à la mise en forme. Dès ses premières toiles, l'infinitude spatiale a été fixée sur la surface, sans que des moyens créant l'illusion de la perspective n'abolissent l'unité bidimensionnelle du tableau. Elle a bien plutôt absorbé en elle la réalité, se dressant comme un mur infranchissable en une répartition rythmique, comme s'il s'agissait d'un absolu, qui aurait quelque chose d'intemporel, d'inaccessible, devant quoi se tenaient tristement les pauvres humains avec la majesté naturelle propre aux figures saintes des vitraux gothiques.

Et même dans ses œuvres plus tardives, la surface – en tant que surface – fut aussi préservée. En opposition complète avec le type classique de formation de l'espace qui, venant sur le devant, fait éclater la surface primitive, forcée de délimiter l'espace lointain par une surface idéelle, Picasso commence sur la surface et avance en elle. C'est pourquoi il doit délimiter les choses par l'avant, et créer une surface idéelle à l'avant-plan. De la sorte, l'espace, dans sa dimension de profondeur infinie, se borne à fixer la position des choses les unes par rapport aux autres. Il était pour ainsi dire lié aux choses elles-mêmes dont seules les distances, pourvu qu'elles puissent être représentées de façon mesurable pour l'œil, avaient une signification spatiale. Ces tableaux expriment l'*horror vacui*, la peur de la vaste étendue du ciel, de cette mauvaise infinité tout à fait insaisissable qui aussitôt occupe la place, dès que le concept de quantité et de mesurabilité ne suffit plus.

Dans cette nouvelle façon de mettre en relation la surface et l'espace, nous suivons à la trace un sentiment de la vie d'un ordre tout autre. Reléguant l'absolu derrière la mise en forme, Picasso mit certes les choses en relation avec cet absolu, mais il ne parvint pas à les intégrer en lui, ni à leur donner ainsi cette éternité intérieure et cette totalité de la vitalité objective, qui est la marque de fabrique de la mise en forme absolue. Le type d'objectivité qu'il visait était d'un tout autre ordre.

La différence entre les deux surfaces dans laquelle s'inscrivait la tension spatiale pouvait se réduire à un minimum, d'autant qu'avec une plus grande planéité la possibilité augmentait de décrire l'espace comme une relation entre quantités. Celles-là étaient pour le moins remplies par une matière colorée, qui – aussi longtemps qu'elle ne fut pas appliquée en aplats absolument lisses, mais en taches séparées – renfermait des valeurs suggestives de type qualitatif. Pour en sortir, la seule issue était donc de *matérialiser les taches de couleur elles-mêmes*, c'est-à-dire de les résoudre en une pure description de la réalité. Les couleurs ne forment alors plus un quelconque enchevêtrement contingent et arbitraire de coups de pinceau ; elles sont bien au contraire le rendu le plus fidèle du matériau, que ce soit parce que la couleur comme couleur remplit cette fonction, ou en tant que caractérisation de l'étoffe de la substance (le bois ou le marbre, par exemple).

Picasso commença alors à intégrer dans la toile certaines formes fixes : des lettres de l'alphabet, par exemple. Toute sa création était tendue vers cette quête : configurer dans des formes stables la multiplicité confuse de l'espace ; mais les associer aux formes fixes de la réalité était déjà en quelque sorte une première expérience pour parvenir à ce résultat. Finalement, il est allé plus loin, en intégrant les morceaux de l'être réellement existant, comme des extraits de journaux et ainsi de suite, dans la réalité du tableau. De cette façon, deux contrastes apparemment irréconciliables sont appréhendés ensemble : la quantité pure, obtenue à partir de la description de l'espace, et une forme d'être à la fois plane et rigide qui est empruntée à la densité du monde social. L'unité de la sensation, qui est indéniable, réside finalement dans le fait qu'il s'agit dans les deux cas de relations spatiales décrites avec exactitude de façon quantitative. La raison en était apparemment que Picasso croyait pouvoir enrichir son tableau en rapprochant la matérialité de la couleur et le matériau brut du monde réel.

Avant de réunir ces deux contraires, Picasso a suivi un long parcours difficile. Dans un premier temps, il lui fallait d'abord ordonner la création de cet objet à partir de sa nouvelle intuition de l'espace. Cet objet se détermine à partir de la priorité donnée à l'espace formé tel une série de relations spatiales. Du fait que la stratification de l'espace en hauteur, en largeur et en profondeur où les choses prenaient une position subalterne était devenue son point de départ, certaines d'entre elles qui cohabitaient dans la même strate purent s'entrelacer pour donner une unité relative, alors que différentes parties d'un seul et même corps, disposées dans des strates différentes, devaient être disloquées.

Cette tension entre espace et objet, nous pouvons l'interpréter de la façon suivante sur le plan psychique : la croyance de la Renaissance en la beauté absolue, en l'Être transcendant, à la chose en soi, est bel et bien perdue. Tout le vécu est déterminé par celui qui éprouve ce vécu, tout l'être est immanent. Par conséquent, Picasso ne peut plus chercher la forme nécessaire d'un corps humain dans sa beauté, mais dans sa mise en forme normative. Non plus dans ce qui est objectif, mais dans ce qui est mentalement conçu. Pour Picasso, voir n'est plus une simple perception des choses, mais un savoir acquis par un nouveau rapport à ses valeurs tridimensionnelles dans le plan cubique. Il dissèque chaque objet naturel en surfaces carrées ou rondes qui se meuvent les unes en direction des autres et, en outre, il voit cet objet à distance et de tous les côtés, puisqu'il est ressenti comme étant totalement sous l'emprise de la mauvaise infinité dans la réalité mondaine. Ensuite, il le recompose – suivant les principes de sa formation de l'image que nous avons exposés – en autant de points de vue (lesquels points de vue ne sont pas forcément visibles en même temps dans la perception naturelle) que le tout requiert nécessairement.

Cette connaissance de l'objet ne tient ni à cet objet lui-même, ni à l'arbitraire du sujet, elle ne signifie donc en aucune façon schématisme ou abstraction, mais un savoir ayant trait aux valeurs spatiales, conditionné par un conflit de contrastes déterminé. Picasso en retire alors, à partir d'un seul et même objet, les conceptions les plus variées. Mais, de cette façon, ce n'est pas seulement à partir d'en haut, à partir du Tout, qu'une forme nécessaire est imposée à la création ; c'est aussi d'une certaine façon d'en bas. Picasso veut que son nouvel objet d'art soit mesurable par ses formes. Il faut qu'un corps soit donné de telle sorte qu'un mécanicien intelligent puisse le reconstruire. C'est une tentative pour ramener brutalement l'expérience vécue à la forme impersonnelle de l'expérimentation de l'ingénieur.

Compte tenu de la façon dont la forme d'art propre à Picasso émerge ainsi de la forme naturelle, le pur ornement qu'on exige de lui avec tant d'obstination représenterait la plus grande inconséquence. L'étroitesse du lien entre sa pensée créatrice et l'objet se révèle particulièrement dans le fait que son imagination se tourne avec prédilection vers les articulations du corps. C'est avec une connaissance surprenante du fonctionnement de l'opération naturelle et organique des membres qu'il a tenté de restituer la manière dont s'exerce leur fonction sous la pression d'une expression déterminée. Il y a des seins pendant le long du corps de la femme comme s'ils lui étaient étrangers, tels des oiseaux qui se seraient posés sur elle, ou tels des fruits longuement mûris, et d'autres, quasiment dominateurs, qui se gonflent presque déjà au niveau des épaules. Il y a des bras disloqués comme ceux d'une marionnette et d'autres qui attirent le corps dans l'ample arrondi de leurs courbes.

Le pur ornement qu'on exige de Picasso est arbitrairement tracé : c'est une abstraction vide par rapport aux objets, une reproduction matérielle à l'encontre du vécu psychique. La forme artistique propre à Picasso représente une pure fonction organique de la pulsion créatrice. Picasso a-t-il donc atteint, avec sa conception nouvelle de l'espace, si rigoureuse, la réalisation complète, l'objectif de la mise en forme absolue ?

La question se pose, parce que je vois dans le principe de sa création deux distorsions majeures. D'abord celle qui existe entre la quantité et la qualité.

Comme il avait pour objectif de décrire l'espace de manière exclusivement quantitative, il a été contraint de déchirer irrémédiablement la continuité du réel effectif et ainsi de faire violence aux choses, sans leur arracher ce qu'il voulait d'elles. Car, les ayant déterminées à n'être que les *relata* de leurs relations spatiales, il est contraint d'une part d'intégrer dans le tableau la réalité artificielle de la matière d'une façon vraiment très contestable, et il doit d'autre part reconnaître que ce nouvel objet n'a pas la capacité de ramener l'expérience vécue à sa propre réalité. Picasso s'est accroché au monde chosal avec un amour presque désespéré : aux petits objets sans vie, sans cesse utilisés et jamais considérés, aux tracts, aux porte-plume, aux encriers, aux mandolines et aux pipes.

La *nature morte* acquiert une vie dont la signification dépasse de beaucoup la banalité de l'objet et charme nos yeux au point de la convertir en de grands thèmes que nous inspire notre mémoire : la structure imposante de l'escalier d'un palace ; des arcs de pont imaginaires ou des voûtes de cathédrale ; des maisons fastueuses qui, tels les mythes venus d'un autre monde, ressembleraient aux palais bordant le Grand Canal, éblouissants et chimériques. La force psychique de Picasso est si puissante, si pressante, qu'il suggère la monumentalité à partir des plus petites choses. Mais on doit se garder de céder à cette suggestion. Picasso en effet considère les objets du quotidien dans leur modestie minimale : la pipe, le plumeau et le cannage d'une chaise en paille. D'un geste royal il s'est émancipé de tous les grands sujets pour aimer les choses humbles et proscrites : il les caresse avec une tendresse infinie et leur donne le fouet ; il déverse sur elles toute la richesse de son imagination plastico-picturale, les contraignant à accepter ce bienfait insupportable ; ce pourquoi il les distend entre les lignes et les tonalités massives de la couleur comme s'il voulait les enfermer dans un anneau.

Pourtant les choses ont pris leur revanche. L'expérience vécue demeure dans toute sa matérialité psychique extérieure à l'œuvre, et se situe – une fois l'étrangeté des formes surmontée – au-dessus de l'ensemble, aussi lisible *sur le plan littéraire* que dans ses premières œuvres. La distorsion apparaît très nettement néanmoins dès que Picasso travaille avec la couleur. Il a dû l'éliminer brutalement des années durant, parce que selon lui elle ruinait la forme ; et dès lors, il aspire uniquement à trouver la couleur adéquate à la forme, requise par elle. Cela montre clairement que la conception n'est pas portée par des moyens homogènes et que, pour cette raison, elle ne peut en aucun cas signifier la constitution d'une forme artistique [*Formbildung*] au sens de la mise en forme absolue.

À cette distorsion correspond une autre, celle qu'il y a entre la statique et la dynamique de la construction.

En vertu de son immense talent pour projeter ses expériences vécues en une image représentative unitaire, c'est toujours d'abord la totalité qui apparaît avec l'immédiateté du flux créateur. Par contre, remplir les espaces de cette totalité le confronte à une tâche interminable. Étant donné que la relation des parties au Tout n'est pas organique, la multiplicité des parties menace de briser l'ensemble. La dynamique menace l'unité statico-plastique, et celle-ci remplit quelquefois une surface vide. La raison de cette distorsion quant au résultat escompté est à chercher uniquement dans ces forces qui participent à la structuration de la forme. Comme nous l'avons vu, elles sont déficientes au regard aussi bien de l'objet que du sujet, de sorte que leur fonction se résorbe dans le traitement des matières. Ce défaut ne repose pas dans le fait que les choses ne sont pas devenues plus semblables à la nature, il tient à ce que, dans cette formation plastique, toute une partie du monde a été exclue. En prenant conscience de la valeur mais aussi du dualisme et de l'inconséquence du processus de constitution de l'espace de Cézanne, Picasso croyait s'assurer de l'espace d'une façon inattaquable, impersonnelle, et pour ainsi dire expérimentale ; il pensait pouvoir y parvenir par le biais de sa description quantitative. D'où cette déchirure de la totalité et de l'harmonie des forces psychiques, de telle sorte qu'il parvient à une méthodologie individuelle et psychologique de l'espace, mais non à sa mise en forme. Dans le domaine des sciences, sa performance trouve une analogie plutôt dans les mathématiques et dans la mécanique, donc en marge des sciences naturelles et expérimentales, plutôt que dans le domaine de la philosophie. Cela montre clairement le danger de l'univocité de Picasso.

Toutes ces objections ne concernent que l'évaluation de son œuvre en général, il s'agit d'une réflexion sur ses principes ; elles ne tiennent pas compte de la valeur relative de cette œuvre même. Au niveau de mise en forme qui est le sien, Picasso atteint un degré très élevé de réalisation par la sensibilité dont il fait preuve au regard des exigences du tableau, par la plastique stable et robuste de sa conception, par la finesse et l'ampleur des valeurs. Nous avons devant nous un homme pour qui créer est une nécessité intérieure ; un esprit qui a le courage de reconnaître aussi bien sa profondeur que ses exigences, et qui a la force de s'approcher d'elles pas à pas. Je ne sais pas si c'est l'honnêteté profonde de l'homme et de l'artiste ou si c'est la cohérence sans faille de son évolution qu'il nous faut le plus admirer. Ces deux facteurs mettent un abîme infranchissable entre lui et tous les autres cubistes et futuristes.

Nous avons à faire avec un artiste au plus haut degré de sa créativité, élargissant notre univers, qui peut et doit être un exemple pour notre éducation artistique. De fait, sa mise en valeur et sa réalisation de l'espace contiennent en elles-mêmes les éléments les plus essentiels de la production en art, tout autant que les mathématiques contiennent les fondements de la production philosophique. Le concept des mathématiques qui se présente à nous comme comparaison caractérise tout le chemin que nous avons parcouru : de l'arbitraire de l'impressionnisme à la volonté de mise en forme de Picasso. Quoi de plus étranger à l'impressionnisme, en effet, que ce concept ? Sous ce rapport, que Picasso nous ait plutôt donné une leçon fructueuse qu'une œuvre fermée sur soi et absolument mise en forme doit nous laisser espérer en celui qui saura compléter ce savoir pour aboutir à la sagesse du père Corot.

Chapitre 4
Une comparaison historique

Nous avons maintenant la preuve de l'état de conditionnement subi et d'inachèvement de l'art moderne qui s'est constamment manifesté à nous, dès lors que nous avons appliqué le critère de la mise en forme absolue de façon rigoureuse, si nous faisons la comparaison avec des œuvres du passé, et si le point de vue critique est complété par une analyse historique. Confrontons par exemple Cézanne et Poussin (ce à quoi Cézanne lui-même nous autorise en définissant ainsi sa conception de l'art classique : « Poussin refait entièrement sur nature »).

La différence entre les deux artistes réside dans le calme magistral avec lequel Poussin sait construire son tableau. L'artiste commence par accentuer modérément le premier plan et, de là, progresse dans l'espace. Chaque direction spatiale est en quelque sorte neutralisée par la direction contraire ou par l'accent mis sur le plan, elle est elle-même sous tension et acquiert ainsi une instabilité contrôlée qui lui assure aussi bien la statique de l'espace que la dynamique du temps. Du fait de cette tension, la construction de l'espace devient pure intensité, elle s'éloigne de la rigidité de l'exploration mathématico-architectonique et garantit la continuité du déroulement spatial. Poussin parcourt l'espace, guidé par le combat inhérent à sa conception ; il fait systématiquement obstacle à la tendance au vertige de la profondeur qu'il inhibe par un motif opposé : il assure par là une profusion de directions, nouant et dénouant sans cesse les fils, sans vivre l'angoisse que l'espace ne soit plus parcourable à loisir. Il peut ainsi en faire un espace parfaitement clos sur lui-même : rien ne peut pénétrer de l'extérieur dans le tableau par le premier plan et rien ne peut non plus le subvertir de l'arrière-plan et déborder du tableau. L'espace du tableau est devenu une unité, étrangère à toute division en parties et plus encore au monde extérieur. À l'intérieur de cette unité, Poussin peut pénétrer aussi loin qu'il le veut. Grâce à une maîtrise magistrale de la perspective aérienne et des lois selon lesquelles les couleurs se modifient avec la distance, il peut peindre les brumes du couchant sans tomber dans les catégories relevant de l'espace naturel [*Naturraum*], parce que ce crépuscule d'un blanc bleuté qui teinte l'horizon ne désigne plus une situation naturelle, il est forme et facteur du tableau tout entier, un résultat du Tout.

Chez Cézanne, on ressent la fureur de la volonté qui lui fait garder devant les yeux le conflit qui l'anime, et le force à disséquer son espace, étape par étape, parce qu'il veut être sûr d'en rester le maître. Il peint ce qu'il a à dire de façon beaucoup plus directe. Les arbres forment un triangle en s'inclinant de façon étrange et contre-nature ; les personnages vont droit au but, ou sont assemblés de façon trop visible vers un centre préétabli. Et pourtant, Cézanne a eu de la peine à pénétrer dans cet espace artistique et à se maintenir en lui. Chez lui, des calculs de perspective menacent de déchirer l'unité de la surface, risquant de faire basculer la mise en forme au profit d'un espace naturel recréant l'illusion décorative. La différence de la mise en forme s'accompagne d'une différence du degré de réalisation. À quel niveau d'illusionnisme Poussin pouvait-il se délivrer de la conformité à la loi austère et beaucoup plus riche de contenu qui était celle de sa mise en forme, fallût-il la nicher dans un détail des feuilles, des tissus, de la peau ! Cézanne pour sa part la restitue en dressant un échafaudage trop facile à déchiffrer, comme s'il proposait une construction squelettique. C'est pourquoi une tache de lumière dépourvue de substance signifie chez lui la réalisation suprême, l'ultime réalisation, alors que Poussin la matérialise au point que la matière picturale évoque elle-même le contenu émotionnel du Tout. Si nous nous interrogeons sur les raisons de ces différences, sans doute résident-elles dans l'assurance intérieure qui donnait au maître le calme lui permettant de faire parvenir des expériences à maturité, jusqu'à ce qu'elles se détachent de lui en tombant comme un fruit mûr. Il ne craint pas de perdre la sensation vivante de la nature, ni de se figer en elle, parce que, pour lui, mettre en forme signifie opérer la relève organique et la conservation de la nature dans le tableau. Aussi Poussin n'a-t-il besoin de forcer ni son optique, ni sa logique, ni sa sensation, ni sa volonté. L'expérience mûrissait dans une harmonie totale de toutes les forces spirituelles, accomplissant la valeur énergétique de la forme.

Et puis il y avait aussi la grande connaissance de Poussin et des anciens maîtres. Tout peintre connaissait en premier lieu les exigences et les conditions posées par l'espace ; ils étaient en intimité avec les choses : que ce soit la croissance des arbres, la nature des couches minérales, la construction des corps, la vie des animaux. On ne se contentait pas de l'apparence des objets, mais on tentait d'en saisir les fondements puisqu'ils devaient être les supports et les vecteurs de la volonté de mise en forme. Combien a-t-il fallu d'observations préliminaires avant que Poussin puisse peindre ces vaches qui représentent la quintessence de leur existence, à tel point qu'en comparaison ce qu'on a peint dans le domaine de la peinture animalière paraît bien fade ! À cette connaissance des choses vient s'ajouter celle des matériaux. Pour réaliser au plus profond de la matière et adapter chaque fois la matière au contenu, il devait la connaître intimement jusque dans les nuances les plus fines de son expression. Et, parmi nos peintres d'aujourd'hui, qui soupçonne le grand mystère de cette peinture assombrie, mais irradiée de braise dans son tréfonds ?

Pourtant, ce qui me semble le plus important, c'est la totalité du ressenti qui émane des tableaux du Poussin. Je ne pense pas tant au foisonnement des objets, ni au fait que s'y côtoient hommes et arbres, animaux et collines, mais au fait qu'ils sont engendrés et portés par un sentiment unitaire dépassant les limites étroites du sujet pour atteindre une humanité qui englobe l'univers tout entier. Le monde n'est pas humanisé, anthropomorphisé : il est conforté dans la signification singulière de sa vie et dépassé dialectiquement dans sa globalité. Ce n'est pas du panthéisme, pour qui d'emblée tout est divin et un, c'est plutôt le triomphe de la force créatrice, qui, à partir de la variété dispersée et hostile du monde, construit une harmonie nouvelle, unifiée, close et achevée sur soi, d'où les objets sont si peu bannis qu'ils ne mènent leur véritable vie qu'en elle et à partir d'elle.

Ce qui fait défaut à l'art moderne, c'est qu'il ne parvient pas à se libérer de l'individualisme et – enfermé à double tour dans le cercle du sujet égocentrique – ne parvient plus à appréhender le monde dans sa conception. La question de l'art devient une question existentielle ; or, pour cette modernité, nous l'avons vu, des pans de vie entiers sont galvaudés et sous-évalués. Nulle part ou presque, nous n'avons trouvé des hommes, seulement des esthètes, pour qui il semble absurde de devoir préalablement mettre en forme sa vie avec sérieux et honnêteté jusque dans les moindres détails, avant même de savoir ne fût-ce que prendre un pinceau dans la main. De nos jours, on jette par-dessus bord les choses les plus essentielles, ou bien l'on s'en affuble pour prendre une pose. Et, alors qu'on a l'illusion qu'avec un pinceau, nous aurions le pouvoir d'ensorceler dans ce misérable monde illusoire la totalité de l'univers sur la toile, on s'est déjà privé de la possibilité de parvenir à cette complétude de la mise en forme qui distingue nos grands ancêtres : les peintres des vitraux de Chartres, Giotto, Rembrandt, Corot. Si nous pouvions leur demander sur quoi reposent cette plénitude et cet achèvement, cette grandeur intérieure qui gît dans leurs œuvres, ne pourraient-ils pas rétorquer en reprenant les mots profonds de Poussin : « Je n'ai rien négligé » ?

Références bibliographiques

Nous avons reproduit ci-dessous les références données par Klaus Binder dans l'édition Qumran de *Von Monet zu Picasso* (Francfort, 1983), qui correspondent à celles de l'époque de publication de Raphael (1913), pour les ouvrages qu'il cite et a consultés. Nous y avons ajouté les références de la préface.

AVENARIUS, Richard, 1888, *Kritik der reinen Erfahrung*, Leipzig, éd. Fuess (R. Reisland).

BAERWALD, Richard, 1905, *Psychologische Faktoren des modernen Zeitgeistes*, in : *Schriften der Gesellschaft für psychologische Forschung*, t. 15, Leipzig, éd. J. A. Barth.

— 1909, *Experimentelle Untersuchungen über Urteilsvorsicht und Selbsttätigkeit*, in *Zeitschrift für angewandte Psychologie und psycholog. Sammelforschung*, t. 2, Leipzig, éd. J. A. Barth.

BAHR, Hermann, 1904, *Dialog vom Tragischen*, Berlin, Fischer.

BAUDELAIRE, Charles, 1857, *Les Fleurs du Mal*, in *Œuvres complètes*, t. 1, Paris, Gallimard, coll. « Bibliothèque de la Pléiade », éd. Claude Pichois, 1975.

— 1986, *Fusées* in *Fusées, Mon Cœur mis à nu, La Belgique déshabillée*, Paris, Gallimard, coll. « Folio Classique », n° 1727.

BERGSON, Henri, 1896, *Matière et Mémoire. Essai sur la relation du corps à l'esprit*, Paris, Alcan ; Paris, PUF, 1965.

— 1889, *Essai sur les données immédiates de la conscience*, Paris, éd. E. Picavet ; Flammarion, coll. « GF », n° 1922, 2013.
— 1903, *L'Évolution créatrice*, Paris, PUF, éd. Fr. Worms, 2013.
— 1907, *Introduction à la métaphysique*, Paris, PUF, coll. « Quadrige », éd. Fr. Worms, 2013.

BERNARD Émile, 1893, « Vincent Van Gogh. Lettres de Vincent van Gogh à E. Bernard et à son frère Théodore », in *Mercure de France*, n° 40-43.
— 1904, « Paul Cézanne », in *L'Occident*, vol. 5, n° 32.
— 1907, « Souvenirs sur Paul Cézanne et lettres inédites », in *Mercure de France*, n° 247 et n° 248.
— 1978, rééd. 2011, *Conversations avec Cézanne*, éd. critique présentée par P. M. Doran, Paris, Macula.

BINET, Alfred, 1908, « Le mystère de la peinture », in *L'Année psychologique*, t. 15, p. 300-315.

BURGER, Fritz, 1912, *Cézanne und Hodler. Einführung in die Probleme der Malerei der Gegenwart*, Munich.

CLADEL, Judith, 1908, *Auguste Rodin. L'homme et l'œuvre*, G. von Oest & Cie, Bruxelles.

COHEN, Hermann, 1889, *Kants Begründung der Ästhetik*, éd. F. Dümmler, Berlin.
— 1912, *Ästhetik des reinen Gefühls*, Cassirer, Berlin.

DELAHAYE, Françoise, 2007, « Max Raphael et les statues de l'île de Pâques », in *Revue francophone d'esthétique*, n° 4, *Questions sur les arts premiers*, p. 73-82, Aix-en-Provence, p. 73-82.
— 2009, « De l'impressionnisme décoratif à l'expérience vécue. Max Raphael, témoin privilégié. Remarques sur le moment Matisse », in *Études germaniques*, 4, n° 256, p. 955-976, Didier.
— 2011, « La plasticité "gestaltique" de la forme. L'enjeu spéculatif de Max Raphael, penseur de l'art après Simmel et Wölfflin », in *Études de philosophie*, n° 9-10, p. 232-253.

DENIS, Maurice, 1907, « Cézanne », in *L'Occident*, n° 68.
— 1909, « De Gauguin à Van Gogh au classicisme », in *L'Occident*, n° 90, rééd. *Théories, 1890-1910*, Paris, Rouart et Wattelin, 1920.

DESCARTES, René, 1642, *Méditations métaphysiques*, in *Œuvres complètes*, IV, 1, éd. Jean-Marie Beyssade et Denis Kambouchner, Paris, Gallimard, coll. « Tel », 2018.

DESSOIR, Max, 1906, *Ästhetik und allgemeine Kunstwissenschaft in allgemeinen Grundzügen dargestellt*, Enke, Stuttgart.

DILTHEY, Wilhelm, 1890, « Beiträge zur Lösung der Frage vom Ursprung unseres Glaubens an die Realität der Außenwelt und seinem Recht », in *Sitzungsberichte der Preuß. Akademie der Wissenschaften*, Berlin.

DREWES, Werner, 1998, « Max Raphael und Carl Einstein, Konstellationen des Aubruchs in die "Klassische Moderne" im Zeichen der Zeit », in *Études germaniques*, Paris, Didier, 1998/1, p. 123-158.

DURET, Théodore, 1906, *Histoire des peintres impressionnistes*, Paris, éd. Floury, trad. *die Impressionisten*, Berlin, Cassirer, 1909.

ECKERMANN, Johann Peter, 1884, *Gespräche mit Goethe in den letzten Jahren seines Lebens*, préface de G. Moldenhauer, Leipzig, Reclam.

MAÎTRE ECKHART, 1903, *Von der Armut am Geiste*, in *Meister Eckharts Schriften und Predigten*, trad. du moyen haut-allemand par H. Büttner, éd. Diederichs, Iéna et Leipzig ; 1942, *Sermons-Traités*, Paris, Gallimard, trad. Paul Petit.

FÉLIBIEN, André, 1724, *Entretien sur les vies et les œuvres des plus excellents peintres anciens et modernes, avec la vie des architectes*, t. 4, Paris, Imprimerie de S.A.S.

FLANDRIN Hippolyte, 1865, *Lettres et pensées*, Paris, Plon.

FLAUBERT, Gustave, 2007, *Correspondance*, t. V, Paris, Gallimard,

FRIEDLÄNDER, Walter, 1919, « *Zur Kunstgeschichtsschreibung der Moderne* » in *Monatshefte für Kunstwissenschaft*, 12, p. 286-297, Munich/ Berlin, Deutscher Kunstverlag GmbH.

GAUGUIN, Paul (1894), 1989, *Oviri, écrits d'un sauvage*, éd. D. Guérin, Paris, Gallimard, coll. « Folio-Essais ».

— 1910, *Vincent van Gogh*, in *Kunst und Künstler: illustrierte Monatsschrift für bildende Kunst und Kunstgewerbe*, Berlin, éd. Cassirer.

GŒTHE, J. W. *Sämtliche Werke*, Stuttgart, Cotta, 1902-1912.
— *Dichtung und Wahrheit*, t. 23.
— *Einfache Nachahmung der Natur*, t. 33.
— *Epirrhema*, in *Gott und die Welt*, t. 2.
— *Material der bildenden Kunst*, t. 33.
— *Ruysdael als Dichter*, t. 35.
— *Von deutscher Baukunst*, t. 33.
— *Vorrede zu Winckelmann*, t. 34.
— 1996, *Écrits sur l'architecture allemande*, in *Écrits sur l'art*, trad. J.-M. Schaeffer, Paris, Klincksieck.

GOGH, Vincent Van, 1893-1894, « Lettres à Émile Bernard et à son frère Théo », in *Mercure de France.*
— 1914, trad. allemande, *Briefe an Emile Bernard und an seinen Bruder Theo*, Berlin, Cassirer.

GONCOURT, Edmond et Jules, 1891, *Journal des Goncourt : Mémoires de la vie littéraire*, t.1, *1851-1861*, p. 163-222, Paris, Bibliothèque Charpentier.

GOMBRICH, Ernst, 1987, *L'Art et l'Illusion*, trad. Guy Durand, Paris, Gallimard, coll. « Bibliothèque des Sciences humaines ».

GORDON, Donald E., 1987, *Expressionism Art and Idea*, Yale, Yale University Press.

GREINER, Leo, 1904, Recension de *Jagd nach Liebe* d'Heinrich Mann, *Das literarische Echo : Halbmonatsschrift für Literaturfreunde*, Berlin, éd. Egon Fleischel.

GREENBERG, Gordon, 1973, « Modernist Painting », in *The New Art: A Critical Anthology,* New York, Dutton.

HAMANN, Richard, 1907, *Der Impressionismus in Leben und Kunst*, Cologne, éd. DuMont Schauberg.

HEALY, Patrick, 1993, « Philosophische Grundlagen des Frühwerks von Max Raphael », in *Das schöpferische Auge*, p. 121-131.

HAUPTMANN, Gerhard, 1891, *Einsame Menschen*, Berlin, Fischer.
— 1912, *Gabriel Schillings Flucht*, Berlin, Fischer.

HEGEL, G. W. F., 1995, *Cours* d'esthétique, trad. J.-P. Lefebvre et V. von Schenck, Paris, Aubier.

HERZFELD, Marie, 1909, *Einleitung zu Leonardo,* in *Traktat von der Malerei*, Iéna, Diederichs.

HERZOG, Oswald, 1919, « Der abstrakte Expressionismus », in *Der Sturm*, t. 10, n° 2, éd. H. Walden.

HILDEBRAND, Adolf von, 1908, *Das Problem der Form in der bildenden Kunst* (6e éd.), Strasbourg.
— 1903, *Le Problème de la forme dans les arts plastiques*, trad. de la 3e éd. G. Baltus, Paris et Strasbourg, éd. Bouillon / Heitz & Mündel.

HÖNIGSWALD, Richard, 1903, *Zur Kritik der Machschen Philosophie. Eine Erkenntnistheoretische Studie*, Berlin.

HOFMANNSTHAL, Hugo von, 1979, *La Mort du Titien*, in, *Le Chevalier à la rose et autres pièces*, trad. H. Thomas, J. Verdeaux et L. Vogel., Paris, Gallimard.

HORNIG, Dieter, 1994, « Théorie de la création et production visuelle », *Revue germanique internationale*, n° 2, p. 165-178.

JAMES, William, 1909, *Précis de Psychologie*, traduit de l'anglais par E. Baudin et G. Bertier, Paris, Marcel Rivière éditeur.

KANDINSKY, Vassily, 1912, *Über das Geistige in der Kunst, insbesondere in der Malerei*, Munich ; 1989, *Du spirituel dans l'art et dans la peinture en particulier*, trad. Philippe Sers, Paris, Gallimard.

KANT, Emmanuel, 1790, *Kritik der Urteilskraft*, 2e éd., Berlin ; 1965, trad. Louis Guillermit, *Critique de la faculté de juger*, Paris, Vrin.

KRONER, Richard, 1908, *Über logische und ästhetische Allgemeingültigkeit. Kritische Bemerkungen zu ihrer transzendentalen Begründung und Beziehung*, éd. F. Eckardt, Leipzig.

— 1910, « Henri Bergson », in *Logos. Internationale Zeitschrift für Philosophie der Kultur*, t. 1, Tübingen, éd. Mohr Siebeck.

LALO, Charles, 1912, *Introduction à l'esthétique*, Paris, Armand Colin.

LAZAR, Bela, 1913, *Die Maler des Impressionismus,* 1re éd., Leipzig et Berlin, Teubner (*Aus Natur und Geisteswelt*, n° 995, Teubner, 1919).

LÉONARD DE VINCI, 2003, *Traité de la peinture*, trad. et commentaires André Chastel, Paris, Calmann-Lévy.

LEWIN, Ludwig, 1913, *Friedrich Hebbel. Beitrag zu einem Psychogramm* in *Zeitschrift für angewandte Psychologie*, t. 4, Leipzig éd. J. A. Barth.

LUKACS, Georg, 1981, *Philosophie de l'art (1912-1914). Premiers écrits sur l'esthétique*, éd. Rainer Rochlitz, trad. R Rochlitz et A. Pernet, Paris, Klincksieck, coll. « L'esprit et les formes ».

MACH, Ernst, 1991, *Die Analyse der Empfindungen und das Verhältnis des Physischen zum Psychischen* d'après la 9e éd., *Wissenschaftliche Buchgesellschaft*, Darmstadt ; 1996, *L'Analyse des sensations. Le rapport du physique au psychique*, F. Eggers et J.-M. Monnoyer, Nîmes, Éditions Jacqueline Chambon.

— 1911, *Erkenntnis und Irrtum*, Leipzig ; 1908, trad. M. Dufour, *La Connaissance et l'Erreur,* Paris, Flammarion.

MÂLE, Émile, 1907, Die kirchliche Kunst des 13. Jahrhunderts in Frankreich, Strasbourg, éd. Heitz & Mündel de : *L'Art religieux du XIIIe siècle en France.* éd, A. Colin, 1922.

MANNHEIM, Ron, 1993, « Max Raphael vor Max Raphael : "M. R. Schönlank und die früheste Expressionismustheorie in deutscher Sprache" », in *Das schöpferische Auge*, p. 132-160.

MARGIS, Paul, 1911, « E.T.A. Hoffmann, Eine psychologische Individualanalyse », in *Zeitschrift für angewandte Psychologie*, vol. 4, Leipzig, éd. J. A. Barth.

MATISSE, Henri (1908), 1972, *Écrits et propos sur l'art. Notes d'un peintre*, Paris, Hermann.

MAUCLAIR, Camille, 1904, *L'Impressionnisme. Son histoire, son esthétique, ses maîtres*, Paris, Librairie de l'art ancien et moderne.

MEIER-GRAEFE, Julius, 1910, *Vincent van Gogh,* Munich, Piper

MEYER, Richard M., 1901, « Über das Verständnis von Kunstwerken », in *Neue Jahrbücher für das klassische Altertum, Geschichte und deutsche Literatur und für Pädagogik*, vol. 7, p. 362-380.

MEYER, Conrad. Ferdinand, 1892, *Gedichte*, Leipzig, éd. H. Haessel.

MÜLLER-FREIENFELS, Richard, 1912, *Psychologie der Künste. Eine Darstellung der Grundzüge*, t. 1: *Die Psychologie des Kunstgenießens und des Kunstschaffens*, t. 2 : *Formen des Kunstschaffens und die Psychologie der Wertung*, Leipzig, Berlin, éd. Teubner.

MÜNSTERBERG, Hugo, 1900, *Grundzüge der Psychologie. Allgemeiner Teil : Die Prinzipien der Psychologie*, t. 1, Leipzig, éd. J. A. Barth.

NIETZSCHE, Fréderic, 1972, *Ainsi parlait Zarathoustra*, trad. G. A. Goldschmidt, Paris, Gallimard.

TE PEERDT, Ernst, 1899, *Das Problem der Darstellung des Momentes der Zeit in den Werken der malenden und zeichnenden Kunst*, Strasbourg, éd. Heitz.

RAPHAEL, Max, 1945, *Prehistoric Cave Paintings*, trad. Norbert Guterman, New York, Pantheon Books (Bollingen Series IV), Princeton University Press.

— 1947, *Prehistoric Pottery et Civilisation in Egypt*, trad. N. Guterman, New York, Pantheon Books (Bollingen Series VII), Princeton University Press.

— 1986, *Trois Essais sur la signification de l'art pariétal paléolithique*, éd. et prés. Patrick Brault, trad. sous la dir. de P. Brault et de Rainer Rochlitz, biographie et bibliographie de Claude Schaefer, Paris, Kronos.

— 1989, *Wie will ein Kunstwerk gesehen sein ? The Demands of Art*, stw n° 836, in *Werkausgabe*, 11 volumes, stw n° 831-841, 1985-1989, Francfort-sur-le-Main, Suhrkamp.

— 1989, *Aufbruch in die Gegenwart, Begegnungen mit der Kunst und den Künstlern des 20. Jahrhunderts*, stw n° 833, Francfort-sur-le-Main, Suhrkamp.
— 1993, *Das schöpferische Auge oder die Geburt des Expressionismus. Die frühen Schriften 1910-1913*, éd. Patrick Healy et H. J. Heinrichs, avec la collaboration de Ron Manheim, Vienne, Gesellschaft für Kunst und Volksbildung.
— 2008, *Questions d'art*, trad. Denise Modigliani, Paris, Klincksieck, coll. « L'esprit et les formes ».

RICKERT, Heinrich, 1892, *Der Gegenstand der Erkenntnis. Ein Beitrag zum Problem der Philosophie der Transzendenz*, thèse imprimée par C. A. Wagner, Fribourg-en-Brisgau.

RIEGL, Aloïs, 1971, « Naturwerk und Kunstwerk », prés. et trad. D. Arasse, in *Scolies, II*, Paris, Presses de l'École normale supérieure.

RODIN, Auguste, 1911, *L'Art*, Paris, Grasset.

ROTONCHAMP, Jean de, 1925, *Paul Gauguin*, Paris, éd. G. Crès et Cie.

SCHOLZ, Wilhelm von, 1906, *Kunst und Notwendigkeit. Vier Thesen*, Berlin, éd. Schaubühne.
— 1919, *Neue Gedichte*, in *Gesammelte Werke*, t. 1, Munich, éd. G. Müller.

SIGNAC, Paul, 1899, *D'Eugène Delacroix au néo-impressionnisme*, Paris, éd. F. Cachin ; 1987, Paris, Hermann.

SIMMEL, Georg, 1907, *Philosophie des Geldes* ; 1987, *Philosophie de l'argent*, trad. S. Cornille et P. Ivernel, Paris, PUF.
— 1919, *Philosophische Kultur. Gesammelte Essays*, 2e éd., Leipzig, éd A. Kröner.

STERN, William, 1911, *Die differenzielle Psychologie in ihren methodischen Grundlagen*, Leipzig, éd. J. A. Barth.

TAINE Hippolyte, 1866, *Histoire de la littérature anglaise*, Paris, Hachette.

VOLLBEHR, Theodor, 1906, *Die Neidfarbe Gelb*, in, *Zeitschrift für Ästhetik und allgemeine Kunstwissenschaft in Grundzügen dargestellt*, t. 1, Stuttgart, éd. Enke.

WAGNER, Richard, 1851, *Dichtung und Tonkunst im Drama der Zukunft* (*Oper und Drama, 3. Teil*), Leipzig, éd. Weber.
1913, *Opéra et drame. La poésie et la musique dans le drame de l'avenir*, partie III, chap. 2, trad. J. G. Prod'homme, Paris, éd. Delagrave.

WÖLFFLIN, Heinrich, 1905, *Die Kunst Albrecht Dürers*, Munich, éd. Bruckmann.
— 1990, *L'Art classique*, trad. Conrad de Mandach, Paris, éd. Monfort.

WUNDT, Wilhelm, 1908-1911, *Grundzüge der physiologischen Psychologie*, en 3 t., Leipzig, éd. Engelmann.

ZIEHEN, Theodor, 1911, *Leitfaden der physiologischen Psychologie in fünfzehn Vorlesungen*, Iéna, Fischer.

Index

L

M

N

P

R

Table des matières

Seconde partie pratique
La mutation de la peinture moderne

Crédits

1. © Succession Picasso 2019, Photo : © 2019. Digital image, The Museum of Modern Art, New York/Scala, Florence. – 2. Wikicommons. – 3. Photo © RMN-Grand Palais / Agence Bulloz. – 4, 5, 6. Wikicommons. – 7. © Succession H. Matisse, Photo : © Artothek. – 8. Wikicommons. – 9. © Succession H. Matisse, Photo © SMK Foto, Statens Museum for Kunst. – 10. © Succession Picasso 2019, Photo : Digital image, The Museum of Modern Art, New York/Scala, Florence. – 11. © Succession Picasso 2019, Photo © Anssens/Leemage / Bridgeman Images. – 12, 13. Wikicommons.

Ce volume,
le quarante-quatrième de la collection
« L'esprit et les formes »,
publié aux éditions Klincksieck
a été achevé d'imprimer en avril 2019
sur les presses de La Manufacture imprimeur
52200 Langres

Composition et mise en pages : Flexedo (info@flexedo.com)

N° d'éditeur : 00340
N° d'imprimeur : 190494
Dépôt légal : mai 2019